Berliner Theologische Zeitschrift (BThZ)

33. Jahrgang 2016
Heft 2

Xenophobie
Migration
Fremdheitserfahrung

EVANGELISCHE VERLAGSANSTALT
Leipzig   www.eva-leipzig.de

BERLINER THEOLOGISCHE ZEITSCHRIFT (BTHZ)
ISSN 0724-6137

Herausgegeben von der Humboldt-Universität zu Berlin,
handelnd durch die Theologische Fakultät

Herausgeberkreis: Heinrich Assel (Greifswald), Cilliers Breytenbach (Berlin),
Daniel Cyranka (Halle), Katharina Greschat (Bochum), Klaus Hock (Rostock),
Torsten Meireis (Berlin), Corinna Körting (Hamburg), Jürgen van Oorschot (Erlangen),
Rolf Schieder (Berlin), Jens Schröter (Berlin), Christopher Spehr (Jena),
Friedemann Stengel (Halle) und Christiane Zimmermann (Kiel)

Beraterkreis (Advisory Board): Lubomir Batka (Bratislava),
Ingolf U. Dalferth (Claremont, CA), Wilfried Engemann (Wien), Daniel Jeyaraj (Liverpool),
Risto Saarinen (Helsinki), Joseph Verheyden (Leuven), Frans Wijsen (Nijmegen)

Schriftleiter: Jens Schröter
Redaktionsassistentin: Britta Heesing-Rempel
Postadresse: Redaktion der BThZ · Humboldt-Universität zu Berlin · Theologische Fakultät ·
Unter den Linden 6 · 10099 Berlin
Sitz: Burgstraße 26
Fax (030) 2093-5903
bthz@hu-berlin.de · www.theologie.hu-berlin.de/de/bthz/

Vertrieb: Evangelische Verlagsanstalt GmbH · Blumenstraße 76 · 04155 Leipzig
Bestellservice: Leipziger Kommissions- und Großbuchhandelsgesellschaft (LKG)
Frau Nadja Bellstedt, An der Südspitze 1-12, 04579 Espenhain
Tel. +49 (0)34206-65256, Fax +49 (0)34206-651771 · E-Mail: nadja.bellstedt@lkg-service.de

Bezugsbedingungen: erscheint zweimal jährlich, Frühjahr und Herbst
Preise incl. MWSt.*: Einzelheft: € 18,80; Einzelheft zur Fortsetzung € 16,80 jeweils zuzügl.
Versandkosten. Die Fortsetzung läuft immer unbefristet, ist aber jederzeit kündbar.
* gültig ab Januar 2012

Coverentwurf: Kai-Michael Gustmann, Leipzig
Satz: Matthias Müller, Berlin
Druck: Druckerei Böhlau, Leipzig
ISBN ISBN 978-3-374-04314-9
www.eva-leipzig.de

Inhalt

Zu diesem Heft 173

I. Beiträge zum Thema

HEINRICH BEDFORD-STROHM
Ethisch-theologische Aspekte der Migration 179

MARKUS ZEHNDER
Erwägungen zur Migration im Licht des Alten Testaments 197

UTA HEIL
Die „Völkerwanderung" und die Gegenwart 219

JOSEF PILVOUSEK
„Kirche, die aus dem Osten kam". Migrationen, Integrationen,
Fremdheitserfahrungen und Katholizismus in der SBZ/DDR 246

ULRICH DEHN
Fremdwahrnehmung und Migration aus Sicht der interkulturellen
Theologie und der Religionswissenschaft. 264

KONRAD OTT
Der „slippery slope" im Schatten der Shoa und die Aporien
der bürgerlichen Gesellschaft angesichts der Zuwanderung. 284

II. Reden anlässlich der Verleihung des Karl-Barth-Preises

Markus Dröge
Karl-Barth-Preis für Michael Welker. Laudatio, gehalten bei
der festlichen Preisverleihung am 9. Juli 2016 in Basel 317

Michael Welker
Zur Verleihung des Karl-Barth-Preises .326

Autoren dieses Heftes 335

Zu diesem Heft

Bei der Planungssitzung des Herausgeberkreises der BThZ im April 2015 lag das Thema Migration schon in der Luft, aber niemand erahnte die dramatischen Ereignisse des letzten Jahres. Migration begleitet die Menschheit von den Anfängen ihrer überlieferten Geschichte. Über die politischen und sozialen Zusammenhänge zwischen Migration und Xenophobie wird auch in Zukunft weiter geforscht und geschrieben werden. Der Aufsatz von *Heinrich Bedford-Strohm* zu den ethischen Herausforderungen, vor die die aktuelle Situation in Deutschland die hiesige christliche Bevölkerung stellt, geht auf eine Ringvorlesung in München im Februar 2016 zurück. Der Beitrag des EKD-Ratsvorsitzenden zu ethisch-theologischen Aspekten der Migration steckt den Rahmen der Diskussion der jüngsten Ereignisse von der Seite der christlichen Ethik ab.

Die Entscheidung des Herausgeberkreises, das Thema quer durch die theologischen Disziplinen hindurch zu bearbeiten, lenkt die Aufmerksamkeit auch auf seine theologischen und historischen Dimensionen. Ein Grund, weshalb Migration Xenophobie auslöst und diese wieder zu jener führt, ist, dass Migranten ihre eigene Religion häufig mitnehmen und die Verehrung solcher „mitgebrachten" Götter oder die andersartige Verehrung des „einheimischen" Gottes durch die Zugereisten Befremden auslösen kann. *Markus Zehnders* „Erwägungen zur Migration im Licht des Alten Testaments" zeigen die vielfältigen Konzepte zu Migration und die divergierenden Begründungen der Stellung Fremder im antiken Israel/Juda. Ausschlaggebend ist demnach die Nähe und Distanz zur Rezeptionsgesellschaft Israel.

Die Rezeption der Geschichten um Migrationsbewegungen der Vergangenheit dient immer wieder als Bezugspunkt zur Deutung der eigenen Gegenwart. Um der problematischen Gleichsetzung des gegenwärtigen Europas mit dem Römischen Reich in der aktuellen Diskussion entgegenzuwirken, lenkt *Uta Heil* die Aufmerksamkeit auf die „Völkerwanderung" bzw. die Migrationsbewegungen des 4. bis 7. Jahrhunderts. Sie kontrastiert die Deutungen und Aktualisierungen dieser Bewegungen im 19. und beginnenden 20. Jahrhundert mit zeitgenössischen Ansichten zur „Völkerwanderung" aus dem 5. und 6. Jahrhundert und stellt fest, dass der Blick auf die „Zeitzeugen" deutlich mache, wie sehr sich die Reaktionen auf Krisenzeiten strukturell gleichen: „Feindbilder werden aktualisiert, Untergangs-szenarien entworfen und einseitige Schuldzuweisungen formuliert."

Ein historischer Blick auf Migrationsbewegungen, ob man nun auf die Erzäh-lungen in Genesis und Exodus, auf das babylonische Exil und die Rückkehr von dort schaut oder auf Verfolgung und Flucht der Griechisch sprechenden Christen und Christinnen aus Jerusalem nach der Hinrichtung des Stephanus, weist auf ein gemeinsames Grundphänomen. Ob man sich an die „Völkerwanderungen" des 4. bis 7. Jahrhunderts, die Flucht der französischen Hugenotten in die weite Welt des 17. Jahrhunderts oder die Schrecken des 20. Jahrhunderts erinnert: Die mitgenom-mene Religion bietet den Flüchtlingen und Migranten eine geistige Heimat im Fremden. Während sich die geographischen, klimatischen, politischen, sozialen, finanziellen, kulinarischen Lebensbedingungen für Flüchtlinge auf einen Schlag ändern, bildet die Konstante ihrer mitgebrachten Religion einen Schutzraum der Geborgenheit. Mit der jüngeren Vergangenheit befasst sich der Beitrag von *Josef Pilvousek*, „‚Kirche, die aus dem Osten kam'. Migrationen, Integrationen, Fremd-heitserfahrungen und Katholizismus in der SBZ/DDR". Er zeigt auf, wie seit dem Ende des Zweiten Weltkrieges die katholische Kirche in der DDR allmählich durch verschiedene Migrationsbewegungen vor allem aus Schlesien, Sudetendeutsch-land und Ostpreußen geprägt wurde und so eine neue geistige Heimat für die ost-europäischen deutschsprachigen Katholiken bildete.

Was Migranten und Ansässige füreinander sind und wie sie sich gegeneinan-der verhalten, ist das Resultat eines beiderseitigen Wahrnehmungs- und Konst-ruktionsablaufes. In seinem Beitrag „Fremdwahrnehmung und Migration aus Sicht der interkulturellen Theologie und der Religionswissenschaft" plädiert *Ul-rich Dehn* für eine Balance in der Begegnung mit dem Fremden zwischen Einsicht in den Charakter zuschreibender Konstruktionen einerseits und dem Zulassen des Fremden und Anderen als real und existierend andererseits. Die eigene Wahrneh-mung des Anderen ist in gleicher Weise ernst zu nehmen wie „die Fremdheit des Fremden" zu respektieren.

Die christliche Religion kannte lange keine Grenzen, sondern war auf die ge-samte Ökumene ausgerichtet. Der Philosoph *Konrad Ott* unterstreicht in seinem Beitrag „Der ‚slippery slope' im Schatten der Shoa und die Aporien der bürgerli-chen Gesellschaft" angesichts der Zuwanderung die Schwierigkeit der derzeitigen Lage, abzuwägen zwischen der Erneuerung des Zusammenhaltes der EU-Staaten und den menschenrechtlichen Ansprüchen auf Asyl, Schutz in der Not und Zu-wanderung. Aus der Perspektive der anderen EU-Mitgliedsländer sei die deut-sche „Willkommenskultur" ein Sonderweg, der der EU-Integration nicht diene, sondern vielmehr ungewollt die Kräfte, die zu einem „Europa der Vaterländer" zurückstreben, stärken würde. Ein demokratischer Republikanismus sei nicht nationalistisch zu verengen, sondern müsse die europäische Perspektive einschließen. Vom normativen Individualismus her kann aber gefragt werden, ob denn der Zusammenhalt der EU und das Wohlergehen seiner Bürger und Bürgerinnen von höherer moralischer Bedeutung als die existentiellen Notlagen von Individuen weltweit seien.

Wie in den vergangenen Jahren schließen wir das Heft mit der Dokumentation der Reden zur Verleihung des Karl-Barth-Preises 2015. Bischof Dr. *Markus Dröge* hielt die Laudatio. Es folgt der Annahmevortrag des Geehrten, Prof. Dr. Dr. *Michael Welker*, Heidelberg.

Mit diesem Heft gebe ich als Migrant nach mehr als zwei Dekaden die BThZ aus der Hand und wünsche der Zeitschrift mit Redaktion, Herausgeberkreis und Schriftleitung und den Lesern und Leserinnen alles Gute für die Zukunft in einem Europa, das mir Schutz gab, als ich ihn brauchte.

Cilliers Breytenbach (*Berlin*)

I. Beiträge zum Thema

Heinrich Bedford-Strohm

Ethisch-theologische Aspekte der Migration*

1 Einleitung

Es ist mir eine Freude und Ehre, heute zum Abschluss der Ringvorlesung „Migration – zwischen Hoffnung und Wagnis" sprechen zu dürfen. Es gibt kein Thema, das uns in den aktuellen politischen Debatten mehr beschäftigt. Deswegen ist es umso wichtiger, sich jenseits der gesellschaftlichen Debatte und des politischen Tagesgeschäfts, in akademischer Ruhe, Tiefe und Breite, mit den Phänomenen Migration und Flucht zu beschäftigen, um aus solcher Beschäftigung Orientierungsmaßstäbe für das tagesaktuelle politische Handeln zu gewinnen. Die Fragestellungen, denen sich das ethische Nachdenken angesichts der aktuellen Ereignisse verstärkt zu widmen haben wird, sind zahlreich.

Worin liegen die Quellen für die ethischen Orientierungen für das politische Handeln in dieser Frage? Was bedeutet es, dass sich unser Kontinent bei der Beschreibung der Wurzeln seiner Identität in besonderer Weise auf das Christentum beruft? Wie ist mit humanitären Traditionen umzugehen, wenn die sich daraus ergebenden Aufgaben so groß sind, dass die Kraft zur Bewältigung auszugehen droht? Ist der Maximalanspruch eines universalen Liebesgebots nicht von vornherein zum Scheitern verurteilt? Besteht deswegen vielleicht die Gefahr einer neuen „Zwei-Welten-Lehre", bei denen die einen für die Humanität zuständig sind und die anderen die reale Politik zu machen haben und die einen von den anderen und umgekehrt irgendwann nicht mehr wirklich Notiz nehmen?

Diese Fragen schwingen gegenwärtig bei so manchem Zeitungskommentar mit. Im einen Fall richten die Kommentare sich gegen Politiker, die für harte Lösungen plädieren, im anderen Fall gegen diejenigen, besonders auch in den Kirchen, die die Fahne der Humanität hochhalten wollen. In jedem Falle wird meine Vorlesung, auch wenn sie die letzte in dieser Ringvorlesung ist, alles andere als ein Schlusspunkt sein, sondern vielmehr ein ethisch-theologischer Beitrag in einem

---

* Vortrag an der Ludwig-Maximilians-Universität München am 2.2.2016. Die Vortragsfassung ist für diesen Beitrag beibehalten worden.

Diskurs, der uns vermutlich auch in den kommenden Jahren intensiv beschäftigen wird.

2 Grundorientierungen biblischer Ethik

2.1 Gottebenbildlichkeit

Wie eng zentrale Inhalte unserer Rechts- und Verfassungstraditionen mit dem jüdisch-christlichen Erbe verbunden sind, kann man auch dann mit Nachdruck unterstreichen, wenn sie heute – und man muss ja sagen: glücklicherweise! – in einen übergreifenden Konsens eingeflossen sind, der gerade nicht mehr nur partikulare religiöse oder weltanschauliche Traditionen umfasst, sondern in einem universalen Horizont steht.

Theologisches Reden über Flucht und Migration gründet auf der in der biblischen Schöpfungsgeschichte zum Ausdruck kommenden Überzeugung, dass jeder Mensch einen unendlichen Wert besitzt, der ihm von Gott zugesprochen wird und der ihm deswegen durch niemanden aberkannt werden kann. Die Überschrift über alles Reden über Flucht und Migration ist der Satz, der nach den schmerzlichen historischen Gewalterfahrungen der letzten Jahrhunderte in den internationalen Rechtstraditionen breiten Konsens gefunden hat und doch immer noch so häufig ein erst noch zu erreichendes Ziel bleibt: „Die Würde des Menschen ist unantastbar.“

Die Kirchen haben historisch erst relativ spät ihre Liebe zu diesem Satz entdeckt, obwohl er sich maßgeblich den Impulsen der jüdisch-christlichen Tradition verdankt. Dass der Mensch geschaffen ist zum Bilde Gottes, wie es an der berühmten Stelle in Gen 1,27f. heißt, schärft die Sinne für die Missachtung dieser Grundbestimmung des Menschseins und lenkt den Blick auf diejenigen, bei denen sie besonders auf dem Spiel steht, weil sie besonders verletzlich sind. Flüchtlinge und Migrantinnen, die um Aufnahme ersuchen, gehören ebenso zu diesen Menschen wie diejenigen, die schon länger in ihrem Land leben, aber wegen Armut oder sozialer Diskriminierung von der Teilhabe an den gesellschaftlichen und wirtschaftlichen Prozessen ausgeschlossen sind.

Wir sind so an die Rede von der Gottebenbildlichkeit des Menschen als grundlegendes Element unseres kulturellen Gedächtnisses gewöhnt, dass wir zuweilen vergessen, wie ungeheuerlich, aber auch wie kostbar diese Behauptung ist. „Du hast ihn [sc. den Menschen] wenig niedriger gemacht als Gott“, heißt es in Ps 8. Und im Christentum mündet diese schon in der jüdischen Tradition starke Annahme nun sogar in der Vorstellung, dass Gott selbst in Jesus Christus Mensch geworden sei. Stärker kann man das humanitäre Erbe, dem wir verpflichtet sind, nicht begründen als mit der Überzeugung, dass uns in einem Menschen Gott selbst begegnet, und man muss es noch genauer sagen: in einem Gekreuzigten, in einem, der als politisch und religiös Verfolgter den Foltertod gestorben ist.

Diese theologische Grunderkenntnis fegt alle religiösen Interpretationen hinweg, die aus diesem revolutionären Weltverständnis einen von religiöser Innerlichkeit geprägten Kult machen wollen. Es gibt auf der Grundlage dieses Glaubens keine Gottesbeziehung mehr ohne Beziehung zum Nächsten. Deswegen kann es aus meiner Sicht auch nicht die Frage sein, *ob* sich die Kirche, die aus dieser Tradition heraus lebt, zu öffentlichen Diskussionen äußert, in denen es um die Überwindung menschlicher Not geht, sondern nur, *wie* sie sich dazu äußert.

Was können wir nun aus der Bibel als der für die jüdisch-christliche Tradition entscheidenden Quelle für den Umgang mit Flucht und Asyl lernen?

2.2 „Denn ihr seid auch Fremdlinge gewesen [...]"

Es ist – und das ist für unser Thema absolut bemerkenswert – ein grundlegendes Identitätsmerkmal der von der biblischen Überlieferung geprägten christlichen Ethik, dass es sich um eine aus einer Migrationsbewegung stammende Ethik handelt. Das sogenannte „Credo Israels" gilt in der Bibelwissenschaft als Urbekenntnis Israels, das deswegen durchaus auch als so etwas wie ein Ausgangspunkt der jüdisch-christlichen Tradition gesehen werden kann. In Dtn 26,5–9 heißt es:

> Mein Vater war ein Aramäer, dem Umkommen nahe, und zog hinab nach Ägypten und war dort ein Fremdling mit wenig Leuten und wurde dort ein großes, starkes und zahlreiches Volk. Aber die Ägypter behandelten uns schlecht und bedrückten uns und legten uns einen harten Dienst auf. Da schrien wir zu dem HERRN, dem Gott unserer Väter. Und der HERR erhörte unser Schreien und sah unser Elend, unsere Angst und Not und führte uns aus Ägypten mit mächtiger Hand und ausgerecktem Arm und mit großem Schrecken, durch Zeichen und Wunder, und brachte uns an diese Stätte und gab uns dies Land, darin Milch und Honig fließt.

Es gehört zum Wesen des Gottes, an den wir Christen glauben, dass Gott einer ist, der sein Volk aus der Unterdrückung, aus der Sklaverei in Ägypten herausgeführt hat in die Freiheit. Im Lichte des unlösbaren Zusammenhangs zwischen Gottesbeziehung und Beziehung zum Anderen wird klar, warum das Gebot zum Schutz des Fremdlings mit Moralismus nichts zu tun hat. Die Geltung dieses Gebots zum

Schutz des Fremdlings wird nämlich ausdrücklich in der als heilsam erfahrenen Beziehungsgeschichte Gottes mit den Menschen verwurzelt.

„Wenn ein Fremdling bei euch wohnt in eurem Lande," – heißt es im Levitikus-Buch – „den sollt ihr nicht bedrücken. Er soll bei euch wohnen wie ein Einheimischer unter euch, und du sollst ihn lieben wie dich selbst; denn ihr seid auch Fremdlinge gewesen in Ägyptenland. Ich bin der HERR, euer Gott" (Lev 19,33f.; ähnlich Dtn 10,19f.; Ex 22,20).

Diese Begründung kann als geradezu klassischer Ausdruck der Verwurzelung der Liebe zum Mitmenschen in der Gottesbeziehung gesehen werden. Denn es heißt hier gerade nicht einfach: Du sollst die Fremdlinge lieben! Sondern es wird gleichzeitig in einer doppelten Weise für das Gebot geworben. *Zum einen* wird an die Einsehbarkeit des Gebots aufgrund der eigenen Erfahrung appelliert: „Du weißt doch, wie es ist, fremd zu sein und ausgegrenzt zu werden. Also handle an dem Fremden genauso, wie du selbst es dir wünschen würdest, wenn du in der gleichen Situation wärst!" Und die *zweite Weise*, in der für das Gebot geworben wird, bezieht sich direkt auf Gott selbst. „Denn ich bin der Herr, dein Gott", heißt es zum Schluss. „Ich mache mir die Sache aller Fremden zu eigen, wie ich mir eure Sache zu eigen gemacht habe. Ich bin euer Gott, ich habe die Fremdlinge lieb. Also habt auch ihr die Fremdlinge lieb!"

Grundlage für die Offenheit gegenüber dem Fremden ist eine *Ethik der Einfühlung*. Das wird in einer Passage im Exodus-Buch besonders deutlich: „Die Fremdlinge sollt ihr nicht unterdrücken; denn ihr wisset um der Fremdlinge *Herz*, weil ihr auch Fremdlinge in Ägyptenland gewesen seid" (Ex 23,9). Dass Fremde mit Achtung und Respekt behandelt werden sollen, gewinnt seine Plausibilität durch die Einsehbarkeit und die Einfühlbarkeit ihrer besonderen Situation der Verletzlichkeit.

Mit dem konstitutiven Charakter der Einfühlung stoßen wir auf ein Charakteristikum jüdisch-christlicher Ethik, das bei der Frage nach dem Umgang mit dem Fremdling besonders deutlich wird, das aber für die Ethik als ganze gilt. Besonders deutlich wird das, wenn wir nun ins Neue Testament schauen und einen bestimmten Aspekt des Liebesgebotes näher betrachten, nämlich seine enge Verbindung zur sogenannten „Goldenen Regel".

2.3 Liebesgebot und Goldene Regel

Beginnen wir also bei dem Doppelgebot der Liebe, mit dem Jesus auf die Frage nach dem höchsten Gebot im Gesetz antwortet: „Du sollst den Herrn, deinen Gott, lieben von ganzem Herzen, von ganzer Seele und von ganzem Gemüt. Das ist das höchste und größte Gebot.' Das andere aber ist ihm gleich: ‚Du sollst deinen Nächsten lieben wie dich selbst'. An diesen beiden Geboten hängt das ganze Gesetz und die Propheten" (Mt 22,35–40).

Wir sehen also, dass Matthäus den besonderen Stellenwert des Doppelgebots der Liebe dadurch unterstreicht, dass er es als „das Gesetz und die Propheten" bezeichnet (Mt 22,40), eine Formel, die den grundlegenden Charakter dieses Gebots unterstreicht. Nur *einer* anderen neutestamentlichen Tradition wird die Ehre zuteil, als „das Gesetz und die Propheten" bezeichnet und damit als inhaltliche Summe der Ethik Jesu besonders herausgehoben zu werden: der Goldenen Regel: „Alles, was ihr wollt, dass euch die Leute tun sollen, das tut ihnen auch. Das ist das Gesetz und die Propheten" (Mt 7,12).

Die Goldene Regel kann geradezu als eine Programmformel für die Einsehbarkeit ethischer Orientierungen und die Möglichkeit und Notwendigkeit, sich in den Anderen einzufühlen, gesehen werden. Umso mehr kann das Liebesgebot, interpretiert durch die Goldene Regel, als Einfühlungsgebot interpretiert werden und weist damit die gleiche Grundstruktur auf, die wir im Hinblick auf den Schutz des Fremden herausgearbeitet haben. Das Gebot des Fremdenschutzes mahnt zur Einfühlung in den Anderen mit dem Hinweis auf die historische Erfahrung des Volkes Israel als Traditionsgemeinschaft, die ihrer eigenen Unterdrückung gedenkt.

Dass dieser an der Reziprozität orientierte Zugang zur biblischen Ethik mit tiefen menschlichen Erfahrungen korrespondiert und daher Menschen auf der Basis dieser Erfahrungen motiviert, ist etwa an der Reaktion mancher deutschen Heimatvertriebenen auf die ankommenden Flüchtlinge deutlich geworden. Die relativ hohe Bereitschaft zur Aufnahme dieser Flüchtlinge bei alten Menschen in Deutschland verdankte sich nicht zuletzt den eigenen Erinnerungen an die Erfahrung der Vertreibung aus den früheren deutschen Gebieten in Mittel-Osteuropa. Auch aktuelle Erfahrungen unterstreichen also die Tragfähigkeit einer biblischen Ethik der Einfühlung als Grundlage für den Umgang mit Flüchtlingen und Migrantinnen heute.

Wir haben gesehen, dass der Schutz des Fremden in der Bibel in einem unlösbaren Zusammenhang mit der Gottesbeziehung gesehen wird. Seine Spitzenformulierung findet dieser unlösbare Zusammenhang im Gleichnis vom Weltgericht, in dem der Umgang mit dem Fremdling als Prüfstein für den Umgang mit Christus selbst gesehen wird: „Ich bin ein Fremder gewesen", sagt Christus, „und ihr habt mich aufgenommen [...]" (Mt 25,35). Es kommt nicht von ungefähr, dass die Aufnahme von Fremden, die immer als gefährdet und deswegen als besonders verletzlich betrachtet wurden, prominent unter den Werken der Barmherzigkeit genannt wird.

Es ist ebenfalls bemerkenswert, dass die gerade wieder in allen Kirchen gelesene Weihnachtsgeschichte auch eine Flucht- und Asylgeschichte ist. Die Eltern des neugeborenen Jesuskindes wurden nach der Darstellung des Matthäus (Mt 2,13–15) auf der Flucht vor dem König Herodes an der ägyptischen Grenze nicht auf ein „sicheres Drittland" verwiesen, sondern aufgenommen. Der Heiland der Welt teilte das Schicksal derer ganz unten. Er war ein Flüchtling. Gerade in der koptisch-orthodoxen Kirche Ägyptens spielt diese Geschichte eine große Rolle, um die sich viele Legenden ranken. Auch Ägypten – so betonen die koptischen Christen immer wieder – ist heiliges Land. An zahlreichen Orten werden Stellen gezeigt und verehrt, an denen die Mutter Jesu mit dem göttlichen Kind Rast gemacht hat. Auch in der darstellenden Kunst, namentlich auf Ikonen, hat sich diese Tradition niedergeschlagen. Damit wird bis zum heutigen Tag sichtbar, dass dieser kleine Flüchtling zum Teil der eigenen Geschichte und ein Zeichen des göttlichen Segens geworden ist.

Was ist es, das in München, in Saalfeld, in Dortmund und in so vielen anderen deutschen Städten die Menschen mobilisiert hat, um andere Menschen willkommen zu heißen, die sie noch nie gesehen hatten? Und aus welcher Quelle kommt es? Was ist es, was die Menschen motiviert hat?

Die Antwort ist nicht schwer zu finden. Es war schlicht und einfach Empathie. Ein Mitgefühl, das das Leid, das vor Terror und Gewalt fliehende Menschen erleben, zum eigenen Leid werden lässt. Das Ausmaß, in dem solche Empathie angesichts des Leids der Flüchtlinge überall in Deutschland sichtbar und spürbar geworden ist, ist – jenseits der aktuellen Diskussionen um die Grenzen der Aufnahmefähigkeit Deutschlands – das eigentlich Historische an dem, was wir erlebt haben und erleben.

Als Kirchen können wir uns über diese Empathie gegenüber Flüchtlingen nur freuen. Und jeder, der der jüdisch-christlichen Tradition wirklich zentrale Prägekraft für unsere Kultur zukommen lassen will, wird für das gelebte Christentum, das in dieser Empathie seinen Ausdruck findet, nur dankbar sein können.

In welcher Weise das Liebesgebot Grundlage einer Ethik der Einfühlung in der Begegnung mit Migrantinnen und Flüchtlingen sein kann, entscheidet sich auch an der Frage, wie universal der Geltungsbereich des Liebesgebotes bestimmt wird. Der populären Meinung, man solle sich doch zuerst einmal den Bedürftigen im eigenen Lande zuwenden, korrespondieren auch Ansätze in der Ethik, die dem Universalismus des Liebesgebots eine tiefe Skepsis entgegen bringen.

3 Die Nahen und die Fernen – zur Reichweite des Liebesgebots

Der amerikanische Theologe Stephen Post vertritt ein Konzept von Nächstenliebe, das die sogenannten „special relations" in den Mittelpunkt stellt, die familiären und freundschaftlichen Beziehungen im Nahbereich also, die eine besondere Intensität der Liebe beinhalten. Diese Orientierung an den „special relations" verbindet sich mit einer scharfen Kritik an Konzepten der Liebe wie etwa dem klassischen Werk des amerikanischen Ethikers Gene Outka über die Agape, das am Universalismus der Aufklärung orientiert ist, wie er etwa in der Menschenrechtstradition seinen wirkmächtigen Ausdruck gefunden hat.

Wenn es – so Post – stimmt, dass die natürliche Ordnung des Lebens theologische und moralische Dignität hat, wenn also Gott die Welt durch „special relations" zwischen den Menschen ordnet, dann sind diese moralisch nicht in der gleichen Weise zu beurteilen wie die unpersönlichen Distanzbeziehungen, die lediglich auf „gleiche Achtung" („equal regard") gegründet sind.[1] Es sei klar, dass wir auch gegenüber Fremden Verpflichtungen hätten und eine *exklusive* Konzentration auf Familie und Freunde problematisch sei. Das heiße aber nicht, dass dieser Konzentration ihr moralischer Vorrang abgesprochen werden dürfe.[2]

Der Charme dieser Position liegt in ihrer Nähe zu intuitiv einleuchtenden Alltagserfahrungen. Denn natürlich empfinden wir eine direktere moralische Verpflichtung gegenüber den uns anvertrauten eigenen Kindern als gegenüber notleidenden Kindern in anderen Erdteilen. Ein Verhalten, das den eigenen Kindern so lange nachrangige Aufmerksamkeit schenken würde wie es Kinder anderswo gibt, denen es schlechter geht, würde zu Recht auf moralische Kritik stoßen.

Dennoch ist es natürlich kein Zufall, dass im Neuen Testament das Liebesgebot gerade anhand von Geschichten erläutert wird, in denen das Liebeshandeln über den sozialen Nahbereich hinausgeht. Das gilt für den reichen Jüngling und die Forderung, sein Geld an die Armen zu verteilen (Mt 19,16–26), genauso wie für den Barmherzigen Samariter, der gerade als Ausländer dem verletzten Juden zum Nächsten wird (Lk 10,25–37).

Das intuitiv plausible Verwiesensein an die Menschen im sozialen Nahbereich und der Universalismus des Liebesgebots geraten indessen dann nicht in Widerspruch zueinander, wenn wir den Universalismus als „konkreten Universalismus" verstehen und ihn in eine Ethik der Einfühlung einzeichnen:

1 S.G. Post, A Theory of Agape. On the Meaning of Christian Love, Lewisburg, Pa. 1990, 31.
2 Post, Theory of Agape (s. Anm. 1), 34f.

Konkrete und dichte personale Beziehungen im sozialen Nahbereich und universale Sorge um menschliches Wohlergehen – so der Kern dieses Gedankens – bedingen einander. Der Einsatz für „die Fernen", für Menschen also, mit denen weder persönliche Bekanntschaft besteht noch eine gemeinsame religiöse oder weltanschauliche Orientierung vorliegt, wird dann zum abstrakten Surrogat von Liebe, wenn er sich nicht kontinuierlich speist aus der Erfahrung empfangener und gegebener Liebe im sozialen Nahbereich. Liebe zu den Fernen ist genau deswegen möglich, weil die direkten sozialen Beziehungen immer neu lehren und affektiv untermauern, was Menschen erleiden und was sie erhoffen.

Dankbares Leben in der Dichte und Intimität der „special relations" steht in der Perspektive eines konkreten Universalismus in keinem Konkurrenzverhältnis zu einem Leben im Horizont universaler Liebe, sondern fördert es. Die Möglichkeit der Liebe zu den Fernen beruht wiederum auf *Einfühlung*. Ein Beispiel mag illustrieren, was damit gemeint ist: Ein Vater, der sich an seinen Kindern freut und für sie sorgt, der also versucht, Liebe in den „special relations" zu üben, *kann* im Lichte eines theologisch-ethischen Verständnisses von Liebe gar nicht anders, als seine Liebe universal zu öffnen. Gerade weil er die Dichte menschlicher Beziehung im sozialen Nahbereich so deutlich erfährt, wird er in Stand gesetzt, auch die ihm fern stehenden Fremden mehr als nur abstrakt zu lieben. Er kann sich einfühlen in die Bedrängnis des asylsuchenden Vaters, dem die Arbeitserlaubnis verweigert wird, der seinen Kindern die ersehnte Zukunftssicherheit nicht bieten kann, sondern jeden Tag in Angst vor Abschiebung lebt. Gerade weil er Liebe in den „special relations" übt und erfährt, wird er „liebesfähig" über diese „special relations" hinaus.

Eine Position, die christliche Liebe nur in personalen Nahbereichsbeziehungen am Werke sehen will, unterschätzt das universale Potential liebender Einfühlung. Die Überzeugung, dass alle Menschen gute Geschöpfe Gottes sind, überwindet ein Verständnis des Liebesgebots, das die Einfühlung in den Anderen je nach Nähe oder Ferne abstuft oder den Fernstehenden gar ganz vorenthalten will. Durch die in der Ziellinie des biblischen Liebesgebotes liegende Einfühlung kann auch aus dem fernen Nächsten der nahe Nächste werden.

Selbstverständlich kann niemand allen Menschen in Not auf der Welt helfen. Die Grenzen unseres liebenden und einfühlenden Handelns sind aber keine geographischen, sondern sie sind bedingt durch die Begrenztheit der Kraft, die wir haben. Aus der Perspektive der biblischen Rechtfertigungslehre gehen wir mit unseren Grenzen nicht so um, dass wir die moralischen Normen, die wir als verpflichtend empfinden, entsprechend ermäßigen, sondern indem wir das, was wir nicht vollbringen können, vor Gott bringen und um Vergebung bitten. Nur so können moralisch hochsensible Menschen ihre Sensibilität bewahren und gleichzeitig ein Leben aus innerer Freiheit führen. Ich bin fest davon überzeugt, dass die Rechtfertigungslehre, die vor 500 Jahren für Martin Luther die große Befreiung war, auch heute nichts von ihrer Aktualität verloren hat.

4 Wechselseitige Anerkennung als Grundlage des Zusammenlebens

Eine an dem Liebesgebot und der Goldenen Regel orientierte Ethik der Einfühlung hat aber nun auch eine unmittelbare sozialethische Relevanz, wenn es um die Regeln geht, die im gesellschaftlichen Zusammenleben gelten. Einer solchen Ethik der Einfühlung korrespondiert eine Rechtskultur, die von wechselseitiger Anerkennung geprägt ist. Solche wechselseitige Anerkennung ist mit dem Menschenwürdekriterium untrennbar verbunden, das ich anfangs als Überschrift über alles Reden von Flucht und Migration bezeichnet habe. Dem Anspruch von Menschen, die als Flüchtlinge und Migranten um Aufnahme suchen, auf eine an der Menschenwürde orientierte Behandlung korrespondiert die Verpflichtung, sich auf die damit verbundenen Rechtstraditionen einzulassen. Von denen, die in den Demokratien Europas Aufnahme suchen, darf nicht die *Assimilation* verlangt werden, die Aufgabe also ihrer eigenen religiös-kulturellen Traditionen um der Anpassung an das Aufnahmeland willen. Die *Integration* aber darf verlangt werden, das Sich-Einlassen auf diejenigen Regeln also, die eine Kultur wechselseitiger Anerkennung in der Gesellschaft befördern und daher Grundlage für ein gelingendes Zusammenleben gerade der Verschiedenen sind.

Damit solch eine wechselseitige Anerkennung Gestalt gewinnt, kann auf das Medium der Kommunikation nicht verzichtet werden. Der Bereitschaft, sich auf die Regeln wechselseitiger Anerkennung einzulassen, korrespondiert deswegen auch die Bereitschaft, die Sprache des Aufnahmelandes zu erlernen. Eine von zahlreichen kulturellen Biotopen geprägte gesellschaftliche Insellandschaft bleibt hinter den Anforderungen an eine Kultur wechselseitiger Anerkennung zurück, weil sie noch nicht einmal die wechselseitige *Wahrnehmung* ermöglicht. Religiöse und kulturelle Kommunikation im Geist wechselseitiger Anerkennung gehört zu den Regenerationsgrundlagen einer Gesellschaft, die ihre Orientierung an der Menschenwürde vital halten will.

Es sind die Menschenrechte, die so etwas wie die DNA unseres Grundgesetzes bilden. Dass sie in unserem Land einen so zentralen Stellenwert haben, ist ein wichtiger Grund, warum die Menschen auf der Flucht aus ihren Ländern gerade hierher fliehen. Dass die Menschenrechte sich in besonderer Weise christlichen

Wurzeln verdanken, darf und soll man sagen. Aber ihr Kern, die Glaubens- und Gewissensfreiheit, ist gerade deswegen so anziehend, weil er jenseits der eigenen Religion offen ist für andere religiöse Traditionen und ihnen ein gleiches Recht zur Ausübung ihres Glaubens gibt. Überall da, wo Intoleranz zwischen verschiedenen religiösen Traditionen sichtbar wird, muss klar gemacht werden, welcher Segen es ist, dass hier nach der langen Lerngeschichte der letzten Jahrhunderte Regeln des friedlichen Zusammenlebens gelten, die nicht zur Disposition stehen können. Auch die Gleichberechtigung von Frauen gehört zu der menschenrechtlichen Ausrichtung unserer Gesellschaft. Es wird eine große Herausforderung für die Bildungsarbeit in unserem Land sein, das in die Herzen von Menschen zu bringen, die in ihren Kulturen oft von anderen Frauenbildern geprägt worden sind.

5 Integration braucht den interreligiösen Dialog

Damit Integration gelingt, müssen die Religionen gesprächsfähig sein. Ich bin im vergangenen Jahr gerade auch von der Politik immer wieder auf die Notwendigkeit angesprochen worden, dass die Religionen durch eine Kultur wechselseitiger Verständigung zum gesellschaftlichen Frieden beitragen sollten. Ich glaube, dass wir angesichts der Missbrauchsanfälligkeit von Religionen mit ihren jeweiligen Heiligen Schriften und deren Aussagen zu Gewalt diese Verantwortung als Friedensstifter tatsächlich haben. Dabei kommt dem Dialog zwischen Christentum und Islam eine besondere Rolle zu.

Jeder Mensch, da geschaffen zum Bilde Gottes, verdient Achtung und Wertschätzung unabhängig von seinen religiösen Überzeugungen. Dieser Geist muss auch unsere Gespräche und Begegnungen mit den Vertreterinnen und Vertretern anderer Religionen prägen, gerade dann, wenn wir auch die Differenzen zwischen den Religionen deutlich machen.

Dazu gehört, dass wir die Beurteilung der jeweils anderen Religion nicht an ihren Pervertierungen festmachen, sondern mindestens genauso an ihren starken und zukunftsfähigen Ausdrucksformen. Für das Christentum in Geschichte und Gegenwart wünschen wir uns das ja auch.

Für das Verhältnis zum Islam heißt das: Wenn religiöse Gruppen oder Staaten sich zur Legitimierung von Terror, Gewalt und Unterdrückung auf die islamische Religion berufen, dann muss den dahinter stehenden menschenfeindlichen Ideologien in aller Klarheit widersprochen werden. Die Berufung auf Gott zur Misshandlung oder Ermordung von Menschen, die doch geschaffen sind zu seinem Bilde, ist nichts anderes als Gotteslästerung. Umso nachdrücklicher sollten wir all diejenigen in den Religionen – insbesondere auch im Islam – unterstützen, die mit uns genau an diesem Punkte einig sind.

Auch daran, ob wir so tief in unserem eigenen Glauben verwurzelt sind, dass wir ohne Angst auf andere Religionen zugehen können, wird sich entscheiden, ob Integration gelingt!

6 Empathie, Ängste und Wachsamkeit

Wer die Situation der letzten Monate aufmerksam einfühlend wahrnimmt, wird sehen und ernst nehmen, dass viele Menschen mit Überforderungsgefühlen ringen und sich Sorgen machen, dass wir die andauernd hohe Zahl ankommender Flüchtlinge irgendwann nicht mehr bewältigen können. Eine Haltung der Einfühlsamkeit kann ja nicht bedeuten, dass wir nicht mehr von den Ängsten reden dürfen, die manche umtreiben, die hier zu Hause sind. Unsere Empathie brauchen auch die, die sich als Verlierer gesellschaftlicher Verteilungsprozesse fühlen oder Angst haben, zu Verlierern zu werden. Solche Ängste müssen offen ausgesprochen werden dürfen, ohne dass sie gleich als politisch unkorrekt oder als unchristlich etikettiert werden.

Aber es kommt entscheidend darauf an, *wie* wir über solche Ängste reden. Auch unser Reden über diese Ängste muss von Empathie geprägt sein. Wenn es das nicht mehr ist, ist unser Nein gefordert.

Niemand unterschätze die Bedeutung von Worten. Worte, wenn sie von Empathie geprägt sind, können dazu motivieren, mit Schutzsuchenden würdig umzugehen, auch wenn es Probleme gibt. Worte können – wenn sie von menschlicher Kälte geprägt sind – aber auch dazu führen, dass sich ablehnende Stimmungen gegen Asylsuchende aufbauen und Einstellungen salonfähig werden, die die christlichen Grundorientierungen und die in ihnen zum Ausdruck kommende Menschenwürde mit Füßen treten. Daher ist in diesen Tagen höchste Wachsamkeit gegenüber allem aufkeimenden Rechtsterrorismus geboten. Gegen solchen Rechtsterrorismus müssen alle rechtsstaatlichen Mittel aufgeboten werden. Das Gleiche gilt für den Rechtsradikalismus als seinen Nährboden.

Das Erschreckendste am Rechtsradikalismus und seinen rechtspopulistischen Vorstufen ist für mich seine menschliche Kälte. Man kann über alles diskutieren: über Möglichkeiten der Steuerung der Flüchtlingsbewegungen, über die Notwendigkeit der Rückführung, über Registrierzentren für Flüchtlinge und auch über Überforderungsgefühle bei der Aufnahme. Aber es darf dabei nie eine menschliche Kälte zum Ausdruck kommen, die unberührt bleibt vom Leid der Menschen, um die es geht. „Sprache dichtet und denkt nicht nur für mich, sie lenkt auch mein Gefühl, sie steuert mein ganzes seelisches Wesen [...]. Worte können sein wie winzige Arsendosen: sie werden unbemerkt verschluckt, sie scheinen keine Wirkung zu tun, und nach einiger Zeit ist die Giftwirkung doch da."[3] Das hat Victor Klemperer formuliert, als er die Sprache des „Dritten Reiches" analysierte.

Wer die gezielte Streuung von Gerüchten in den sozialen Netzwerken wahrnimmt, die wir gegenwärtig erleben, sieht schnell, wie aktuell die Worte Klemperers sind.

7 Gesinnungsethik aus Verantwortung

Der Umgang mit den anhaltend ankommenden Flüchtlingen hat in der Ethik wieder eine alte Debatte aufleben lassen: Es ist die zwischen Gesinnungs- und Verantwortungsethik.

Dabei zeigt sich, wie sehr Zerrbilder eine sachgemäße ethische Meinungsbildung in einer Fragestellung erschweren, die für die Zukunft unseres Landes zentral ist. Und darüber hinaus, dass eine differenzierte Wahrnehmung der sozialethischen Koordinaten und Rollenzuschreibungen in der aktuellen migrationspolitischen Debatte dringlicher ist denn je.

Die Kirchen treten öffentlich ein für politische Entscheidungen, die jenseits moralischer Richtigkeiten die Realität auch wirklich verändern. Eine Sozialethik, die nur dann funktioniert, wenn man sie nie anwenden muss, ist ja genau deswegen eine schlechte Sozialethik, weil sie keine Folgen hat. Es darf keine Arbeitsteilung geben, nach der die Kirchen zuständig wären für Humanitätspostulate und die Politik für konkretes Handeln. Entscheidend ist, dass beides aufeinander bezogen wird. Wenn Politik die Humanität hintanstellt, dann verfehlt sie ihren Auftrag. Umgekehrt gilt: Wenn Kirche nicht die Dilemmata wahrnimmt, in denen Politik sich bewegt, dann redet sie über die Realität hinweg.

Gesinnungsethik und Verantwortungsethik zwischen Kirche und Politik aufzuteilen wird der Komplexität der Motive auf den unterschiedlichen Seiten nicht gerecht. Es wäre zudem eine Entstellung der Intentionen, mit denen dieses Begriffspaar ursprünglich eingeführt wurde. Denn genau den Zusammenhang in der Unterscheidung beider hat Max Weber ausdrücklich hervorgehoben, als er vor bald einem Jahrhundert in seinem Vortrag „Politik als Beruf" das Wortpaar einführte.

---

3   V. Klemperer, LTI. Notizbuch eines Philologen, Leipzig 1996, 21.

Gesinnungsethiker sind für Weber jene Menschen, die sich keine Gedanken über die Folgen ihres Handelns machen oder jedenfalls nicht bereit sind, für diese Folgen Verantwortung zu übernehmen. Verantwortungsethiker dagegen machen sich Gedanken über die Folgen ihres Tuns und richten ihr Handeln danach aus. Entscheidend aber ist für Weber, dass sie auch bei ihrem verantwortlichen Handeln von einer Gesinnung geleitet sind und sein müssen. Unermesslich erschütternd sei es, sagt Weber, „wenn ein reifer Mensch – einerlei ob alt oder jung an Jahren –, der diese Verantwortung für die Folgen real und mit voller Seele empfindet und verantwortungsethisch handelt, an irgendeinem Punkte sagt: ‚Ich kann nicht anders, hier stehe ich'. Das ist etwas, was menschlich echt ist und ergreift. Denn diese Lage muss freilich für jeden von uns, der nicht innerlich tot ist, irgendwann eintreten können. Insofern sind Gesinnungsethik und Verantwortungsethik nicht absolute Gegensätze, sondern Ergänzungen, die zusammen erst den echten Menschen ausmachen, den, der den ‚Beruf zur Politik' haben kann."[4]

Wir müssen also aufhören, Humanität und Realismus gegeneinander auszuspielen. Es ist nicht hilfreich für die öffentliche Diskussion, für eine bestimmte politische Position das Merkmal „Realismus" in Anspruch zu nehmen und abweichende Meinungen unter Blauäugigkeitsverdacht zu stellen oder der Humanitätsduselei zu verdächtigen. Was Wirklichkeitsnähe bedeutet, so hat Dietrich Bonhoeffer in seiner Ethik unter der Überschrift „Christus, die Wirklichkeit und das Gute" in eindrucksvoller Weise deutlich gemacht, kann jedenfalls aus christlicher Sicht nie ohne den Blick auf Christus als die unserer Wirklichkeit zugrundeliegende Realität verstanden werden.[5] Realismus kann deswegen auch nie von dem absehen, was Bonhoeffer den „Blick von unten" nennt. Für die Flüchtlingsfrage heißt das, dass Realismus immer auch befriedigende Antworten auf die Frage geben können muss, was die damit verbundenen Optionen jeweils für die Schwächsten bedeuten.

Oder noch einmal mit Max Weber gesprochen: Jede Verantwortungsethik beruht auch auf einer bestimmten Gesinnung. Gesinnungsethik und Verantwortungsethik können deswegen nie einfach einander gegenüber gestellt werden, sondern müssen aufeinander bezogen werden. Wenn die Gesinnung eine christli-

---

4   M. Weber, Politik als Beruf (1919), in: ders., Gesamtausgabe, Abt. 1: Schriften und Reden, Bd. 17, hg. von H. Baier/G. Hübinger, Tübingen 1992, 157–252: 249f.

5   „Jesus Christus läßt sich weder mit einem Ideal, einer Norm, noch mit dem Seienden identifizieren. Die Feindschaft des Ideals gegen das Seiende, die fanatische Durchführung einer Idee gegen ein sich sträubendes Seiende kann dem Guten ebenso fern sein wie die Preisgabe des Gesollten an das Zweckdienliche" (DBW 6, München 1992, 39f.).

che ist, heißt verantwortliches Handeln, die Konsequenzen auch für die Schwächsten in die eigenen Überlegungen miteinzubeziehen.

8 Zwei-Regimente-Lehre

Ein zweites Konzept begegnet in diesen Tagen als Argument gegen politische Äußerungen von Kirchen in der Flüchtlingskrise. Die sogenannte „Zwei-Reiche-Lehre", präziser: die „Zwei-Regimente-Lehre", entstammt unmittelbar reformatorischem Traditionsbestand und blickt auf eine fast fünfhundertjährige Rezeptionsgeschichte zurück – mit teils fatalen Aktualisierungen in der deutschen Geschichte.

Martin Luther selbst stieß in seiner praktischen Tätigkeit als Politikberater immer wieder auf die Frage, wie ein Fürst das christliche Gebot der Barmherzigkeit berücksichtigen und gleichzeitig seiner Verantwortung für die gesamte Gemeinschaft gerecht werden könne. Die Gebote der Bergpredigt kann und soll der Einzelne befolgen. Sie gelten in dem, was Luther das „geistliche Regiment" nennt. Wenn sie aber direkt in die Politik übertragen werden, besteht die Gefahr, dass das Gegenteil von dem erreicht wird, was damit beabsichtigt ist: Nicht Barmherzigkeit und Nächstenliebe werden gefördert, sondern dem Recht des Stärkeren Tür und Tor geöffnet. Deswegen braucht es das „weltliche Regiment" Gottes: Die Politik muss für die Einhaltung des Rechts sorgen und braucht auch Zwangsmittel, die dann greifen, wenn das Recht sabotiert wird.

Immer wieder ist die Zwei-Regimente-Lehre so verstanden worden, als ob im weltlichen Bereich eine Eigengesetzlichkeit herrsche, die dem Barmherzigkeitsgebot im geistlichen Bereich entgegenstehe. Nach einem solchen Verständnis wäre eine strikte Politik der Abschottung gegenüber Flüchtlingen kein Problem, weil das christliche Barmherzigkeitsethos nicht im weltlichen Bereich anzuwenden wäre.

Nichts könnte im Sinne Martin Luthers falscher sein. Denn natürlich steht auch das weltliche Reich unter dem Regiment Gottes. Und dieser Gott ist kein anderer als der, der sich in Jesus Christus gezeigt hat. Recht und Barmherzigkeit sind deswegen kein Gegensatz, sondern müssen aufeinander bezogen werden. Mit beißender Schärfe klagt Luther immer wieder das Handeln der Obrigkeit zum Schutz des Rechts der Schwachen ein, etwa in der Frage wirtschaftlicher Gerechtigkeit. Nach Luther ist es nicht die Frage, ob sich die Vertreter der Obrigkeit an Gottes Option für die Armen zu orientieren haben, sondern nur, wie sie es am besten tun.

Der Jurist Udo Di Fabio hat jüngst in seinem Vortrag vor der EKD-Synode Anfang November in Bremen festgehalten: „Luther wollte gerade keinen Beitrag zur weltlichen Rechtsentwicklung leisten und hat es objektiv dennoch getan. Im Reich Gottes sollten Gnade und Barmherzigkeit herrschen, während im weltlichen Reich auch Strafe und Ernst regierten." Kirchen seien aus diesem Verständnis heraus keine politischen Akteure. Dass Kirche unpolitisch zu sein habe, schließt Di Fabio daraus nun aber genau nicht. Die Kirchen – so stellt er fest – „irritieren den politischen Prozess. Sie sagen etwas zum politischen Prozess, sie nehmen Stellung. Sie stehen nach wie vor, wie das seit 500 Jahren der Fall ist, für ein Stück Zivilgesellschaft, die eine besondere ideelle Fundierung besitzt, nämlich im Glauben, in der christlichen Botschaft, in der Heiligen Schrift."[6]

Dem kann man nur zustimmen.

9 Konsequenzen für die Politik

Wenn wir als Kirche in der aktuellen flüchtlingspolitischen Debatte Position beziehen, ergeben sich konkrete Impulse für die laufende Diskussion:

(1) Im Lichte der vorrangigen Option für die Schwachen gibt es gute Gründe, den Kurs einer an Humanität orientierten Flüchtlingspolitik Deutschlands zu bejahen. Empathie und Herrschaft des Rechts dürfen nicht, wie das immer wieder geschieht, als notwendiger Gegensatz angesehen werden. Gerade dann, wenn das Recht ein Handeln impliziert, das für einzelne Menschen eine Härte bedeutet, muss es mit Empathie ausgeführt werden. Wir haben als Kirchen bewusst nie die Abschaffung aller Grenzen gefordert, wie vereinzelt suggeriert wird, wohl aber darauf gedrungen, dass das Grenzregime den Anspruch jedes Menschen auf Schutz vor Verfolgung, Terror und Krieg ernst nimmt.

Grenzen haben ja insofern tatsächlich auch einen sozialethischen Wert, als sie die Grundlage für die Aufrechterhaltung der Ordnung eines Staates oder eines Staatenverbundes sein können, ohne die am Ende auch die Schwachen Schaden leiden. Aber der Umgang mit Grenzen muss im Einklang mit unseren humanitären Traditionen stehen. Nur darum dreht sich die gegenwärtige Diskussion.

Weil mir so wichtig ist, dass Humanität und Herrschaft des Rechts aufeinander bezogen bleiben, habe ich im Übrigen bewusst immer wieder betont, dass die Durchführung von Rechtsverfahren zur Entscheidung von Asylanträgen immer

---

6   U. Di Fabio, Christlicher Glaube in offener Gesellschaft, in: Kirchenamt der EKD (Hg.), Gott neu vertrauen. Das Magazin zum Reformationsjubiläum 2017, Hannover 2016, 8–11: 9.

auch impliziert, dass manche Menschen in ihre Herkunftsländer zurückkehren müssen. Aber auch dann gilt eben: diese Menschen, die den falschen Versprechungen der Schlepperbanden auf den Leim gegangen sind, alles verkauft haben, um sie zu bezahlen und nun umso verzweifelter sind, müssen im Rückführungsverfahren mit Empathie behandelt werden.

(2) Dass Deutschland nicht alle 60 Millionen Flüchtlinge weltweit aufnehmen kann, ist eine Banalität. Aus christlicher Sicht kann eine Begrenzung des Flüchtlingszugangs hierzulande aber nicht auf einer Gleichgültigkeit gegenüber dem Schicksal derer beruhen, die anderswo in Not sind. Genau damit sind wir als Kirchen konfrontiert, die wir Teil eines weltweiten Netzwerks von „Schwestern und Brüdern" sind.

Jedenfalls dann, wenn Verantwortungsethik sich nicht auf den nationalen Horizont beschränkt, müssen alle Forderungen nach einer Begrenzung des Flüchtlingszugangs hier in ihren Konsequenzen für die dann abgewiesenen Flüchtlinge durchdacht sein. Die notwendige Beschränkung des Zugangs für Flüchtlinge hier muss verbunden sein mit dem intensiven Bemühen um Maßnahmen, die ein würdiges Leben anderswo ermöglichen.

Politische Strategien, die die Menschen in Not einfach ihrem Schicksal überlassen würden, sind nicht zu verantworten. Das ist der Grund dafür, dass trotz aller gegenwärtigen Schwierigkeiten der Umsetzung nach wie vor in der solidarischen Verteilung auf viele Länder und der Sicherstellung von Schutz in diesen Ländern der Schlüssel für die Bewältigung der Flüchtlingskrise liegt. Jeder, der dieses Ziel *ad acta* legen will, muss erklären, wohin die Menschen aus den syrischen Kriegsgebieten fliehen sollen oder ob er sie tatsächlich gewaltsam davon abhalten will, vor Terror und Gewalt zu fliehen.

(3) Die große Aufgabe der Integration muss beherzt angegangen werden. Wenn Flüchtlinge Monate und Jahre in Ungewissheit bleiben, ob und wie es mit ihnen weitergeht, wenn sie ohne klare Perspektive in den Unterkünften der Anschlussunterbringung ausharren, dann ist es in dieser Zeit unmöglich, mit ihnen planbare Wege der Integration zu gehen.

Diejenigen Muslime, die das Friedenspotential ihrer Religion betonen und sie als Kraft einer demokratischen Zivilgesellschaft neu verstehen wollen, müssen in ihrem Bemühen unterstützt werden. Ein Umgang mit dem Islam, der diese Religion an den Ideen der Salafisten oder anderer Fundamentalisten misst, ignoriert nicht nur die friedlichen Haltungen der überwiegenden Zahl der hier oder anderswo lebenden Muslime. Ein solcher Umgang fällt auch denen in den Rücken, die solche Fundamentalisten aus dezidiert muslimischen Überzeugungen heraus bekämpfen. Zukunft hat dagegen ein Umgang mit anderen Religionen, der von den Stärken der jeweils anderen Religion ausgeht und diese Stärken durch einen wertschätzenden Umgang fördert. Wo auf der Basis eines solchen wechselseitig wertschätzenden Umgangs Vertrauen wächst, ist auch ein offener Umgang mit den jeweiligen Unterschieden zwischen den Religionen möglich. Interreligiöser Dialog verfehlt sein Ziel, wenn aus Konfliktscheu menschenrechtswidrige Überzeugungen oder Praktiken nicht kritisiert werden.

Ich komme zum Schluss: Das Eintreten für die Grundwerte der Demokratie, das bei der Integration so wichtig ist, muss auch unter uns als aufnehmende Gesellschaft gepflegt werden. Die Anforderungen an politische Entscheidungen und an diejenigen, die sie zu treffen haben, sind in diesen Tagen enorm. Migrationspolitik findet in einem komplexen Geflecht national-föderaler, europäischer und globaler Interdependenzen statt. Wer hier ganz im Sinne von Max Weber „mit Leidenschaft und Augenmaß zugleich" Entscheidungen trifft und Politik als das „starke langsame Bohren von harten Brettern" versteht, verdient unseren Respekt. Und – so ergänze ich bewusst – ist in unsere Fürbitten eingeschlossen. Denn selten hat gelebte Verantwortungsethik so viel Gesinnung mit langem Atem erfordert.

Zusammenfassung

Der Aufsatz beschreibt auf dem Hintergrund der aktuellen Aufnahme einer großen Zahl von Flüchtlingen in Deutschland die ethischen Herausforderungen im Umgang mit Flucht und Migration aus der Sicht christlicher Ethik. Zunächst werden biblische Grundorientierungen reflektiert. Dabei spielt neben der Gottebenbildlichkeit die in der Erfahrung der eigenen Befreiung aus der Sklaverei in Ägypten verwurzelte Ethik der Empathie eine besondere Rolle, die als Grundlage der eng miteinander verbundenen Deutungen von Doppelgebot der Liebe und Goldener Regel im Neuen Testament gesehen wird. Anhand der Diskussion von Max Webers Verständnis von Gesinnungs- und Verantwortungsethik sowie einer Reflexion der lutherischen Zwei-Regimente-Lehre wird gezeigt, wie ein reflektierter Umgang mit theologischen Inhalten für konkrete politisch-ethische Fragen fruchtbar gemacht werden kann.

In the light of the arrival of a great number of refugees in Germany the article describes the ethical challenges in dealing with asylum and migration from the perspective of Christian ethics. First fundamental biblical themes are reflected. The creation of human beings as images of God and the groundedness of an ethic of empathy in the experience of liberation from slavery in Egypt by God's people are interpreted as the basis of the close interconnectedness of the double command-ment of love and the Golden Rule in the New Testament. Drawing on Max Weber's distinction of ethics of conviction and ethics of responsibility and reflecting on Luther's two kingdoms doctrine, the article shows how a well reflected exploration of theological themes can be fruitful for concrete questions of political ethics.

Markus Zehnder

Erwägungen zur Migration im Licht des Alten Testaments

1 Einleitung

Seit etlichen Jahren ist der Migrationsstrom in Richtung Europa groß. Infolge der merkbaren Zunahme der Anzahl von Asylsuchenden in Europa im Sommer 2015 hat sich die Debatte rund um Migration gegenüber vorher nochmals intensiviert; allerdings ist das Phänomen der Wanderungsbewegung nach Europa nicht neu und Diskussionen darüber werden schon länger nicht nur auf politischer, sondern auch auf kirchlicher und theologischer Ebene (ebenso wie in einer großen Zahl weiterer Sozialbereiche und Fachdisziplinen) geführt.[1]

   Kirchliche und theologische Beiträge zeichnen sich dabei in manchen Fällen durch eine gewisse Verengung des Horizontes aus. Bestimmte Aspekte der komplexen Thematik werden häufig nicht oder nur unzureichend in den Blick genommen, etwa Fragen der Verantwortlichkeit der Regierenden in den Herkunftsländern der Migranten, der Motivationen und kulturellen Prägungen der Migranten selbst oder der Langzeitfolgen einer Masseneinwanderung im Kontext eines in mancher Hinsicht prekären Sozialgefüges der Rezeptionsgesellschaft. Damit einher geht ein Grundton, der nicht selten als emotional und moralisierend aufgefasst werden kann, soweit es kirchliche Stellungnahmen betrifft. Analoge Defizite zeigen sich in der bibelwissenschaftlichen Debatte, wenn der Vielschichtigkeit des biblischen Materials nicht genügend Rechnung getragen wird und die Gefahr

---

1   Was die neuere Diskussion im bibelwissenschaftlichen Bereich betrifft, sei – im Sinne einer willkürlichen knappen Auswahl – auf die folgenden Aufsätze und Monographien hingewiesen: M.A. Awabdy, Immigrants and Innovative Law. Deuteronomy's Theological and Social Vision for the רג (FAT 2/67), Tübingen 2014; M.G. Brett, Forced Migrations, Asylum Seekers and Human Rights, Colloquium 45 (2013), 121–136; M.D. Carroll, Christians at the Border. Immigration, the Church, and the Bible, Grand Rapids, Mich. 2008; ders., Welcoming the Stranger, in: J.S. DeRouchie/J. Gile/K.J. Turner (Hg.), For Our Good Always. Studies on the Message and Influence of Deuteronomy in Honor of Daniel I. Block, Winona Lake, Ind. 2013, 441–461; J.K. Hoffmeier, The Immigration Crisis. Immigrants, Aliens, and the Bible, Wheaton, Ill. 2009; R. Achenbach/R. Albertz/J. Wöhrle (Hg.), The Foreigner and the Law. Perspectives from the Hebrew Bible and the Ancient Near East (BZAR 16), Wiesbaden 2011.

besteht, dass die Sachlichkeit einer wissenschaftlichen Untersuchung einseitigen Begründungen einer bestimmten weltanschaulichen Agenda weichen muss. Als Hauptbeispiel für solche Tendenzen sei darauf hingewiesen, dass – soweit es das Alte Testament betrifft – häufig der Hauptfokus auf denjenigen Bibelstellen liegt, die von der Förderung des „Beisassen" (גֵּר) sprechen, und diese Verse dann mehr oder weniger eins-zu-eins auf die heutige Situation übertragen werden, ungeachtet ihrer ursprünglichen sozio-kulturellen Einbettung und der teils bedeutenden Unterschiede, die zwischen den damaligen und den heutigen Kontexten bestehen. Besonders beliebt sind dabei Stellen wie „Einen Fremdling sollst du nicht bedrücken" (Ex 22,20), „Der Fremde, der bei euch wohnt, soll unter euch wie ein Einheimischer sein, und du sollst ihn lieben wie dich selbst" (Lev 19,34a), oder „Einerlei Gesetz und einerlei Recht soll gelten für euch und für den Fremden, der bei euch wohnt" (Num 15,16).[2]

Natürlich ist es im Rahmen des vorliegenden Artikels nicht möglich, sämtliche der hier zur Debatte stehenden Fragen aufzunehmen, geschweige denn zu klären. Die nachfolgenden Ausführungen sollen einen Beitrag dazu leisten, einige der für die gegenwärtige Diskussion besonders wichtigen Aspekte zu beleuchten. Insbesondere sollen die Komplexität der alttestamentlichen Aussagen zu „Fremdheit", „Fremden" und „Migration", die Differenzierungen des Fremdenbegriffs im Alten Testament sowie einige der historischen Spezifika von Migrationserscheinungen, auf die die alttestamentlichen Texte Bezug nehmen, näher untersucht werden.

2 Das komplexe Bild alttestamentlicher Aussagen zu „Fremdheit", „Fremden" und „Migration"

Eine breite Sicht auf das Alte Testament, die darauf verzichtet, gewisse Texte a priori als weniger aussagekräftig und ethisch bedeutsam als andere zu taxieren, stößt auf ein komplexes Bild, das nicht unter dem Stichwort einer uneingeschränkten „Willkommenshaltung" zusammengefasst werden kann.

---

2 Im Blick auf kirchliche Stellungnahmen kann als ein Beispiel unter vielen auf Kap. 4, „Biblisch-theologische Überlegungen, ethische Reflexionen und Konsequenzen" des Dokuments „‚... und der Fremdling, der in deinen Toren ist.‘ Eine Arbeitshilfe zum Gemeinsamen Wort der Kirchen zu den Herausforderungen durch Migration und Flucht 1998" (http://www.ekd.de/themen/migration_1997_fremd4.html, Abruf April 2016) hingewiesen werden. Die meisten der nachfolgend genannten Punkte, die Migration eher problematisieren, finden in dem von der EKD herausgegebenen Text keine Erwähnung, wogegen großes Gewicht auf das Befreiungshandeln Gottes gelegt wird.

(1) Nach Gen 1,26–27 und 9,6 kommt jedem Menschen, unabhängig von der spezifischen Rassen- oder Volkszugehörigkeit, eine unermessliche unendliche Würde aufgrund seiner Gottesebenbildlichkeit zu; jedem Rassendünkel ist damit der Boden entzogen. Ebenfalls ist damit gesagt, dass es eine absolute Fremdheit zwischen Menschen oder eine prinzipielle Höher- oder Minderwertigkeit zwischen ihnen nicht geben kann.[3] Da diese Sichtweise im Anfangskapitel des Alten Testaments verankert ist, kommt ihr – mindestens in einer redaktionell-kanonischen Perspektive – ein hoher Stellenwert zu.

(2) Die Rückkoppelung der Menschheit insgesamt auf das erste Menschenpaar oder – bei einem alternativen Verständnis der entsprechenden Texte – die zeitübergreifend-paradigmatische Funktion der Paradieserzählung[4] impliziert auf der anderen Seite auch, dass jeder Mensch ungeachtet seiner ethnischen Zugehörigkeit – und ungeachtet seines Status als Einheimischer oder Migrant – *coram Deo* Sünder und also nicht einfach „gut" ist, wie sich aus Gen 3 ergibt.

(3) Auch wenn es aufgrund des unter (1) genannten Punktes eine absolute Fremdheit zwischen Menschen verschiedener ethnischer Zugehörigkeit nicht geben kann, so ist auf der anderen Seite festzuhalten, dass sich ein Grundzug in verschiedenen Schichten des Alten Testaments feststellen lässt, nach dem die Vielfalt der Völkerwelt und die damit verbundene volle Herausbildung der Unterschiede der Ethnien etwas Positives ist. Das ergibt sich etwa aus der Kombination von Gen 1,28, dem Segen über die Menschheit, und Gen 9,1, dem Segen über die Söhne Noahs, auf der einen und Gen 10, der Liste der Völker, die offenbar Resultat dieses Segens sind, auf der anderen Seite.[5] Das potentielle Gegenmodell dieser Auffassung, das die Auflösung dieser Unterschiede in einem von Menschen gewirkten sozial-politischen Einheitssystem anstrebt, wird in der Geschichte von Stadt und Turm zu Babel in Gen 11,1–9 umgehend zurückgewiesen.[6]

Aus Gen 10,5.20.31 wird deutlich, welche Elemente in der Sicht dieses Textes zu einem Volk gehören: ein bestimmtes Territorium (אֶרֶץ), eine bestimmte Spra-

---

3 Siehe M. Zehnder, Umgang mit Fremden in Israel und Assyrien. ein Beitrag zur Anthropologie des „Fremden" im Licht antiker Quellen (BWANT 168), Stuttgart 2005, 292.

4 Siehe zu den Alternativen z.B. R. Youngblood, The Genesis Debate, Eugene, Or. 1999, 148–165.

5 So auch z.B. W. Vogels, L'immigrant dans la maison d'Israël, in: J.-C. Petit (Hg.), „Où demeures-tu?" (Jn 1,38). La maison depuis le monde biblique, Québec 1994, 227–244: 229–230. Aus literarkritischer Sicht lässt sich die Verbindung der genannten Texte dadurch besonders plausibel machen, dass sie alle der Priesterschrift zugeordnet werden.

6 Siehe dazu z.B. F. Crüsemann, Human Solidarity and Ethnic Identity, in: M.G. Brett (Hg.), Ethnicity and the Bible (BiInS 19), Leiden 1996, 57–76: 72.

che (לְשׁוֹן) und eine verwandtschaftliche, familienbasierte Zusammengehörigkeit (מִשְׁפָּחָה).

(4) Dass die Ausdifferenzierung der Völkerwelt in Gen 10 als Erfüllung des Segens Gottes *vor* der Berufung Abrahams stattfindet, weist in eine ähnliche Richtung wie die Rückführung der Menschen verschiedener ethnischer Zugehörigkeit auf das eine erste Elternpaar in Gen 1: Abraham und von ihm ausgehend das Volk Israel sind Spätankömmlinge in der Geschichte, und Fremde im Sinne von Nicht-Israeliten haben (damit) ihren eigenen Bezug zu Gott. Dieser Punkt wird in anderen Teilen des Alten Testaments ebenfalls unterstrichen, etwa in Dtn 2,5.9.12. 19.21–22; Am 9,7.

(5) Mit der sogenannten Völkertafel in Gen 10 ist durch die thematische Berührung und konkret durch die Gemeinsamkeit der Verwendung des Verbs פרד und der Zahl 70 als Umschreibung der unter Gott stehenden Völkerwelt Dtn 32,8 verbunden. In diesem Vers wird festgestellt: „Als der Höchste den Völkern ihren Erbteil gab, und zwischen den Menschen unterschied, da setzte er fest die Grenzen der Völker, in Entsprechung zur Zahl der Söhne Israels", oder, nach einer anderen Textüberlieferung, „in Entsprechung zur Zahl der בְּנֵי אֵל", der „Söhne Gottes" bzw. der himmlischen Wesen.

Unabhängig von der Lesart, der man folgt, wird deutlich, dass die Aufteilung der Menschheit in verschiedene Völker mit bestimmten Grenzen (גְּבוּל) dem Willen Gottes entspricht, ja auf sein eigenes Handeln zurückgeht.[7] Diese Aufteilung ist also nicht ein Defizit, das durch menschliches Handeln überwunden werden müsste. Unterscheidung und Vielfalt, kein Einheitssystem, ist Ziel Gottes nicht nur im Bereich von Flora und Fauna, sondern auch im – durchaus politisch zu verstehenden – Bereich der Völkerwelt.

Wie eben gesehen ist in Dtn 32,8 davon die Rede, dass Gott zwischen den Menschen unterschieden und Grenzen gezogen hat. Das Verb, das hier verwendet wird, ist פרד. Dieses Verb wird auch in Gen 10,5.32 verwendet. Weiter ist es ein Leitwort in Gen 13 mit einer durchaus positiven Konnotation: Durch die Trennung von Abraham und Lot öffnen sich Lebensräume für beide, was die Voraussetzung dafür schafft, dass sich ihr Leben weiter entfalten kann.

(6) Aus Stellen wie Am 1,13 ist zu entnehmen, dass eine – zu ergänzen ist vermutlich: willkürliche, ungerechtfertigte – Ausdehnung der Grenzen durch den

---

7   Auf die Bedeutung dieses Verses in dem hier beschriebenen Sinn macht auch Brett aufmerksam; siehe Brett, Forced Migrations (s. Anm. 1), 124. Eine ganz ähnliche Aussage findet sich in Apg 17,26.

Gebrauch von exzessiver Gewalt gegen das von Gott intendierte „Völkerrecht" verstößt und von ihm selbst geahndet wird.[8]

(7) Gemäß Am 9,7 wiederum ist es nicht so, dass die Zuordnung bestimmter Völker zu bestimmten Territorien metaphysisch überhöht und streng statisch verstanden werden darf. Es gibt nicht nur ungerechtfertigte Verschiebungen von Grenzen wie in Am 1,13, sondern auch von Gott selbst geleitete Wanderungen und Neuansiedlungen von Völkern, was natürlich immer auch mit Verlusten der einen oder anderen Art für die Vorbewohner der betreffenden Gebiete verbunden ist.[9] Dieser Punkt wird auch in Dtn 2,5.9.12.19.21–22 unterstrichen.

(8) Während in der Regel die ethnische Identität als etwas Gegebenes und damit Stabiles erscheint, so gibt es doch genug Hinweise darauf, dass sie durchaus flexibel sein kann und Veränderungen möglich sind. Als ein Beispiel unter zahlreichen kann auf den „Hethiter" Uria verwiesen werden, der offenbar einen nicht-israelitischen Hintergrund hat, in der Erzählung von 2 Sam 11 aber in jeder Hinsicht wie ein Israelit erscheint.[10] Als wichtigste soziale Institution, über die sich innerhalb der im Alten Testament gespiegelten Welt eine Veränderung der ethnischen Identität vollzieht, kann die Mischehe gelten.

(9) Ein mit dem oben erwähnten Verb פרד semantisch eng verwandtes weiteres Verb, בדל, wird in Lev 20,24 und 1 Kön 8,53 zur Beschreibung der Absonderung Israels aus der Völkerwelt verwendet. Zu dieser Absonderung gehört nach Ausweis anderer literarischer Schichten, dass Israel ein bestimmtes Territorium innerhalb bestimmter Grenzen zugewiesen wird; siehe z.B. Ex 23,31; 34,24; Num 34,3–11; Dtn 11,24; Jos 1,4. Innerhalb Israels wiederum wird auch den Stämmen ein jeweils spezifisches Territorium mit bestimmten Grenzen zugewiesen. Dieser Vorgang ist das Hauptthema in Jos 12–19.

Zwei damit zusammenhängende Beobachtungen sind wichtig: (a) Ein bestimmtes Territorium innerhalb bestimmter Grenzen wird in prophetischen Texten auch für das künftige Israel erwartet; siehe z.B. Jes 54,12; 60,18; Jer 31,17; Ez 47,13–20;[11] Mal 1,5. (b) Das Verb בדל, das in der Beschreibung der Aussonderung Israels eine so wichtige Rolle spielt, ist zugleich ein Leitwort der Schöpfungsgeschichte. Die Schöpfung besteht wesentlich in der Überwindung des תֹהוּ וָבֹהוּ, der

---

8 Siehe dazu z.B. J.D. Nogalski, The Book of the Twelve. Hosea–Jonah, Macon, Ga. 2011, 282–283. Als weitere Beispiele kann etwa auf Jes 10,5–19 oder Nah 3 verwiesen werden.

9 Vgl. z.B. S.M. Paul, Amos. A Commentary on the Book of Amos (Hermeneia), Minneapolis 1991, 283.

10 Siehe zum Näheren Zehnder, Umgang (s. Anm. 3), 410.

11 In Ez 48 wird auch die Binnengrenzziehung zwischen den verschiedenen Stämmen innerhalb des zukünftigen Israel beschrieben.

amorphen, mit der Finsternis verbundenen Ursprungsmasse – und zwar eben durch „(Unter-)Scheidung", d.h.: „Diskriminierung".[12] Es entsteht so Ordnung, in der alles seinen Platz und Raum bekommt, und so kann Leben gedeihen. Dieses (Unter-)Scheiden soll Israel dann übernehmen, indem es scheidet zwischen rein und unrein, heilig und profan (Lev 10,10; 20,25), und der Gedanke findet seine Fortsetzung in den verschiedenen Vermischungsverboten, wie z.B. Dtn 22,9–11.

Die theologische Aussage, die dahinter rekonstruiert werden kann, ist, dass sich Gott in der Schöpfung selbst zurücknimmt und einem Anderen Raum gibt, er schafft Vielheit und Unterscheidung; und das Ziel Gottes mit seiner Schöpfung ist, dass diese Vielheit in ihrer Unterschiedlichkeit zu ihrer vollen Entfaltung kommt – auch in der Unterscheidung zwischen Israel und den Völkern und in der Verschiedenheit der Völkerwelt insgesamt.[13]

(10) Die Auserwählung Israels, einschließlich der Zuweisung eines eigenen Landes und der Zuschreibung nicht nur eines spezifischen religiösen Profils, sondern auch einer bestimmten – wenn auch nicht starren – ethnischen Identität,[14] spielt für das Alte Testament insgesamt eine zentrale Rolle, auch jenseits der Verwendung der Verben פרד und בדל und des Substantivs גְּבוּל.[15] Da Israel Vorbildcharakter für die Völkerwelt hat,[16] liegt die Annahme nahe, dass eine entsprechende Strukturierung der Völkerwelt tendenziell das ist, was in der Auffassung breiter Schichten des Alten Testaments dem Willen JHWHs entspricht. Die oben genannten Texte, insbesondere Gen 10 und Dtn 32,8, legen diese Vermutung jedenfalls nahe. Sie wird unterstützt durch die Beobachtung, dass es einen Aufruf im Alten Testament zur Bildung eines transnational-multikulturellen Staatswesens im prä-eschatologischen Horizont nicht gibt.

(11) Es finden sich Texte innerhalb der Gesetzessammlungen, die in der einen oder anderen Weise den Schutz von bestimmten Kategorien von Fremdlingen fordern; siehe vor allem Ex 22,20; 23,9; Lev 19,10.33–34; Dtn 1,16; 10,18–19; 14,28–29; 24,14.17.19–22; 26,11–13; 27,19. Diesen entsprechen Passagen in prophetischen Bü-

---

12 Vgl. z.B. B.T. Arnold, Genesis (NCBiC), New York 2009, 37–38.

13 In gesamtbiblischer Perspektive lässt sich dieser Gedanke theologisch noch weiter vertiefen: In Gott selber ist nicht statische Einheit, sondern Vielfalt und Unterscheidung, im dynamischen Miteinander von Vater, Sohn und Heiligem Geist; und deshalb ist auch das Schöpfungswerk Gottes von Vielfalt und Unterscheidung geprägt.

14 Es ist bedeutsam, dass die Geschichte vom Auszug aus Ägypten, der den Moment der Volkwerdung Israels beschreibt, die Partizipation einer nicht näher quantifizierten Menge von Volksfremden erwähnt (siehe Ex 12,38).

15 Siehe zum Näheren Zehnder, Umgang (s. Anm. 3), 290–291.293–294.301.

16 Das lässt sich etwa aus Ex 19,5–6 oder Jes 42,6; 49,6 entnehmen. Siehe dazu besonders C.J.H. Wright, Old Testament Ethics for the People of God, Downers Grove, Ill. 2004, 62–75.

chern, die die Adressaten anklagen, solchen Forderungen nicht gerecht zu werden, oder sie vor einem solchen Missverhalten warnen; siehe Jer 7,6; 22,3; Ez 22,7.29; Sach 7,10; Mal 3,5.[17]

In diesem Zusammenhang sind neben den zahlreichen Hinweisen auf die Migrationserfahrung der israelitischen Vorväter auch die neutrale oder eher positive Bewertung des Aufenthaltes fremdstämmiger Personen in Israel und Juda in Berichten über die staatliche Zeit zu nennen.[18] In einigen Fällen lässt sich dabei – modern ausgedrückt – von einer durchaus gelungenen „Integration" in das Sozialgefüge Israels oder Judas sprechen. Hinzu kommen Berichte über freundschaftliche Beziehungen nach außen.[19]

(12) Andererseits ist festzustellen, dass die Vorstellung, es könnte eine Pflicht zur Anpassung oder gar Preisgabe eigener kultureller Werte zugunsten der hinzukommenden Fremden geben, sich nicht nur in den biblischen Rechtssammlungen nicht finden lässt, sondern überhaupt nirgends im Alten Testament. Ebenfalls ist die Bildung von Parallelgesellschaften in den biblischen Textwelten weder vorgesehen noch belegt.[20]

(13) Es gibt Texte innerhalb des Alten Testaments, die sich – in unterschiedlicher Weise – kritisch gegenüber Fremden, die im Gebiet des Landes Israel leben (wollen), äußern. Als erstes Beispiel kann dabei auf das sog. Gemeindegesetz von Dtn 23,2–9 hingewiesen werden, das die Zulassung zum קְהַל יְהוָה bestimmten Restriktionen unterwirft.[21] Weiter kann auf die kritische Haltung gegenüber gewissen Arten von Mischehen hingewiesen werden.[22] Als weitere – extreme – Beispiele

---

17 In all den genannten Texten ist vom גֵר, „Beisassen", die Rede.

18 Zu neutralen oder positiven Berichten über den Aufenthalt Fremder bzw. Fremdstämmiger in Israel und Juda siehe z.B. Jos 6,25 (Rahab und ihre Familie); 1 Sam 26,6 (der Hethiter Ahimelech); 2 Sam 11 (der Hethiter Uria); 2 Sam 23,37 (der Ammoniter Zeleq); 2 Sam 8,18; 15,18; 20,7.23; 1 Kön 1,38.44 (Kreti und Pleti).

19 Siehe z.B. 1 Kön 10. Häufiger sind allerdings Texte, die aus Sicht des orthodoxen JHWH-Glaubens freundschaftliche Beziehungen mit außenstehenden Mächten kritisieren; siehe z.B. Jes 30,1–5; 31,1–3; Ez 16,32; Hos 7,8–9.11.

20 Mit Ausnahme der kanaanäischen Vorbewohner, deren Existenz als gesonderte Größe parallel zu den Israeliten sowohl textlich (siehe z.B. Jos 9,27; 2 Sam 4,3; 21,2; 24,7; 1 Kön 9,15.20–22) wie auch archäologisch belegt ist. Zu den archäologischen Hinweisen siehe z.B. A. Faust, Ethnic Complexity in Northern Israel during Iron Age II, PEQ 132,1 (2000), 2–27: 9–16.

21 Siehe dazu Näheres unten. Das Gewicht dieses Textes wird dadurch unterstrichen, dass in Neh 13,1–3 seine Aufnahme und Applikation notiert wird, wobei letztere soweit geht, dass „alles Mischvolk" aus Israel „ausgeschieden" (Verwendung des Verbs בדל) wird.

22 Es gibt Beispiele im Alten Testament für eine positive Würdigung von Mischehen, wie etwa Moses Ehen mit Zippora (siehe Ex 2,16–22) und einer Kuschitin (siehe Num 12) oder die Verbindung zwischen Ruth und Boas (siehe Rut 4). Weit häufiger dagegen wenden sich biblische Texte gegen

müssen die Anweisungen zum Umgang mit den kanaanäischen Vorbewohnern des verheißenen Landes und mit den Amalekitern gelten.[23] Weiter wären die Texte, die von Abgrenzungen gegenüber verschiedenen Gruppen von Fremden im Zusammenhang mit dem Mauerbau unter Nehemia sprechen, zu nennen.[24]

(14) Hinzuweisen ist im Weiteren besonders auf prophetische Texte, die von den Israeliten bzw. Judäern eine stärkere Abgrenzung gegenüber fremden Einflüssen fordern, wobei es bei diesen Einflüssen vor allem um den religiösen Bereich geht;[25] aber auch Texte, die stärker auf eine Bewahrung der eigenen Identität im nicht unmittelbar religiösen, sondern im mehr allgemein kulturellen Bereich zielen, sind zu finden.[26]

(15) Weiter oben wurde zu Punkt (10) festgestellt, dass es einen Aufruf zur Bildung eines transnational-multikulturellen Staatswesens im prä-eschatologischen Horizont im Alten Testament nicht gibt. Hier ist nun zu ergänzen, dass auch im Blick auf die (eschatologische) Zukunft und in Beschreibungen idealer Herrschaftsverhältnisse jenseits Israels sich ein entsprechender Aufruf im Sinne einer Handlungsanweisung für die Schaffung neuer, auf ein grenzenlos-globales Einheitsreich zielender Zustände durch konventionelle menschliche Politikmittel ebenfalls nicht findet. Allerdings ist das in verschiedenen Texten gezeichnete Bild durchaus komplex und schwer in ein kohärentes, spannungsfreies Ganzes zu fassen. Zwei wesentliche Grundzüge lassen sich im hier zur Verfügung stehenden begrenzten Rahmen benennen:

(a) Texte wie (z.B.) Jes 2,2–4; 11,14; 25,6–9; 45,18–25; 49,6–7; 51,4–6; Jer 16,19; 33,9; Am 9,12; Mi 4,11–13; Zef 2,11; 3,8–10; Hag 2,7–8; Sach 6,15; 8,20–22; 14,16 zeichnen ein Bild, in dem auch in der eschatologischen Zukunft die Völkerwelt aufgeteilt sein wird in voneinander unterscheidbare גוים, wobei nichts zwingend darauf hindeutet, dass die in Gen 10,5 genannten Charakteristika eines גוי hinfällig geworden sind. Immerhin ist zu vermerken, dass von גבול in diesen Zusammenhängen nicht gesprochen wird.[27]

Mischehen, besonders in den Fällen, in denen solche Verbindungen mit der Gefahr des Abfalls vom JHWH-Glauben verbunden sind (siehe z.B. Salomo und Ahab). Am breitesten wird das Thema in kritischer Sicht in Esra 9–10 und Neh 13 behandelt.

23 Siehe zu den Kanaanäern Dtn 7,1–5; vgl. auch Ex 23,23–33; 34,11–16; Num 33,50–56. Zu den Amalekitern siehe Dtn 25,17–19.

24 Siehe Neh 2; 4; 6.

25 Siehe z.B. Jes 2,6; Hos 2; 5,7; Zef 1,9. Weiter wäre auf all die Stellen hinzuweisen, die die Verehrung des kanaanäischen Gottes Ba'al durch Israeliten aufs Korn nehmen.

26 Siehe z.B. Jer 2,25; Hos 7,8; 12,8–9; Zef 1,8(–9). Siehe zu den Abgrenzungen, die sowohl spezifisch religiös wie allgemeiner kulturell begründet sein können, Zehnder, Umgang (s. Anm. 3), 463–472.

27 Analoges gilt für das Neue Testament; siehe z.B. Offb 21,24–26; 22,2.

(b) In einigen Texten, besonders in sogenannten messianischen Psalmen und Königspsalmen, wird die weltweite Dimension der Herrschaft JHWHs oder des Messias hervorgehoben (siehe Ps 2,8; 72,8–11; 89,25; 110,1–2.6: weltweite Herrschaft des Messias; Ps 47,3.8; 96,7–10.13; 98,9; 99,1–2 u.a.: weltweite Herrschaft JHWHs). Dies impliziert aller Wahrscheinlichkeit nach eine Art von politischer Einheit, wenngleich keine Einzelheiten genannt werden. Wichtig ist allerdings, dass dennoch von einer Vielzahl von unterscheidbaren Völkern gesprochen wird und dass kein Programm der menschlich-politischen Realisierung der globalen Herrschaft Gottes oder seines Messias entworfen wird.

(16) An vier Stellen werden entweder der einzelne Israelit oder die Israeliten insgesamt (d.h. als Volksganzes) als „Beisassen" vor bzw. bei JHWH bezeichnet; siehe Lev 25,23; Ps 39,13; 119,19; 1 Chr 29,15. Der hier verwendete Terminus ist גֵּר. Bei den beiden Psalmbelegen und in 1 Chr 29 steht die Einschränkung menschlicher Kontrolle über das eigene Leben im Vordergrund; es schwingt aber auch die Aussage mit, dass der Israelit über das von Gott verliehene Land nicht uneingeschränkt verfügt, eher Pächter als Besitzer ist.[28] Dieser Aspekt dominiert in Lev 25: JHWH ist der eigentliche Besitzer des Landes und die Israeliten sind bloße Beisassen. Eine der Folgen ist dabei die, dass der Landbesitz nicht ein Gut des freien Marktes ist, sondern in der Großfamilie bleiben muss und nicht an Fremde übergehen kann.

(17) Migrationserfahrungen prägen die Geschichte sowohl der Vorväter Israels wie auch des Volkes Israel selbst in einem bemerkenswerten Ausmaß.[29] Die Wanderungen werden aber nicht als Idealzustand verklärt, sondern in den Rahmen eines Geschichtsplans gestellt, in dem der Aufenthalt im verheißenen Land, sei es vor dessen Inbesitznahme oder jenseits des Exils, als Ziel dargestellt wird.

Eine weitere Perspektive bietet zudem die Erzählung von Kain und Abel. Kain wird, als direkte Folge des Brudermordes (Gen 4,12.14), zu einer Existenz verurteilt, die von dauerhafter Migration geprägt ist.

Zusammenschau und Auswertung: Auch wenn eingeräumt werden muss, dass die hier genannten Punkte literarisch nicht auf einer Linie liegen, so macht die Übersicht doch deutlich, dass eine einlinige Sicht auf die mit dem Themenbereich Fremdheit, Ethnizität und Migration verbundenen Aussagen des Alten Testament ihrer Mehrschichtigkeit nicht gerecht wird. Eine Darstellung der alttestamentli-

---

28 Siehe dazu Zehnder, Umgang (s. Anm. 3), 302–304.

29 Zu Passagen, die auf die Migrationserfahrungen der Vorväter hinweisen, siehe z.B. Gen 12,10; 15,13; 19,9; 20,1; 21,23.34; 23,4; 26,3; 32,5; 35,27; 47,4; Ex 6,4; 22,20; 23,9; Lev 19,33–34; Dtn 10,19; 16,11–12; 23,8; 24,17–22; Ps 105,12.23. Zu Passagen, die auf das Ziel jenseits der Wanderung weisen, siehe z.B. Gen 15,13–19; Ex 15,13.17; 33,14; Dtn 3,20; 12,10; 25,19; Jos 1,13–15; Ps 80,9–10.

chen Sichtweisen zur Frage des Umgangs mit Fremden, die die oben genannten Eckdaten nicht mit in den Blick nimmt, greift auf alle Fälle zu kurz. Dies gilt umso mehr, als einige dieser Eckdaten in der Schöpfungs- und Urgeschichte verankert sind, was in redaktionell-kanonischer Perspektive ihre besondere Wichtigkeit zeigt. Dass einige der anderen genannten Aspekte in Texten zu finden sind, die Idealzustände oder eschatologische Verhältnisse schildern, gibt ihnen ebenfalls starkes Gewicht. Das bedeutet, dass eine ausschließliche oder primäre Fokussierung auf die Gesetzestexte und die von ihnen abhängigen gesellschaftskritischen Passagen in prophetischen Büchern, die auf die Stellung einzelner Fremder in Israel Bezug nehmen, keine Perspektive bietet, die breit genug ist.

Was die inhaltlichen Grundlinien betrifft, die sich aus der Untersuchung des oben genannten Textmaterials ergeben, lässt sich eine Spannung feststellen zwischen universaler Würde jedes Menschen und Relativität des Partikulär-Nationalen einerseits und der Wichtigkeit von Ethnizität und Nation als grundlegende Ordnungsstrukturen jedenfalls der prä-eschatologischen Verhältnisse andererseits.

Das Problem des spannungsreichen Nebeneinanders von eher „fremdenfreundlichen" und eher „fremdenkritischen" Texten lässt sich – ganz abgesehen vom oft unlösbaren Problem der Datierung mancher Texte bzw. der in ihnen reflektierten sozialen Zustände – nicht auf einfache Weise dadurch lösen, dass man etwa zwischen offener Haltung in der staatlichen und restriktiver Haltung in der nachexilischen Zeit unterscheidet. Gegen Letzteres sprechen etwa Esra 6,21 und Neh 10,29 oder die insgesamt positive Darstellung des Perserreiches.

3 Differenzierungen des Fremdenbegriffs im Alten Testament

Im Alten Testament ist, was die individuelle Ebene betrifft, nur relativ selten von „Fremden" in undifferenziert-allgemeiner Weise die Rede.[30] Viel häufiger wird zwischen verschiedenen Typen von Fremden unterschieden.

---

30 Hauptterminus ist זר („Fremder"). Auf der kollektiven Ebene werden die Substantive עם und גוי verwendet, zur Bezeichnung von „Volk", mit leicht unterschiedlichen Bedeutungsfärbungen der beiden Termini.

3.1 Beobachtungen zu den Gesetzessammlungen im Allgemeinen

Im Blick auf die Gesetzessammlungen des Alten Testaments ist vor allem auf die Differenzierung zwischen zwei Hauptgruppen von Fremden auf der individuellen Ebene hinzuweisen. Diese werden mit den Substantiven גֵּר („Beisasse") und נָכְרִי („Fremder")[31] bezeichnet. Letzteres wird für Menschen verwendet, die emotional, kulturell oder religiös in größerer Distanz zur Rezeptionsgesellschaft Israel verharren. Glieder dieser Gruppe lassen sich vor allem zum Zweck des Handels in Israel nieder, nicht aus einer Not heraus und auch nicht dauerhaft.

Bei Gliedern der zweiten Gruppe, גֵּר („Beisasse"), handelt es sich – jedenfalls in der Mehrzahl der relevanten Texte – um volksfremde, aber innerhalb der Grenzen Israels dauerhaft residierende Angehörige der israelitischen Gesellschaft.[32] Als Hauptgründe für ihren Aufenthalt in Israel kommen in Frage Krieg, Hunger, Armut und Flucht vor Schuldsklaverei. Sie sind bereit, sich auf allen Ebenen stärker zu assimilieren.

Auf der kollektiven Ebene wird in einigen Texten auch unterschieden nach der konkreten ethnischen Zugehörigkeit von Fremden, wie etwa in Dtn 23. Die Kategorie „Ausländer" als generalisierender Abstraktbegriff findet sich in den Rechtssammlungen nicht, soweit es um konkrete Handlungsanweisungen geht.[33] Dieser Befund steht in einer gewissen Spannung zu Tendenzen im aktuellen westlichen Diskurs, der die oben genannten Unterscheidungen als „diskriminierend" würdigt.

Während es im vorliegenden Zusammenhang nicht möglich ist, auf die Unterschiede in der Stellung und Behandlung der zwei genannten Gruppen von Fremden in den Einzelheiten näher einzugehen, lassen sich die groben Züge wie folgt skizzieren.[34]

---

31 Bzw. בֶּן־נֵכָר oder בְּנֵי־הַנֵּכָר.

32 Siehe dazu Zehnder, Umgang (s. Anm. 3), 279–287; vgl. u.a. C. Bultmann, Der Fremde im antiken Juda. Eine Untersuchung zum sozialen Typenbegriff „ger" und seinem Bedeutungswandel in der alttestamentlichen Gesetzgebung (FRLANT 153), Göttingen 1992; Hoffmeier, Immigration Crisis (s. Anm. 1), 71–112; C. van Houten, The Alien in Israelite Law (JSOT.S 107), Sheffield 1991. Es ist weiterhin umstritten, ob es sich beim גֵּר in der Mehrheit der Texte, insbesondere im Deuteronomium, wirklich um einen von außerhalb Israels kommenden Fremden handelt. Bultmann (Der Fremde) und M. Glanville (in einer in Bristol eingereichten, noch nicht publizierten Dissertationsschrift) gehören zu denjenigen, die dies bestreiten.

33 Der oben erwähnte Terminus זָר taucht auch in den Gesetzessammlungen auf, aber ausschließlich innerhalb des Rahmens priesterlicher Gesetze und da nicht zur Bezeichnung des „Fremden", sondern des (nicht zu den Priestern oder Leviten gehörenden) „Laien" (siehe z.B. Ex 29,33; Lev 22,10.12–13; Num 18,4.7).

34 Zum Näheren siehe Zehnder, Umgang (s. Anm. 3), 311–401.

3.2 Individuelle Fremde in den priesterlichen Gesetzen

In den priesterlichen Gesetzen, zu denen hier auch Ex 12 und das sogenannte Hei-
ligkeitsgesetz in Lev 17–26 gerechnet werden, wird der גֵּר sowohl in kultischen
und moralischen als auch in „bürgerlichen" Bestimmungen als verantwortliches
Subjekt angesprochen – allerdings nur in einigen ausgewählten Fällen. Dabei lässt
sich feststellen, dass bei den moralischen und „bürgerlichen" Bestimmungen
praktisch eine Gleichbehandlung des גֵּר mit dem אֶזְרָח, dem israelitischen „Vollbürger", vorliegt.[35] Das Schwergewicht der Erwähnungen des גֵּר fällt aber auf den
Bereich der kultischen Gesetze. Einige der betreffenden Bestimmungen eröffnen
dem גֵּר einen Zugang zum israelitischen Kult und regeln die Art seiner Teilnahme
daran, und zwar in der Mehrzahl der Fälle so, dass sie ihm die gleichen Rechte
und Pflichten wie dem „einheimischen" Israeliten zuweisen; die Teilnahme am
JHWH-Kult wird dabei dem גֵּר als fakultative Option offengehalten. In einer zweiten Gruppe von Bestimmungen wird dem גֵּר dagegen zur verbindlichen Pflicht
gemacht, einige der grundlegenden kultischen Regelungen, die für die „einheimischen" Israeliten gelten, ebenfalls zu respektieren, unabhängig davon, wie weit er
sich religiös in die Kultgemeinschaft der Israeliten integrieren will. Bei den auch
von den Beisassen zwingend einzuhaltenden Geboten geht es insbesondere um die
Vermeidung jeden „Gräuels" und die Beseitigung jeder Schuld und Unreinheit, die
das Land und das Heiligtum beflecken und die – wenn nicht gesühnt – dazu führen würden, dass das Land die Bewohner insgesamt „ausspeit" (siehe Lev 18,25.28;
20,22). Ebenso wird der גֵּר zur Einhaltung bestimmter Bestimmungen aufgefordert, wo ein abweichendes Verhalten die israelitische Gesellschaft als Ganze unmittelbar tangiert bzw. die Einhaltung bestimmter Ordnungen durch die „einheimischen" Israeliten erschweren würde, was wiederum negative Auswirkungen
auf den Bestand ganz Israels im von Gott verheißenen Land nach sich zöge. In der
Tendenz bedeutet das praktisch, dass der גֵּר in der Regel in die *Verbote* einbezogen
und von den *Geboten* dispensiert wird.

Als Beispiel für die erste, d. h. fakultative, Gruppe von kultischen Gesetzen kann
auf die Bestimmungen zur Passahfeier in Ex 12,48–49 verwiesen werden: Der גֵּר darf
das Passah halten, wenn er will, muss es aber nicht tun; wenn er sich entschließt,
es zu halten, muss er – wie alle übrigen Israeliten auch – beschnitten sein. In diesel-
be Richtung weisen etwa auch die Bestimmungen zu den Brand- und Schlachtop-

---

35 Siehe Lev 18,26; 24,22; Num 35,15. Hinzu kommen Bestimmungen, die besondere Förderungs-
und Schutzmassnahmen für den גֵּר als Teil der schwachen oder gefährdeten Sozialschichten enthalten: Lev 19,10.33–34; 23,33. Insgesamt sind solche Bestimmungen aber eine Randerscheinung
in den priesterlichen Gesetzen.

fern in Lev 17,8–9: Der גֵּר darf diese Opfer bringen, wenn er will; entschließt er sich dazu, muss er sie – wie alle übrigen Israeliten auch – an den Eingang des heiligen Zeltes bringen; usw. Beispiel für die zweite Gruppe von kultischen Gesetzen, d.h. diejenigen, die für jeden גֵּר verbindlich vorgeschrieben sind, ist das Verbot der Arbeit, primär am Sabbat (vgl. – außerhalb der priesterlichen Gesetze – Ex 20,10; Dtn 5,14), aber auch am Jom Kippur (siehe Lev 16,29).

Im Zusammenhang mit der fakultativen Einbeziehung Fremder in die kultischen Ordnungen Israels begegnen Wendungen wie „ein Gesetz soll gelten für euch, für den Fremden (גֵּר) wie für den Einheimischen". Solche Formulierungen werden oft als Ausdruck für die vollständige rechtliche Gleichstellung des גֵּר mit dem „einheimischen" Israeliten in den (späteren Schichten der) priesterlichen Gesetzessammlungen gedeutet. So behauptet z.B. George Buchanan Gray im Zusammenhang seiner Auslegung von Num 15,13–16, dass in der priesterlichen, d.h. späteren Gesetzgebung des Alten Testaments hinsichtlich der zivilen, moralischen und religiösen Rechte und Pflichten eine vollständige Gleichstellung zwischen Juden und גֵּרִים bestanden habe, im Unterschied zu früheren Gesetzen wie z.B. im Deuteronomium.[36] Man deutet also solche Formulierungen als „Gleichstellungsformel", die für alle Bestimmungen gegolten hätten. Dahinter steht aber eine unzulässige Dekontextualisierung der entsprechenden Formeln. Es geht bei ihnen nur darum, dass in Fällen, in denen der גֵּר sich auch da am Kult Israels beteiligen will, wo ihm das nicht obligatorisch vorgeschrieben ist, für ihn dieselben Bestimmungen gelten wie für den אֶזְרָח, den israelitischen Vollbürger, nicht strengere und nicht mildere.[37]

3.3 Individuelle Fremde in den deuteronomischen Gesetzen

Nach den priesterlichen ein Blick auf die deuteronomischen Gesetze.[38] In ihnen tritt die Erwähnung des גֵּר in kultischen Bestimmungen drastisch zurück; in Bestimmungen zum moralischen und zivilrechtlichen Bereich fehlt sie sogar ganz. Dagegen dominieren im Deuteronomium die wirtschaftlichen Fürsorge- und die rechtlichen Schutzmaßnahmen zugunsten des גֵּר. Der גֵּר ist zwar nicht einfach per se ein „Armer", aber er steht in einer sozialen und rechtlichen Position, die zur Armut führen kann, wenn nicht besondere Schutz- und Förderungsmaßnahmen

---

36 Siehe G.B. Gray, A Critical and Exegetical Commentary on Numbers (ICC), Edinburgh 1903, 175–176; ähnlich van Houten, Alien (s. Anm. 32), 138.

37 So auch z.B. Vogels, L'immigrant (s. Anm. 5), 239. Siehe zum Näheren auch die Diskussion in Zehnder, Umgang (s. Anm. 3), 340.

38 Siehe zum Näheren Zehnder, Umgang (s. Anm. 3), 355–384.

ergriffen werden. Wichtig ist die Beobachtung, dass die Fürsorge für den גֵּר nicht auf der Ebene einer zentralisierten Staatsbürokratie mit den staatlichen Zwangsmitteln von Steuerabgaben usw. geschieht, sondern im direkten Bezug zu konkreten Privatpersonen oder überschaubaren lokalen Gemeinschaften in freiwilligem Einsatz.

Während in den priesterlichen Gesetzen der נָכְרִי (hier als בֶּן־נֵכָר bezeichnet) nur ganz am Rande vorkommt, sieht das im Deuteronomium anders aus. Hier taucht er in vier Zusammenhängen auf: Nach Dtn 14,21 dürfen Tierkadaver einem גֵּר zum Verzehr geschenkt und einem נָכְרִי zu demselben Zweck verkauft werden; nach Dtn 15,3 ist dem נָכְרִי anders als einem Einheimischen im siebten Jahr kein Schuldenerlass zu gewähren; nach Dtn 23,20–21 darf von einem נָכְרִי – wiederum im Unterschied zum Einheimischen – Zins gefordert werden, wenn man ihm etwas leiht; und nach Dtn 17,15 darf kein נָכְרִי zum König über Israel gewählt werden.

Zum besseren Verständnis der Sachlage sei ein Blick auf die Bestimmungen zum Zinsverbot (Dtn 23,20–21) geworfen:[39] Nach diesem Absatz ist es dem Israeliten nicht erlaubt, vom אָח („Bruder"), dem Volksgenossen, Zins zu nehmen, wenn man ihm etwas leiht; dagegen darf von einem נָכְרִי Zins genommen werden. Der נָכְרִי wird damit von einer Regelung, die dem besonderen Schutz des אָח dient, explizit ausgenommen. Das Motiv dahinter ist Folgendes: Der נָכְרִי steht in einer entfernteren Beziehung zum Volk Israel und zur JHWH-Religion, weshalb die besonderen wirtschaftlichen Schutzbestimmungen zugunsten des Volksgenossen – und auch des גֵּר – auf ihn keine Anwendung finden; vielmehr bleiben ihm gegenüber die international gültigen Bedingungen des Kreditgeschäfts in Kraft. Würden die speziellen Schutzbestimmungen auch auf den נָכְרִי ausgedehnt, käme es zu einer einseitigen Bevorteilung des Fremden, da dieser seinerseits nicht an ein entsprechendes Zinsverbot gegenüber dem Israeliten gebunden ist. Es ist auch möglich, dass der נָכְרִי in bleibendem Kontakt zu seinem Herkunftsland steht, sodass er nicht im gleichen Maße wie der אָח von der binnenwirtschaftlichen Konjunktur abhängt; so wäre die Unterscheidung zwischen den beiden Personengruppen auch darin begründet, dass der אָח auf einen besonderen Schutz für diejenigen Zeiten angewiesen ist, in denen wirtschaftliche Krisensituationen innerhalb Israels die Stärkeren dazu verleiten können, die Not der Schwächeren durch überhöhte Zinsen auszunützen. Schließlich kann ein Grund für die Unterscheidung zwischen dem Volksgenossen (אָח) und dem Fremden (נָכְרִי) auch darin liegen, dass es bei Darlehen an Volksgenossen primär um die Gewährung von Überlebenshilfen in

---

39 Siehe dazu Zehnder, Umgang (s. Anm. 3), 370–371.

akuten Notsituationen geht, während im Verhältnis zum נָכְרִ Darlehen im Rahmen von Geschäftsbeziehungen im Vordergrund stehen.

Wegen seiner inneren Distanz zu Israel als Volks- und Kultgemeinschaft *und* seiner als stark eingestuften wirtschaftlichen Stellung wird der נָכְרִי nicht in die besonderen wirtschaftlichen Förderungs- und Schutzmaßnahmen, die zugunsten der israelitischen Volksgenossen und des גֵר erlassen werden, eingeschlossen. Die Rechtsbegründung mit dem Hinweis auf das besondere Verhältnis zwischen JHWH und seinem Volk hat seine natürliche Entsprechung darin, dass besondere Förderungs- und Schutzmaßnahmen ebenso wie besondere kultische Forderungen nur für das erwählte Volk Gültigkeit haben. Es wäre darum nicht angemessen, die Beschränkungen gegenüber dem נָכְרִי als „diskriminierende" Haltung im negativen Sinne des Wortes zu bezeichnen; denn es geht nicht um eine willkürliche Ausgrenzung von Fremden, sondern um eine Entsprechung von Berechtigung und Integration. Dabei wird das Maß an Eingliederung in Israel offensichtlich dem Fremden selbst überlassen.

3.4 Die kollektive Ebene

Was die kollektive Ebene betrifft, spielt – neben den auf Kanaanäer und Amalekiter bezogenen Bestimmungen – vor allem das sogenannte Gemeindegesetz von Dtn 23,2-9 eine wichtige Rolle.[40] In der vorliegenden Form regelt das Gesetz die Zulassung folgender sechs Personengruppen zum קְהַל יְהוָה, zur „Gemeinde des Herrn": der Verschnittenen, des מַמְזֵר, der Ammoniter, der Moabiter, der Edomiter und der Ägypter. Was mit קְהַל יְהוָה gemeint sein kann, ist nicht ganz eindeutig; eine Untersuchung des Nomens קְהָל legt aber nahe, der von Kurt Galling vorgeschlagenen Deutung zu folgen: „Unter dem *qehal jahweh* ist die Gesamtheit der männlichen Vollbürger im Heeresaufgebot sowie in der kultischen und politischen Versammlung zu verstehen".[41] Aus dieser Bestimmung des קָהֵל ergibt sich, dass es bei den Regelungen von Dtn 23,2-9 nicht darum geht, wer sich im Lande Israel aufhalten darf, sondern darum, wer Zutritt zur Religionsgemeinschaft Israels und damit auch (vielleicht erst zu einem späteren Zeitpunkt) zu den politisch bestimmenden Gremien bekommen kann, mit anderen Worten: um die Regelung der Frage, wer „Bürger" Israels im vollen Sinne und damit zugleich Glied des Bundes zwischen

---

40 Siehe zum Näheren M. Zehnder, Anstösse aus Dtn 23,2-9 zur Frage nach dem Umgang mit Fremden, FZPhTh 52,1-2 (2005), 300-314; ders., Umgang (s. Anm. 3), 373-380.

41 K. Galling, Das Gemeindegesetz in Deuteronomium 23, in: W. Baumgartner/O. Eissfeldt/K. Elliger/L. Rost (Hg.), Festschrift für Alfred Bertholet zum 80. Geburtstag, Tübingen 1950, 176-191: 178.

JHWH und Israel werden kann. Das impliziert, dass es eine Unterscheidung zwischen Aufenthalts- und Mitbestimmungsrecht gibt, sogar in längerfristiger Perspektive.

Bei der Bestimmung der im Text erwähnten Personengruppen Ammoniter, Moabiter, Edomiter und Ägypter ergeben sich keine besonderen Schwierigkeiten.[42] Bei den anderen beiden, zuerst genannten Personengruppen dürfte es sich ebenfalls um bestimmte Kategorien von Nicht-Israeliten handeln – aus Gründen, auf die hier nicht weiter einzugehen ist.[43] Die sechs genannten Personengruppen werden in zwei Kategorien eingeteilt: Auf der einen Seite stehen die Verschnittenen, der מַמְזֵר, die Ammoniter und die Moabiter: Für sie ist ein Eintritt in den קְהַל יְהוָה bis ins zehnte Geschlecht unmöglich. Bei allen außer natürlich den Verschnittenen scheint dabei vorausgesetzt, dass die Nachkommen der entsprechenden Personengruppen im Lande Israel wohnen können. Auf der anderen Seite stehen die Edomiter und Ägypter. Bei ihnen ist nach drei Generationen der Eintritt in den קְהַל יְהוָה möglich. Praktisch wird diese Aufnahme durch die Vornahme der Beschneidung und die Übernahme der (weiteren) für den קְהַל יְהוָה gültigen Bestimmungen erfolgt sein. Dass die Einheirat in eine israelitische Familie die Voraussetzung für die volle Aufnahme in den קָהָל bildet, ist dagegen nirgends als formale Bedingung greifbar. Die Annahme liegt aber nahe, dass in manchen Fällen gerade eine solche Mischehe den Ausschlag zum Wunsch nach Integration in den קְהַל יְהוָה gegeben haben kann.

Die Bestimmungen des Gemeindegesetzes von Dtn 23,2–9 sind aus moderner Perspektive durchaus bemerkenswert. Hier wird zwischen den Angehörigen verschiedener Gruppen von Fremden unterschieden, und zwar mit Blick auf die Frage, wer überhaupt in eine enge Beziehung zu Israel eintreten kann. Die Unterscheidung ist dabei von drei Gesichtspunkten geleitet: Erster Gesichtspunkt, operativ in Bezug auf die ersten beiden Personengruppen, ist die Frage der physischen Integrität des Fremden. Hier lässt sich ein Zusammenhang mit dem Wesen des JHWH-Kultes feststellen, da die Teilnahme an diesem an gewisse äußere Reinheits- und Integritätsbedingungen geknüpft ist. Der zweite Gesichtspunkt ist ein historischer: Das Verhalten gegenüber Israel an entscheidenden Punkten der Vergangenheit gibt den Ausschlag dafür, welche Volksgruppen für die Aufnahme in die Gemeinde in Frage kommen oder nicht. Dieser Gesichtspunkt wird im Blick auf Ammoniter, Moabiter und Ägypter angewandt. Der dritte Gesichtspunkt ist ein genealogischer bzw. ethnischer: Wer herkunftsmäßig in einer besonderen

---

42 Abgesehen von der Frage der konkreten historischen Referenz.
43 Siehe zum Näheren Zehnder, Umgang (s. Anm. 3), 376–377.

Nähe zu Israel steht, erfährt eine andere Behandlung als der, bei dem das nicht der Fall ist. Dieser Gesichtspunkt wird nur in Bezug auf die Edomiter angewandt und zwar implizit im Sinne einer Entschuldigung: Auch die Edomiter haben sich beim Zug der Israeliten aus Ägypten nicht so verhalten, wie es zu erwarten gewesen wäre, aber weil sie als „Brüder" Israels gelten, wird deswegen nicht ihr vollständiger Ausschluss aus dem קָהָל gefordert.

Besonders wichtig im vorliegenden Zusammenhang ist, dass es eine negative Qualifizierung bestimmter Gruppen aufgrund rassischer Erwägungen nicht gibt. Interessant ist aber auch, dass unter den entscheidenden Gesichtspunkten, die nach diesem Gesetz über die Zulassung zur Gemeinde entscheiden, unmittelbar theologische Kriterien fehlen. Weil hier ethnische und historische Gesichtspunkte im Vordergrund stehen, rückt die in Dtn 23 sich manifestierende Konzeption in die Nähe dessen, was später als „nationalistisch" bezeichnet wird. Ein Mehr-Kreise-Modell, das zwischen verschiedenen Gruppen von Migranten je nach Herkunftsland unterscheidet, lässt sich aus diesem Text ohne Schwierigkeiten begründen.

3.5 Kategorienübergreifende Grundzüge der Gesetzesbestimmungen zum Umgang mit verschiedenen Typen von Fremden

Für alle Kategorien von Fremden gilt, dass sie nicht selber rechtsfähig sind und keinen Landbesitz erwerben können. Ebenfalls ist festzuhalten, dass alle in der Einleitung genannten Verse aus Ex 22,20; Lev 19,34 und Num 15,16 den גֵּר (und nur diesen) im Blick haben.

Was die den גֵּר betreffenden Bestimmungen angeht, ist wichtig, dass diese den Umgang mit solchen Individuen betreffen, die sich bereits im Land der Adressaten befinden; dagegen geht es nicht um Anweisungen zur Zulassung solcher Personen ins Land. Das bedeutet, dass von diesen Texten in der Matrix der gegenwärtigen Debatte primär und fast ausschließlich nicht die Immigrations-, sondern die Integrationsthematik angesprochen wird.

In einer generalisierenden Zusammenschau lässt sich sagen, dass je nach Herkunft, Lebensbereich und Assimilationsgrad des Fremden Berechtigung und Verpflichtung unterschiedlich weit gehen. Fremde des נָכְרִי-Typs, die sich nicht dauerhaft in die Volksgemeinschaft einfügen wollen, werden von spezifischen Förderungsmaßnahmen, wie etwa dem Schuldenerlass im Sabbatjahr oder dem Zinsverbot, ausgenommen. Es gilt die Regel, dass das Maß, in dem sich der Fremde einzufügen bereit ist, mit dem Maß an Aufnahme- bzw. Integrationsbereitschaft seitens der Einheimischen korrespondiert. Ein solches Vorgehen unterscheidet sich tendenziell von Versuchen, die Erteilung von Rechten verschiedenster Art an nicht oder kaum angepasste Fremde als Mittel der Integration zu gebrauchen.

Wie oben gesehen, sprechen verschiedene Texte von ökonomischer Hilfe für Zuwanderer. Diese Hilfe ist allerdings auf die Kategorie des גר beschränkt und geschieht auf privater Basis und freiwillig. Wichtig ist ebenfalls, dass diese sozialen Fürsorgemaßnahmen mit Ausnahme des Anteils am Zehnten keine freien Abgaben an die Empfänger beinhalten.[44] Sondern es wird, wie etwa das Recht zur Nachlese zeigt,[45] vorausgesetzt, dass die neu Hinzugekommenen selber aufs Feld gehen und das für ihren Lebensunterhalt Notwendige einsammeln.

Aufgrund der obigen Ausführungen zum גר ist deutlich, dass nicht davon ausgegangen werden kann, dass viele der Migranten, die gegenwärtig nach Europa kommen, mit dieser Kategorie von Fremden einfach gleichgesetzt werden können.

4 Spezifische Züge der Migration in der biblisch-antiken Welt

Wegen der beträchtlichen Unterschiede der unter dem generellen Stichwort der „Migration" zu subsumierenden Phänomene in der biblischen und der heutigen Zeit ist die Übertragung biblischer Texte auf die gegenwärtige Situation nur mit der größten Vor- und Umsicht, unter Berücksichtigung der Komplexität beider Kontexte, vorzunehmen. Eins-zu-eins-Übertragungen sind in aller Regel nicht angebracht und die Unterschiede müssen stets sorgfältig mitbedacht werden.

Es ist deshalb wichtig, wenigstens in groben Umrissen Klarheit über einige der grundlegenden Züge der Migrationsphänomene in der biblisch-antiken Welt zu gewinnen. Es sind die Gegebenheiten jener historischen Epoche, nicht der unseren, die sich in der einen oder anderen Weise in den alttestamentlichen Texten spiegeln.

4.1 Der größere Kontext der Migrationsbewegungen

(1) Zahlen: Alttestamentliche Texte, die sich auf Migration mit Israel/Juda als Zielpunkt beziehen, haben in aller Regel Einzelpersonen oder allenfalls kleinere

---

44 Siehe Hoffmeier, Immigration Crisis (s. Anm. 1), 87–88. Im Falle des Zehnten bestand die Unterstützung aus agrarischen Produkten, die mit dem גר und anderen bedürftigen Personen lokal geteilt, nicht national umverteilt wurden (siehe Dtn 14,28–29; 26,11–13).

45 Siehe Lev 19,10; 23,33; Dtn 24,19–22.

Gruppen im Blick.[46] Die wichtigste Ausnahme bilden wahrscheinlich die Flüchtlingsströme aus dem Nordreich nach Juda, mit denen im Gefolge der assyrischen Eroberungszüge im Nordreich in der zweiten Hälfte des 8. Jahrhunderts v.Chr. gerechnet werden muss.[47] Das heißt allerdings nicht, dass Migrationen großer Bevölkerungsteile in der Welt des alten Israel grundsätzlich unbekannt waren. Diese waren aber weitgehend auf das Phänomen der Deportationen beschränkt, wie sie ganz besonders von den neuassyrischen Königen und dann auch von Nebukadnezzar durchgeführt wurden.[48]

(2) Sprachliche und kulturelle Nähe: Die weit überwiegende Mehrzahl[49] der nach Israel und Juda einwandernden Fremden stammten aus Gebieten mit einer starken sprachlichen und kulturellen Nähe zur Rezeptionsgesellschaft.

(3) Migration und zentralstaatliche Politik: Im Kontext des alten Israel bildete die Migration von (größeren oder kleineren Gruppen von) Einzelpersonen keinen zentralen Bestandteil staatlicher Politik, weder in den Sende-, den allfälligen Transit- oder den Zielgebieten.[50]

(4) Rahmen internationaler Konventionen: Was den Bereich internationalen Rechts angeht, ist festzustellen, dass Migrationsfragen im alten Orient nur sehr begrenzt in diesem Rahmen thematisiert und geregelt wurden. Soweit Verträge zwischen verschiedenen politischen Entitäten auf Aspekte der Migration von Ein-

---

46 Beispiele sind Ruth, Doёg, die Frauen Salomos und griechische Söldner zu Beginn des 6. Jahrhunderts v.Chr. in Juda. Letztere werden nicht im Alten Testament selber erwähnt, aber ihre Existenz ist in den Arad-Briefen bezeugt; siehe J. Renz/W. Röllig, Handbuch der althebräischen Epigraphik, Bd. 1, Darmstadt 1994, 353–382; K.A.D. Smelik, Historische Dokumente aus dem alten Israel, Göttingen 1997, 99–104 (Ostraka 1, 2, 4, 7, 8, 10, 11, 14, 17).

47 Siehe dazu z.B. A.H.J. Gunneweg, Geschichte Israels bis Bar Kochba (ThW 2), Stuttgart ⁴1982, 114. Eine Ausweitung des Stadtgebietes Jerusalems in der Zeit der assyrischen Eroberung des Nordreichs ist im archäologischen Befund nachweisbar; siehe z.B. D. Bahat, The Illustrated Atlas of Jerusalem, Jerusalem 1990, 25.28. Nicht selten wird der in den alttestamentlichen Rechtssammlungen (besonders im Deuteronomium) und in den prophetischen Texten erwähnte גֵר mit Flüchtlingen aus dem Nordreich identifiziert; siehe z.B. F. Crüsemann, Fremdenliebe und Identitätssicherung. Zum Verständnis der „Fremden"-Gesetze im Alten Testament, WuD 19 (1987), 11–24: 16.

48 Zur Deportationspolitik der neuassyrischen Könige siehe vor allem B. Oded, Mass Deportations and Deportees in the Neo-Assyrian Empire, Wiesbaden 1979.

49 Die Hauptausnahme dürften die an einzelnen Stellen belegten Kuschiten bilden.

50 Dabei muss in Rechnung gestellt werden, dass das Maß zentralstaatlicher Organisation unterschiedlich sein konnte und in allen Fällen nicht ohne Weiteres mit der Organisationsstruktur moderner westlicher Staaten verglichen werden kann. Wie oben erwähnt, stellen Massendeportationen – oder auch staatliche Verfügungen im Zusammenhang mit Kriegszügen – Ausnahmen von der erwähnten Regel dar.

zelpersonen eingingen, lag der Fokus vor allem auf der Pflicht zur Auslieferung entlaufener Sklaven und auf dem Schutz von fremden Händlern und Gesandtschaften.[51] Ein positiv formuliertes internationales Asylrecht gab es nicht.

(5) Kommunikations- und Transportmittel: Die Beschränkungen der Kommunikations- und Transportmöglichkeiten, die für die alttestamentliche Zeit charakteristisch sind, trugen einerseits dazu bei, die Zahl von individuellen Migranten, deren Bewegung nicht direkt mit kriegerischen Ereignissen, großflächigen Hungersnöten oder Deportationen verbunden war, relativ gering zu halten; andererseits führten sie dazu, dass für am neuen Ort niedergelassene Migranten Kontaktmöglichkeiten zur Herkunftsgesellschaft nur sehr eingeschränkt gegeben waren.

4.2 Aspekte, die sich auf die Rezeptionsgesellschaft beziehen[52]

(1) Zentralstaatliche vs. lokal-persönliche Ebene: In der alttestamentlichen Textwelt sind Einwanderung und Integration gesellschaftliche Phänomene, die primär auf der lokal-persönlichen, nicht auf der staatlich-bürokratischen Ebene bewältigt werden. Das heißt, dass die Verantwortlichkeit für deren Handhabung direkt in den Händen der einheimischen (Groß-)Familien oder Dorfgemeinschaften lag, nicht bei Angestellten staatlicher Institutionen (soweit diese überhaupt vorhanden waren).

(2) Assimilation vs. Multikulturalismus: Alttestamentliche Texte reflektieren in aller Regel eine Sicht, nach der eine weitgehende Assimilation das Ziel des Integrationsprozesses für diejenigen Personen zu sein scheint, die sich dauerhaft in Israel/Juda niederlassen wollten. Weiterhin findet sich innerhalb des orthodoxen JHWH-Glaubens die Vorstellung, dass die Aufnahmegesellschaft (Israel/Juda) sowohl Pflichten als auch Rechte gegenüber Neuhinzukommenden hat, allerdings ohne dass das Eigentumsrecht über das Land Israel zwischen Angehörigen des JHWH-Volkes und Neuzuzüglern aufgeteilt werden müsste. Damit hängt das ethnische, kulturelle und religiöse Selbstbewusstsein im alten Israel eng zusammen.

(3) Religiöser vs. säkularer Charakter: Das biblische Israel steht für eine Art von Gesellschaft, die insofern keine direkte Parallele in den modernen westlichen Staa-

---

51 Siehe zum Näheren z.B. G. Kestemont, Les grands principes du droit international régissant les traités entre les états proche-orienteaux du XV-XIII s. av. J.C., in: H.-J. Nissen/J. Renger (Hg.), Mesopotamien und seine Nachbarn. Politische und kulturelle Wechselbeziehungen im Alten Vorderasien vom 4. bis 1. Jahrtausend v.Chr.; XXV. Rencontre Assyriologique Internationale Berlin, 3. bis 7. Juli 1978, Bd. 2 (BBVO 1), Berlin 1982, 269–278.

52 Die Aspekte, auf die hier einzugehen wäre, sind komplex und wesentlich zahlreicher, als es im Rahmen dieses Artikels dargelegt werden kann.

ten hat, als es sich selber als das von Gott auserwählte Volk versteht, dessen Land ihm von Gott selbst gegeben ist, und das Gott und seinen Geboten treu sein muss, wenn es dieses Land behalten will.[53] In diesem Konzept sind religiöse und nationale Grenzen weitgehend deckungsgleich. Deshalb ist es auch so, dass eine gute Anzahl der Rechtsbestimmungen, die Fremde betreffen, sich auf kultische Fragen beziehen.[54]

Die auf Fremde bezogenen Gesetze sind eingebettet in diesen größeren theologischen Rahmen.[55] Hinzu kommt, dass diese Gesetze nicht staatliches Recht im modernen Sinn eines Strafrechts- oder Zivilgesetzbuches sind.[56] Adressaten der biblischen Rechtsbestimmungen sind primär die einzelnen Angehörigen der JHWH-Gemeinde. Es geht in erster Linie um die Formung des Ethos dieser Gemeinde. Während dieser Umstand impliziert, dass Vorstellungen einliniger Umsetzungen in fest umrissenen Handlungsmustern an Wesen und Intention dieser Rechtssammlungen vorbei gehen, bedeutet es doch nicht, dass die Verbindlichkeit der Bestimmungen zum Umgang mit Fremden tief angesetzt werden muss. Dagegen sprechen etwa solche Passagen, nach denen Gott selber sich direkt um das Ergehen eines גֵּר kümmert und Klagen über seine Bedrückung hört bzw. ahndet.[57]

(4) Homogene vs. heterogene Gesellschaft: Trotz gewisser interner Spannungen, die in den biblischen Texten deutlich zum Ausdruck kommen, kann das alte Israel als eine relativ homogene Gesellschaft beschrieben werden, sowohl auf der religiösen, der kulturellen und nicht zuletzt auch der ethnischen Ebene. Diese Beobachtung ist wichtig, weil aus soziologischer Perspektive es so ist, dass die Möglichkeit für Zuwanderer, sich in die neue Umgebung zu integrieren, abhängig ist vom Grad der Homogenität der Rezeptionsgesellschaft.[58]

---

53 Siehe dazu H. Hagelia, Herrens utvalgte, Kristiansand 2013.

54 Siehe dazu Zehnder, Umgang (s. Anm. 3), 311–401.

55 Aus neutestamentlicher Sicht wäre die nächste Entsprechung eher auf der Ebene der kirchlichen Gemeinde zu suchen.

56 Siehe dazu J.H. Walton, Ancient Near Eastern Thought and the Old Testament. Introducing the Conceptual World of the Hebrew Bible, Grand Rapids, Mich. 2006, 291–302.

57 Siehe z.B. Ex 22,22; Dtn 24,14–15.

58 Siehe dazu M. Banton, The Direction and Speed of Ethnic Change, in: C.F. Keyes (Hg.), Ethnic Change, Seattle ²1982, 32–52: 43.

5 Schlusswort

Die in den alttestamentlichen Texten enthaltenen Konzepte zu Migration und zur Stellung Fremder im antiken Israel/Juda sind vielfältig und nicht auf eine einzelne Grundaussage reduzierbar. Tendenziell „offene" und eher „restriktive" Tendenzen finden sich gleichermaßen. Es wird deutlich zwischen verschiedenen Gruppen von Fremden unterschieden, die aufgrund ihrer Nähe oder Distanz zur Rezeptionsgesellschaft Israel/Juda unterschiedlich behandelt werden. Zentrale Aspekte der Migration, die sich in den biblischen Texten spiegeln, unterscheiden sich wesentlich von modernen Migrationserscheinungen, wobei dem besonderen theologischen Selbstverständnis des biblischen Israel/Juda einerseits und Prozessen der Globalisierung in der gegenwärtigen Situation andererseits besonderes Gewicht zukommt.

Diese Unterschiede, zusammen mit der Komplexität der biblischen Befunde, lassen einfache Eins-zu-eins-Übertragungen als unangemessen erscheinen.

Zusammenfassung

Die in den alttestamentlichen Texten enthaltenen Konzepte zu Migration und zur Stellung Fremder im antiken Israel/Juda sind vielfältig und nicht auf eine einzelne Grundaussage reduzierbar. „Offene" und „restriktive" Tendenzen finden sich gleichermaßen. Es wird deutlich zwischen verschiedenen Gruppen von Fremden unterschieden; diese werden aufgrund ihrer Nähe oder Distanz zur Rezeptionsgesellschaft Israel unterschiedlich behandelt. Die gewichtigen Unterschiede in den aktuellen und antiken Kontexten, in denen Migration stattfindet, verbieten einfache Eins-zu-eins-Übertragungen.

The concepts concerning migration and the status of foreigners in ancient Israel are variegated and cannot be reduced to one single model. "Open" and "restrictive" tendencies are both attested. Clear distinctions are made between various types of foreigners; they are dealt with differently according to their respective closeness or distance vis-à-vis the receiving society, Israel. The considerable differences between the modern and antique contexts in which migration takes place make simple one-to-one transfers impossible.

UTA HEIL

Die „Völkerwanderung" und die Gegenwart

1 Kontroverse Sichtweisen aus der Gegenwart – eine kleine Presseschau

Der Umgang mit Geschichte ist immer schwierig. Einerseits wird zu Recht die Forderung erhoben, man müsse aus der Geschichte lernen. Das betrifft natürlich besonders solche Katastrophen, deren Wiederholung niemand wünscht. Andererseits ist es ebenso offensichtlich, dass ein – immer persönlich gefärbter – Blick auf die Vergangenheit oft nur zur Legitimation der eigenen Deutung der Gegenwart herangezogen wird. Das ist auf nichtwissenschaftlicher Ebene nicht anders als auf der wissenschaftlichen: Gerade die Geschichtsforschung hat leider immer wieder Herrscher, Ideologien und Machtstrukturen legitimiert, also sich keinesfalls als eine neutrale Betrachterin oder gar kritische Beraterin der Gegenwart erwiesen.

Dieses Dilemma ist schwierig zu lösen. Gegenwärtige Diskussionen über die sogenannte „Flüchtlingskrise" und deren eventuellen historischen Vorläufer, die „Völkerwanderung", zeigen das augenfällig. Kann man beide Phänomene vergleichen? Und wenn ja, wie? Ist dann der gegenwärtig teilweise neu errichtete Grenzzaun Europas mit dem Limes vergleichbar? Ähneln die Anstrengungen, die Balkanroute zu sperren und mit der Grenzschutzagentur Frontex zu überwachen, den Bemühungen des Kaisers Valens gegen die vordringenden Goten im 4. Jahrhundert? Gleicht der Anti-Germanismus damals dem Islamhass heute? Ist der 11. September 2001 das Pendant zu der Plünderung Roms durch die Goten unter Alarich I. im Jahr 410?[1] So zwingend die Vergleiche auf den ersten Blick erscheinen mögen, so ist doch kritisch zu fragen, mit welcher Absicht sie gezogen werden, besonders, wenn nur plakativ Bilder heraufbeschworen werden von heranstürmenden Horden wilder Barbaren, die in das Römische Reich einfielen und dessen

---

[1] Diese Vergleiche zieht der FAZ-Korrespondent Ralph Bollmann in seinem nüchternen Beitrag: Die Völkerwanderung. Ein Begriff macht Karriere, Frankfurter Allgemeine Zeitung, 1.11.2015, http://www.faz.net/aktuell/wirtschaft/wirtschaftspolitik/die-voelkerwanderung-ein-begriff-macht-karriere-13874687.html (Abruf Februar 2016).

Macht und Kultur zerstörten. Das hat weder etwas mit einer sachlichen Gegen-
wartsanalyse noch mit einer kritischen Reflexion der Vergangenheit zu tun.

Schon vor den dramatischen Entwicklungen im Herbst 2015 sind die Migra-
tionsbewegungen aus den muslimischen Ländern nach Europa mit einer neuen
Völkerwanderung beschrieben worden, besonders vom rechten politischen Flügel.
Als Beispiel sei auf eine Rede des Niederländers Geert Wilders vom 25. März 2011
in Rom verwiesen,[2] in der er mit Hinweis auf den Fall Roms jede Form des „Multikulturalismus" kritisiert.[3] In Österreich lud schließlich der FPÖ-Vorsitzende
Heinz-Christian Strache am 6. Oktober 2015 Thilo Sarrazin nach Wien ein zu einer
Veranstaltung mit dem Titel: „Die neue Völkerwanderung – Risiken und Gefah-
ren".[4]

Noch um eine Ebene komplizierter wird es, wenn auf eine überholte Interpretation der damaligen Ereignisse Bezug genommen wird, die zwar wissenschafts-

---

2 G. Wilders, The Failure of Multiculturalism and How to Turn the Tide, wiedergegeben in:
A.G. Bostom, Geert Wilders in Rome. Defending the West from Cultural Relativism and Jihad,
American Thinker, 26.3.2011, http://www.americanthinker.com/blog/2011/03/geert_wilders_
in_rome_defendin.html#ixzz3zIyGUfQ6 (Abruf Februar 2016): „In the 5th century, the Roman
Empire fell to the Germanic Barbarians. There is no doubt that the Roman civilization was far
superior to that of the Barbarians. And yet, Rome fell. Rome fell because it had suffered a loss
of belief in its own civilization. It had lost the will to stand up and fight for survival. Rome did
not fall overnight. Rome fell gradually. The Romans scarcely noticed what was happening. They
did not perceive the immigration of the Barbarians as a threat until it was too late. For decades,
Germanic Barbarians, attracted by the prosperity of the Empire, had been crossing the border. At
first, the attraction of the Empire on newcomers could be seen as a sign of the cultural, political
and economic superiority of Rome. People came to find a better life which their own culture
could not provide. But then, on December 31st in the year 406, the Rhine froze and tens of thou-
sands of Germanic Barbarians, crossed the river, flooded the Empire and went on a rampage,
destroying every city they passed. In 410, Rome was sacked."

3 Vgl. die kritische Replik von W. Pohl/R. Wodak, The Discursive Construction of „Migrants and
Migration", in: M. Messer u.a. (Hg.), Migrations. Interdisciplinary Perspectives, Wien 2012, 205–
212: 205: „It is highly unlikely that systematically keeping barbarians from crossing the fron-
tiers would have prevented the invasion of 406/07. Furthermore, the Vandals and others who
had crossed the Rhine at that date [...] were not the ones who sacked Rome." Ebenso P. Geary,
Völkerwanderung as Cross-Cultural Interaction, in: M. Borgolte u.a. (Hg.), Europa im Geflecht
der Welt. Mittelalterliche Migration in globalen Bezügen (Europa im Mittelalter 20), Berlin 2012,
45–54: 45–47.

4 Nach Strache sind die Flüchtlinge mehrheitlich Wirtschaftsflüchtlinge aus hunderten von
Ländern, daher sei der Begriff „Völkerwanderung" angebracht (FPÖ TV, Die neue Völkerwande-
rung. Rede von HC Strache, 8.10.2015, https://www.youtube.com/watch?v=Uy3JRNjYrzE, Abruf
Februar 2016). Auch in Frankreich gibt es ähnliche Äußerungen von Marine Le Pen (RT, Le Pen
Compares Migrant Influx to Barbarian Invasion of Rome, 15.9.2015, https://www.rt.com/news/
315466-le-pen-migrant-barbarian-invasion/, Abruf Februar 2016).

geschichtlich wichtig war, aber heute nicht mehr so fortgeschrieben werden kann. Nach den terroristischen Anschlägen in Paris am 13. November 2015 griff der Historiker Niall Ferguson auf Edward Gibbons Darstellung der Plünderung Roms durch die Goten im Jahr 410 in dessen Werk „The History of the Decline and Fall of the Roman Empire" (Bd. 3, London 1781) zurück, um die Hauptursache für den Terror in Europas bzw. Frankreichs Dekadenz zu benennen:

> „In the hour of savage license, when every passion was inflamed, and every restraint was removed ... a cruel slaughter was made of the Romans; and ... the streets of the city were filled with dead bodies ... Whenever the Barbarians were provoked by opposition, they extended the promiscuous massacre to the feeble, the innocent, and the helpless ..." [Zitat aus Gibbon, Decline and Fall, 238] Now, does that not describe the scenes we witnessed in Paris on Friday night? [...] Like the Roman Empire in the early fifth century, Europe has allowed its defenses to crumble. As its wealth has grown, so its military prowess has shrunk, along with its self-belief. It has grown decadent in its shopping malls and sports stadiums. At the same time, it has opened its gates to outsiders who have coveted its wealth without renouncing their ancestral faith. The distant shock to this weakened edifice has been the Syrian civil war, though it has been a catalyst as much as a direct cause for the great Völkerwanderung of 2015. As before, they have come from all over the imperial periphery – from North Africa, from the Levant, from South Asia – but this time they have come in their millions.[5]

Ferguson lässt es sich nicht nehmen, auch auf Peter Heather[6] und Bryan Ward-Perkins zu verweisen, und zitiert aus „Fall of Rome" von Ward-Perkins: „Romans before the fall were as certain as we are today that their world would continue for ever substantially unchanged. They were wrong. We would be wise not to repeat their complacency."[7] Dass dieser historische Vergleich als Warnung zu verstehen ist, unterliegt keinem Zweifel.

Die medial wirksam herangezogenen Vergleiche mit der Völkerwanderung führen dazu, dass auch andere Historiker inzwischen dazu befragt worden sind. Es

---

5   N. Ferguson, Paris and the Fall of Rome, The Boston Globe, 16.11.2015, https://www.bostonglobe. com/opinion/2015/11/16/paris-and-fall-rome/ErlRjkQMGXhvDarTIxXpdK/story.html (Abruf Februar 2016). Vgl. dazu die kritische Replik von P. Bahners, Soll man Amerika preisen oder Europa verdammen? Frankfurter Allgemeine Zeitung, Nr. 280, 2.12.2015, N3.

6   P. Heather, The Fall of the Roman Empire. A New History, London 2005 (dt.: Der Untergang des Römischen Weltreichs, übersetzt von K. Kochmann, Stuttgart 2007). Heather betont gegen neuere Deutungen dieser Zeit als Transformation (s. Anm. 14) wieder stärker den Anteil der „Barbareninvasion", angefangen vom Hunnensturm, am Geschehen.

7   B. Ward-Perkins, The Fall of Rome and the End of Civilization, Oxford 2005, 183.

verwundert nicht, dass sich dadurch weitere kontroverse Stimmen finden lassen. Der Berliner Althistoriker Alexander Demandt[8] hat in einem Interview in Die Welt vom 11. September 2015 die Frage nach einer historischen Analogie bejaht:

> Der Begriff „Völkerwanderung" ist auf mehrerlei Weise berechtigt. Erstens, was die Zahl der Migranten angeht. Zweitens, was die Art ihrer Bewegung betrifft; vielfach wandern sie ja tatsächlich, wie in der Antike. Drittens war die Motivation der spätantiken Völkerwanderung im Wesentlichen die gleiche wie bei der gegenwärtigen Migration. [...] Damals wie heute handelt es sich um den Druck aus armen, aber bevölkerungsreichen Ländern auf reiche, aber überwiegend kinderarme Völker.

In dem Interview sagte Demandt ferner:

> Germanen waren sowohl Söldner für Rom wie Siedler. In der Spätantike bestand das römische Heer sogar überwiegend aus Germanen. Sie haben zunächst durchaus im römischen Sinne gehandelt und das Imperium verteidigt – bis sie eines Tages gesagt haben: Die Römer sind nicht mehr in der Lage, ihre eigene Herrschaft auszuüben. Da ließen sie andere Germanen über die Grenzen und setzten den Kaiser ab. Das war es dann mit der römischen Zivilisation.[9]

In einem Beitrag für die Frankfurter Allgemeine Zeitung vom 21. Januar 2016, der ursprünglich für „Die politische Meinung" der Konrad-Adenauer-Stiftung vorgesehen war, deren Redaktion aber den Abdruck ablehnte, knüpft er daran an: Man müsse aus dem Untergang Roms lernen, die langfristigen Folgen der Einwanderung beachten und den Zustrom begrenzen, sonst gebe Deutschland seine Souve-

---

8 Vgl. A. Demandt, Der Fall Roms. Die Auflösung des römischen Reiches im Urteil der Nachwelt, München 1984, ²2014; ders., Zeitenwende. Aufsätze zur Spätantike (BzA 311), Berlin 2013.

9 S.F. Kellerhoff, „Das war es dann mit der römischen Zivilisation", Die Welt, 11.9.2015, http://www.welt.de/geschichte/article146277646/Das-war-es-dann-mit-der-roemischen-Zivilisation.html (Abruf Februar 2016). Am Ende des Interviews zieht Demandt noch einen weiteren Vergleich, und zwar zwischen den Christen im Römischen Reich bzw. der Christianisierung des Römischen Reichs und dem islamistischen Fundamentalismus heute. Nun sind die Christen auschlaggebend für das Ende der antiken römischen Kultur. Auf die Frage: „Was können wir aus der Integration von Zuwanderern in das Imperium Romanum für heute lernen?" antwortet er: „Zum Beispiel, dass wir den Staat als säkulare Organisation begreifen sollten. Also die Religion zur Privatsache erklären. Allerdings weiß ich nicht, ob das gelingen kann. Die Herausforderung durch Islamisten und andere religiöse Fundamentalisten ähnelt eben jener zwischen dem Imperium Romanum und den Christen, die sich ja nicht integrieren wollten, bis schließlich der Kaiser selbst zu Kreuze kroch und Christ wurde. [...] Dem Christentum sind große Teile der antiken Kultur zum Opfer gefallen."

ränität auf. Bundeskanzlerin Merkel handele auf Kosten des deutschen Volkes.[10]
Entsprechend suggestiv fällt die Darstellung „Das Ende der alten Ordnung" aus,[11]
die mit dem Votum endet: „Sobald diese [sc. Zuwanderer] eine kritische Menge
überschritten und als eigenständig handlungsfähige Gruppen organisiert waren,
verschob sich das Machtgefüge, die alte Ordnung löste sich auf."

Der ebenfalls in Berlin tätige Mediävist Michael Borgolte äußerte sich in einem
Interview der Berliner Zeitung vom 6. November 2015 kritisch zu solchen Thesen:
Weder damals noch heute seien „Völker gewandert". Es sei vielmehr so, „dass es
damals wie heute gerade keine Völkerwanderungen waren." Den Zustand des Römischen Reiches könne man nicht mit dem des heutigen Europa vergleichen. „Das
Römische Reich brach nicht an den Migranten zusammen, sondern umgekehrt:
Es war zusammengebrochen und darum unfähig geworden, die Migranten zu integrieren."[12] Borgolte warnt zwar davor, dass Parallelgemeinschaften entstehen,
meint aber:

> Die Syrer, die jetzt kommen, werden doch nicht in kurzer Zeit unsere Eliten erset-
> zen. [...] Nirgendwo in Europa verfügen die Migranten über die militärische Gewalt,
> sie organisieren sich nicht als abgekapselte Machtfaktoren.

Ähnlich positioniert sich Christian Scholl in einem Interview, in dem er mehr die
Unterschiede zwischen damals und heute betont:

> Viele der „Barbaren", die zur Zeit der „Völkerwanderung" migrierten, haben im
> Laufe der Zeit die Herrschaft über die Regionen übernommen, in die sie eingewan-
> dert sind. In diesem Punkt stellt die Epoche der „Völkerwanderung" in der Tat eine
> Ausnahme dar, da vielerorts eine eingewanderte Minderheit die politische Macht

---

10 So in dem vorangestellten Interview mit Reinhard Müller in der Online-Veröffentlichung von A.
Demandt, Das Ende der alten Ordnung, Frankfurter Allgemeine Zeitung, 22.1.2016, http://www.
faz.net/aktuell/politik/staat-und-recht/untergang-des-roemischen-reichs-das-ende-der-alten-
ordnung-14024912.html (Abruf Februar 2016).

11 Goten „bäten als friedliche Flüchtlinge um Aufnahme"; gegen Bedenken setzten sich deren
Fürsprecher durch, denn es bestünde auch die Pflicht zu christlicher Nächstenliebe: „Die Ge-
nehmigung wurde erteilt, die Grenze geöffnet, und die Goten kamen." Rom weckte „die Begehr-
lichkeit der Barbaren", die „arm, kinderreich, kriegerisch und wanderfreudig" seien; die Goten
„modernisierten ihr Kriegswesen mit römischer Entwicklungshilfe"; die Kaiser in ihren Palästen
„verloren die Verbindung zur Armee"; „bärtigen Germanen" blieb das Bildungswesen fremd;
„die Regierung verlor die Kontrolle"; „die überkomplizierte Bürokratie brach zusammen."

12 A. Widmann, „Völker sind niemals gewandert". Interview mit Historiker Michael Borgolte zu
Flüchtlingsströmen, Berliner Zeitung, 6.11.2015, http://www.berliner-zeitung.de/wissen/inter-
view-mit-historiker-michael-borgolte-zu-fluechtlingsstroemen--voelker-sind-niemals-gewan-
dert-,10808894,32347904.html (Abruf Februar 2016).

über die einheimische Bevölkerungsmehrheit übernommen hat. Wer heute also den Begriff „Völkerwanderung" unreflektiert auf die aktuellen Flüchtlingsströme anwendet, schwört alleine durch seine Wortwahl die Gefahr herauf, dass die Neuankömmlinge die „Herrschaft" in den europäischen Zielländern an sich reißen würden – und bedient damit Ängste, wie sie aktuell von rechtsextremer bzw. -populistischer Seite geschürt werden.[13]

Diese kleine Presseschau zeigt, wie in der Deutung der gegenwärtigen politischen Lage auf die Völkerwanderung zurückgegriffen wird. An einigen dieser Vergleiche haftet der Makel der Einseitigkeit und bewussten Instrumentalisierung. Neuere historische Forschungen haben überdies unser Bild der Entwicklungen zwischen dem 4. und 7. Jahrhundert derart gewandelt, dass inzwischen von „wandernden" „Völkern" nicht mehr so einfach geredet werden kann. Viele „Barbaren" lebten bereits im Römischen Reich, meist als Soldaten, und es wanderten eher wechselnde Verbündete um einen erfolgreichen Kriegsherrn als jahrzehntelang geschlossene Verbände, die vom Norden oder Osten nach Süden zogen. Sie kamen meist nicht als Invasoren, sondern wollten Teil des Römischen Reichs werden. Goten und Burgunder wurden als Föderaten auf römischem Boden angesiedelt und übernahmen militärische Aufgaben für Rom. Die Verselbstständigung dieser Kontingente als eigene Reiche geschah zum Beispiel in Gallien im 5. Jahrhundert parallel zu einer Abnahme der römischen Zentralmacht und Distanzierung der gallischen Elite von Rom. Es besteht daher gegenwärtig in der Forschung gar kein Konsens darüber, ob das Römische Reich überhaupt untergegangen ist oder ob es sich „nur" gewandelt hat.[14] Ebenfalls ist es nicht so einfach, den Anteil zu bestimmen, den die „wandernden" „Völker" neben anderen Faktoren (z.B. die Verlagerung der Hauptstadt in den Osten; die Kriege Justinians im 6. Jahrhundert, innenpolitische Querelen und Fehlentscheidungen) an diesem Wandlungs- oder Untergangsprozess hatten. Zudem unterscheidet sich die Perspektive, die vom Imperium Romanum ausgehend fragt, wann und wie und warum es ein Ende fand (Gibbon, Heather, Ward-Perkins, Demandt), grundsätzlich von der anderen Perspektive,

---

13 Das Gespräch mit Christian Scholl im Wissenschaftsportal der Gerda Henkel Stiftung: G. Chatzoudis, Der Begriff „Völkerwanderung" ist irreführend. Interview mit Dr. Christian Scholl zu Historizität und Aktualität eines Begriffs (10.9.2015), http://www.lisa.gerda-henkel-stiftung.de/voelkerwanderung (Abruf Februar 2016).

14 Vgl. zu dem Paradigma einer Transformation u.a. die 14 Bände der Reihe „The Transformation of the Roman World" (Leiden, 1997–2004), seit 2008 fortgeführt als „Brill's Series on the Early Middle Ages"; sowie R. Mathisen/D. Shanzer (Hg.), Romans, Barbarians, and the Transformation of the Roman World. Cultural Interaction and the Creation of Identity in Late Antiquity, Farnham 2001.

welche von den einwandernden „Barbaren" ausgehend fragt, wie sich daraus die germanischen Nachfolgereiche oder beispielsweise das Reich der Karolinger haben entwickeln können (Borgolte[15]).

Bevor also gegenwärtige Entwicklungen in Bezug zu vergangenen gesetzt werden, muss erst deutlich werden, womit die Gegenwart eigentlich verglichen wird, da das, was der Begriff „Völkerwanderung" suggeriert, in der Forschung inzwischen dekonstruiert wurde. In diesem Fall ist die Debatte also überaus verwickelt und zusätzlich mit der Frage nach den Gründen für den Untergang des Römischen Reichs verbunden. Nicht aus dem Blickfeld geraten sollte überdies, dass gerade der Begriff „Völkerwanderung" durch eine jahrhundertelange Forschungsdebatte belastet ist. Die folgenden Hinweise mögen das kurz illustrieren.

2 Kontroverse Sichtweisen aus der jüngeren Vergangenheit: „deutsche" Germanen

Der Begriff der „Völkerwanderung" entstammt einer deutschen Forschungstradition; in der französischen und angelsächsischen Forschung ist dagegen meist von einer „Invasion der Barbaren" die Rede.[16] „Völkerwanderung" ist eine deutsche Übersetzung der lateinischen Formulierung des Wiener Humanisten Wolfgang Lazius (1514-1565), der 1557 ein Werk De gentium aliquot migrationibus publiziert hatte in der Absicht, die Ursprünge einer gens Austriadum zu beschreiben.[17] In die deutsche Wissenschaftssprache hielt „Völkerwanderung" jedoch erst am Ende des 18. Jahrhunderts Einzug. Als älteste Verwendung wird im Deutschen Wörterbuch von Jacob und Wilhelm Grimm[18] auf Michael Ignaz Schmidts „Geschichte der

---

15 Pohl/Wodak, Discursive Construction (s. Anm. 3), oder Geary, Völkerwanderung (s. Anm. 3); Widmann, „Völker sind niemals gewandert" (s. Anm. 12).

16 Bedingt durch die Anknüpfung der eigenen politischen Geschichte an das „angegriffene" Römische Reich – eine gewiss ebenfalls durchaus ideologisch besetzte Perspektive. Verwendet wird auch „Migration Period".

17 W. Lazius, De gentium aliquot migrationibus, Basel 1557, 4: *Superest nunc adeo, ut quando Romanos ex illis barbarae gentes, et ex his praecipue Teutonici expulerunt, nova constituta rerum administratione, vel saltem cum Romanis confusa moribus, Gallograeci, Celtae, Taurisci, Carni, Boii, Senones, Suevi, Marcomani, Quadi, Vandili, Gothi, Gepedes, Heruli, Burgundiones et Longobardi, eorum etiam populorum Rempub. doceamus. Ex quorum vel confusione commixtioneque Austriadum gens constitui coepta est.*

18 J. Grimm/W. Grimm, Deutsches Wörterbuch, Bd. 12,2 (bearbeitet von R. Meiszner), Leipzig 1951, 514, s.v. Völkerwanderung.

Deutschen" (1778)[19] verwiesen, in der er auch auf die ältesten Begebenheiten der deutschen Nation, die Begegnung mit den Römern, zu sprechen kommt: „Von den Ursachen des Verfalls des römischen Reichs habe ich nur so viel angeführt, als zu meinen Absichten nöthig war. Hingegen kann die deutsche Geschichte nicht hinlänglich übersehen werden, wenn nicht von der sogenannten Völkerwanderung etwas umständlicher gehandelt wird."[20] Die Völkerwanderung gehört hier also in die Vorgeschichte der Deutschen; die Germanen (= deutsche Stämme) werden als die direkten Vorfahren der Deutschen angesehen.[21] Nach dem Ende des Heiligen Römischen Reichs setzte im 19. Jahrhundert im Kontext der Suche nach einer kulturellen und politischen Identität einer deutschen Nation schließlich eine intensive Beschäftigung mit der Völkerwanderungszeit ein,[22] wie folgende Beispiele zeigen:

Zur Erforschung der germanischen Vorgeschichte einer deutschen Nation begann im Jahr 1819 die Publikation der Editionsreihe *Monumenta Germaniae Historica* (MGH), herausgegeben von der „Gesellschaft für ältere deutsche Geschichtskunde" mit einem klaren politischen Programm: *Sanctus amor patriae dat animum*.[23] Damalige Darstellungen der Geschichte der Deutschen setzen entsprechend mit

---

19   M.I. Schmidt, Geschichte der Deutschen, Teil 1: Von den ältesten Zeiten bis auf Konrad den ersten, Ulm 1778, 17.

20   Schmidt, Geschichte der Deutschen (s. Anm. 19), 16. Das wird dann im 9. Kapitel auf S. 115–138 beschrieben. Auf S. 129 wird erläutert, wie durch den Hunnensturm die eigentliche Völkerwanderung ausgelöst wurde: „Hier haben wir die Losung zu jener großen Begebenheit, die unter dem Namen der Völkerwanderung in der Geschichte vorkommt." Vgl. S. Krautschick, Zur Entstehung eines Datums: 375 – Beginn der Völkerwanderung, Klio 82 (2000), 217–222. Zur Begriffsgeschichte M. Springer, Art. Völkerwanderung, in: RGA 32 (2006), 509–517: 509–510.

21   H. Beck u.a. (Hg.), Zur Geschichte der Gleichung „germanisch-deutsch". Sprache und Namen, Geschichte und Institutionen (RGA.E 34), Berlin 2004; W. Pohl, Die Germanen (EDG 57), München ²2004.

22   P. Readts, The Once and Future Reich. German Medieval History Between Retrospection and Resentment, in: J. Bak u.a. (Hg.), Gebrauch und Missbrauch des Mittelalters, 19.–21. Jahrhundert (MittelalterStudien 17), München 2009, 193–204.

23   P. Geary, The Myth of Nations. The Medieval Origins of Europe, Princeton 2002, 26–29: „By defining the corpus of what was German history, the *Monumenta* set the parameters within which Germany would search for its past. The Goths, the Franks, the Burgundians, the Vandals, and other ,peoples' were identified by an uninterrupted history, which preceded the establishment of the medieval Holy Roman Empire and which reached through the nineteenth century" (28–29); A. Gawlik, Zur Geschichte und Arbeit der Monumenta Germaniae Historica. Ausstellung anlässlich des 41. Deutschen Historikertages, München, 17.–20. September 1996 (Katalog), München 1996.

dieser Epoche ein. Beispielsweise[24] beginnt Heinrich Rückert seine „Culturge-
schichte des deutschen Volkes in der Zeit des Uebergangs aus dem Heidenthum
in das Christentum" (Teil 1, Leipzig 1853) mit den ersten Kontakten der „deutschen Stämme" (S. 1) zum Römertum, um sich dann mit der Christianisierung der
Germanen in der Zeit der Völkerwanderung zu befassen. In den Jahren 1859–1864
veröffentlichte Eduard von Wietersheim seine vierbändige „Geschichte der Völkerwanderung".[25] Felix Dahn, der bereits im Jahr 1876 den wirkmächtigen historischen Roman „Ein Kampf um Rom"[26] über das Ostgotenreich Theoderichs als den
Kampf eines Germanen zwischen hinterhältigen Weströmern und verschlagenen
Oströmern publiziert hatte, gab in den Jahren 1880–1881 seine Überarbeitung dieser vier Bände von Wietersheims heraus.[27] Die „Deutsche Geschichte bis auf Karl
den Großen. Erster Band: Die Germanen der Urzeit" (Leipzig 1880) von Georg Kaufmann behandelt ebenfalls im ersten Abschnitt die germanische Vorgeschichte bis
zur Völkerwanderung. Die Völkerwanderung wurde also zu einem festen Bestandteil der deutschen nationalen Geschichtsschreibung.[28]

In dieser Zeit waren die Forschungen auch von einer deutsch-französischen
Antigonie begleitet. Georg Kaufmann, auf den hier exemplarisch verwiesen werden soll, kritisiert in einem Nachtrag die französische Perspektive, die er folgendermaßen zusammenfasst:

> Die Nationaleitelkeit gebietet, daß Frankreich den barbarischen Germanen nichts
> verdankt. Noch im achtzehnten Jahrhundert waren sie Barbaren, und im fünften

---

24 Relevant ist auch H. Luden, Geschichte des teutschen Volkes, Bd. 2, Gotha 1826 (insgesamt 12
    Bände).

25 E. von Wietersheim, Geschichte der Völkerwanderung, 4 Bde., Leipzig 1859-1864.

26 F. Dahn, Ein Kampf um Rom, Leipzig 1876.

27 E. von Wietersheim, Geschichte der Völkerwanderung, 2 Bde., Leipzig ²1880-1881. Danach publi-
    zierte Dahn auch: Urgeschichte der germanischen und romanischen Völker, 4 Bde. (Allgemeine
    Geschichte in Einzeldarstellungen, 2. Hauptabtheilung: Geschichte des Mittelalters, Theil 2),
    Berlin 1881-1889. Vgl. zu Dahn: M. Meier/S. Patzold, August 410 - ein Kampf um Rom, Stuttgart
    2010, 193-200.

28 Vgl. dazu allgemein C. Conrad/S. Conrad (Hg.), Die Nation schreiben. Geschichtswissenschaft im
    internationalen Vergleich, Göttingen 2002; S. Berger, The Search for Normality. National Identity
    and Historical Consciousness in Germany since 1800, Oxford 1997; K. Jarausch/M. Sabrow (Hg.),
    Die historische Meistererzählung. Deutungslinien der deutschen Nationalgeschichte, Göttin-
    gen 2002; F. Rexroth (Hg.), Meistererzählungen vom Mittelalter. Epochenimaginationen und
    Verlaufsmuster in der Praxis mediävistischer Disziplinen (HZ.B N.F. 46), München 2007; K. von
    See, Deutsche Germanen-Ideologie vom Humanismus bis zur Gegenwart, Frankfurt a.M. 1970;
    ders., Barbar, Germane, Arier. Die Suche nach der Identität der Deutschen, Heidelberg 1994; H.-U.
    Wehler, Nationalismus. Geschichte - Formen - Folgen (Beck'sche Reihe 2169), München 2001.

Jahrhundert hätten sie etwas Nützliches über den Rhein getragen? Sie konnten nur zerstören. Frankreich ist in seinem Staat und seiner Cultur ein unverfälschter Nachkomme der großen Römer und der ritterlichen Celten.[29]

Sein Kommentar besonders zu Numa Denis Fustel de Coulanges lautet, dass es sich um einen Versuch handele, „sich der Anerkennung zu entziehen, welche die straffe Zucht unserer Heere im Krieg von 1870 aus dem leidenschaftlichen Gegner abgerungen" (S. 347) habe. Er bemängelt ferner, dass die französischen Geschichtsdarstellungen „zugleich politische Schriften" seien: „In der Darstellung der Vergangenheit bekämpfen sich die Parteien der Gegenwart" (S. 348).[30] Seine Kritik an den französischen Autoren ist gewiss berechtigt, aber auch die eigene Sicht auf die Zeit der Völkerwanderung ist natürlich deutlich von seiner „deutschen" Perspektive auf die Gegenwart geprägt.

Eine von politischen Interessen geleitete Geschichtsforschung zur Völkerwanderung wurde besonders in der Zeit des Nationalsozialismus intensiviert, als völkisches Denken[31] mit Sozialdarwinismus und Rassenlehre eine unheilvolle Allianz einging. Die Überlegenheit der germanischen/arischen Rasse und die nationalso-

---

29 G. Kaufmann, Deutsche Geschichte bis auf Karl den Großen, Bd. 1: Die Germanen der Urzeit, Leipzig 1880, 345, unter Verweis auf Amédée Thierry (Histoire d'Attila de ses fils et successeurs jusqu'à l'établissement du Hongrois en Europe, suivie des légendes et traditions, Paris 1856, [2]1864), François Pierre Guillaume Guizot und besonders Numa Denis Fustel de Coulanges (Histoire des Institutions politiques de l'ancienne France, Bd. 1: L'Empire romain, les Germains, la royauté mérovingienne, Paris 1875). Gegen einen in diesen Werken zur Sprache kommenden Hass gegen alles Germanische wehrt sich Kaufmann (346). Entweder würden die Germanen als schwächlich oder als unbändig dargestellt und beides sei falsch (347). Demgegenüber sei inzwischen erforscht, dass „die Grundlagen der fränkischen Verfassung, die Heerverfassung und die Gerichtsverfassung [...] nicht den Römern entlehnt" waren (349). Neben der Völkerwanderung war also vor allem die Deutung des merowingisch-karolingischen Reichs der Franken als romanisch oder germanisch kontrovers (s.u. Anm. 41).

30 Hier dann vorgeführt an der französischen Forschung des 18. Jahrhunderts, auf deren Basis vornehmlich der Kampf zwischen Bürgertum und Adel ausgetragen werde: H. de Boulainvilliers, Histoire de l'ancien gouvernement de la France avec XIV. lettres historiques sur les Parlements ou États-Généraux, 3 Bde., Den Haag 1727; J.B. Dubois, Histoire critique de l'établissement de la monarchie française dans les Gaules, Amsterdam 1734; E.-J. Sièyes, Qu'est-ce que le Tiers-État? Paris 1789. Fustel de Coulanges „ist eine förmliche Wiedergeburt von Dubois" (Kaufmann, Deutsche Geschichte [s. Anm. 29], 349). Vgl. dazu W. Pohl, Modern Uses of Early Medieval Ethnic Origins, in: Bak u.a., Gebrauch und Missbrauch (s. Anm. 22), 55–70: 59–61, und s.u. Anm. 41.

31 Vgl. U. Puschner/H. Steuer/O. Haid, Art. Völkische Weltanschauung, in: RGA 32 (2006), 522–538; W. Conze, Art. Rasse, in: GGB 5 (1984), 135–178; U. Puschner/W. Schmitz/J. Ulbricht (Hg.), Handbuch zur „Völkischen Bewegung" 1871–1918, München 1996.

zialistischen Eroberungskriege wurden schließlich auch mit dem Paradigma einer „neuen Völkerwanderung" gerechtfertigt.[32]

Neben deutschnationaler und antifranzösischer Geschichtsdeutung wurde seit dem 19. Jahrhundert die Völkerwanderung auch zu einer zentralen Epoche für das Verständnis der Geschichte des Christentums. In den Auseinandersetzungen nach der deutschen Reichsgründung von 1871 über ein spezifisch deutsches Christentum wurde heftig über eine „Germanisierung" des Christentums in Folge der Völkerwanderung gestritten, besonders nachdem Arthur Bonus als Ausweg aus der Modernitätskrise des Christentums, seiner konfessionellen Spaltungen und der Entfremdung weiter Teile der Deutschen vom Protestantismus eben dieses empfohlen hatte.[33] Das betraf nicht nur Anleihen aus der Völkerwanderung, sondern auch aus der Mystik und von Martin Luther. Eine Germanisierung des Christentums sei gleichbedeutend mit seiner Modernisierung:

> Die Frage des deutschen Geistes an den vollkommen Menschentypus ist eine andere als die Frage der Juden. Es ist nicht die Frage: Wie schicke ich mich in die Welt?, auch nicht die griechische: wie verkläre ich die Welt?, auch nicht die römische: wie rechtfertige ich die Welt?, sondern die deutsche Frage ist: wie herrsche ich über die

---

32 Über den Rückgriff auf die Völkerwanderung bei Hitler, Goebbels, Himmler und Rosenberg vgl. K. Rosen, Die Völkerwanderung (Beck'sche Reihe 2180), München 2002, 114–119: Die „Raumnot" des deutschen Volkes und das Ausgreifen in den Osten wurden mit der Völkerwanderung legitimiert. Rosen zitiert ebd., 118, Hitlers Weisung 37 vom 10.10.1941 aus den Monologen im Führerhauptquartier: „Die Völkerwanderung war von Osten ausgegangen; von nun an fluteten die Völker vom Westen nach Osten zurück. Das entspricht dem Prinzip der Natur, es ewig neu durch Kampf zur Auslese kommen zu lassen: Das Gesetz des Daseins fordert ununterbrochenes Töten, damit das Bessere lebt." Vgl. F. Bodesohn, Literatur als Propagandainstrument des NS-Regimes. Verbreitung der Blut-und-Boden-Ideologie aus Hitlers „Mein Kampf" in der NS-Literatur, Hamburg 2014, 12.

33 Der Begriff wurde von Arthur Bonus geprägt: Von Stöcker zu Naumann. Ein Wort zur Germanisierung des Christentums, Heilbronn 1896; ders., Vom deutschen Gott. Zur Germanisierung des Christentums 1–8, ChW 13 (1899), 57–59.81–85.101–103.125–127.147–150.171–173.195–197.291–222. Vgl. H.M. Bock, Modernitätskrise und Fortschrittsoptimismus in der Christlichen Welt, in: M. Grunewald/U. Puschner (Hg.), Krisenwahrnehmungen in Deutschland um 1900. Zeitschriften als Foren der Umbruchzeit im Wilhelminischen Reich (Convergences 55), Frankfurt a.M. 2010, 73–94: 83–84. Vgl. auch seine Aufsatzsammlung A. Bonus, Zur religiösen Krisis, Bd. 1: Zur Germanisierung des Christentums, Jena 1911. Vgl. dazu damals H. Weichelt, Arthur Bonus und die „Germanisierung des Christentums". Ein Gruß an A. Bonus den Siebzigjährigen (geb. 21.1.1864), ZThK 42 (1934), 167–189, und heute R. Lächele, Germanisierung des Christentums - Heroisierung Christi. Arthur Bonus - Max Brewer - Julius Bode, in: S. von Schnurbein/J.H. Ulbricht (Hg.), Völkische Religion und Krisen der Moderne. Entwürfe „arteigener" Glaubenssysteme seit der Jahrhundertwende, Würzburg 2001, 165–183.

Welt? Der deutsche Christus ist weder das Lämmlein noch der Mann mit dem Hei-
ligenschein, noch der Weltrichter, er ist der Freie und der Königliche.[34]

Heinrich Boehmer verfasste daraufhin eine größere Studie zu eben dieser Germanisierung zwischen 500 und 1000 n.Chr.,[35] denn „was Bonus als eine Aufgabe
der Zukunft betrachtet, das ist schon einmal geschehen".[36] Boehmer wandte sich
gegen Parolen[37] wie die von Hermann Büttner: „Fort mit der alteingesessenen
Fremdgötterei des christlich aufgemachten Jehovah, zurück zu Frô oder besser
noch zu Meister Eckehart und Genossen, den herrlichen Zeugen aus der letzten
Quellzeit germanischer Religion."[38] Umkämpft war also die Frage, ob der Über-
tritt der Germanen zum Christentum ein „schwerer Fehltritt" gewesen sei und
ihnen sogar nur mit Zwang auferlegt wurde[39] oder doch zum „germanischen Wesen" passe.

Die Vorstellung einer Germanisierung des Christentums in der Zeit der Völkerwanderung gewann noch an Aufmerksamkeit in der Zeit des Nationalsozialismus
und wurde besonders von Vertretern der Deutschen Christen gegen die eine chris-

---

34 Bonus, Zur religiösen Krisis (s. Anm. 33), 15–16. Man vergleiche auch die Artikel in der RGG in ih-
    ren drei ersten Auflagen: P. Jäger, Art. Germanisierung des Christentums, in: RGG¹ 2 (1910), 1336–
    1339; ders., Art. Germanisierung des Christentums, in: RGG² 2 (1928), 1069–1071; K.D. Schmidt,
    Art. Germanisierung des Christentums, in: RGG³ 2 (1958), 1440–1442; dazu A. Radmüller, Zur
    „Germanisierung des Christentums". Verflechtungen von Protestantismus und Nationalismus
    in Kaiserreich und Weimarer Republik, Zeitschrift für junge Religionswissenschaft 7 (2012),
    100–122. Ferner: R. Seeberg, Christentum und Germanentum (Schriften der Treitschke-Stiftung),
    Leipzig 1914. Eine Umformung des Christentums durch die Germanen wird heute wieder stär-
    ker betont von J.C. Russell, The Germanization of Early Medieval Christianity. A Sociohistorical
    Approach to Religious Transformation, Oxford 1994; R. MacMullen, Christianity and Paganism
    in the Fourth to Eighth Centuries, New Haven 1997.
35 H. Boehmer, Das germanische Christentum. Ein Versuch, ThStKr 86 (1913), 165–280.
36 Boehmer, Das germanische Christentum (s. Anm. 35), 166.
37 Boehmer, Das germanische Christentum (s. Anm. 35), 168. Boehmer verweist hier auch auf ge-
    genteilige Positionen, vertreten von A.F.C. Vilmar, Geschichte der deutschen National-Litera-
    tur, Bd. 1, Marburg ³1848, 7–8; K. von Hase, Gesammelte Werke, Bd. 2: Kirchengeschichte auf der
    Grundlage akademischer Vorlesungen, Theil 2: Germanische Kirche. Mittlere Kirchengeschichte,
    Leipzig 1890, 32; G. Freytag, Bilder aus der deutschen Vergangenheit, Bd. 1: Aus dem Mittelal-
    ter, Leipzig 1859, 209–268, die alle von einer Prädisposition der Germanen für das Christentum
    ausgingen. Boehmer selbst möchte aber die argumentativen Grundlagen nicht mehr mittragen
    (Boehmer, Das germanische Christentum, 168), redet sogar von einer „Präindisposition" (175).
38 H. Büttner (Hg.), Vom vollkommenen Leben. Eine deutsche Theologie, Jena 1907, III.
39 S. neben Büttner die genannten Vertreter bei A. Herte, Die Begegnung des Germanentums mit
    dem Christentum. Ein erweiterter Vortrag, Paderborn 1935, 7–9.

tentumslose Germanisierung fordernde Deutsche Glaubensbewegung betont.[40] Nun konnte sogar gegen eine „Repaganisierung" Deutschlands der angebliche „Arianismus" der Germanen als eine artgemäße Form des Christentums propagiert werden, zu der zurückzukehren sei. Hier wurden Ansätze von Wilhelm Krafft (Die Kirchengeschichte der germanischen Völker, Bd. 1, Berlin 1854) aufgegriffen, der bereits die Goten und ihre Bekehrung durch Ulfila in den Mittelpunkt gestellt hatte, da inzwischen ein Glaubensbekenntnis des Ulfila bekannt geworden war[41] und der sogenannte „Arianismus" der Goten greifbar wurde.

Hans von Schubert publizierte 1909 seine einflussreiche kurze Schrift „Das älteste germanische Christentum oder der sogen. ‚Arianismus' der Germanen". Daran anknüpfend schrieb zum Beispiel Heinz-Eberhard Giesecke im Jahr 1939 seine Dissertation „Die Ostgermanen und der Arianismus" mit dem Ziel, die Weltanschauung des germanischen Arianismus aufzuzeigen. Eigentlich handele es sich um kein Christentum mehr, wenn „das germanische Wesen durch das fremde Gewand hindurch Geltung verlangte und behauptete" (S. 61).

Diese dogmengeschichtlich eigentlich schon damals unhaltbare Deutung des „Arianismus" war in der deutschen Forschung der vorläufige Schlusspunkt[42] eines interessegeleiteten Rekurses auf die Völkerwanderungszeit.[43] In den Jahren nach

---

40 S. Anm. 33 und 34. Vgl. dazu K. Heussi, Die Germanisierung des Christentums als historisches Problem, ZThK 42 (1934), 119–145. Auch Heussi setzt „rassenmäßige Anlagen", die bleiben, voraus (ebd., 122–123), hinterfragt aber anhand des Heliand und Meister Eckart das Konzept einer Germanisierung: die Substanz des Christentums bleibe bewahrt.

41 G. Waitz, Über das Leben und die Lehre des Ulfila. Bruchstücke eines ungedruckten Werkes aus dem Ende des 4. Jahrhunderts, Hannover 1840. Waitz war auch der Verfasser der umfangreichen, in der ersten Auflage achtbändigen „Deutschen Verfassungsgeschichte", deren erster Band 1844 erschien (Bände 2–8 bis 1878), von Kaufmann gerühmt als Werk, das gezeigt habe, „daß der Staat der Merowinger in seinen Grundzügen weder auf römischen oder gar auf keltischen Einrichtungen ruhe, noch auf einem Gefolge, sondern daß er die Fortbildung der altgermanischen Verfassung sei" (Deutsche Geschichte [s. Anm. 29], 357).

42 S. Herte, Begegnung (s. Anm. 39), 9–13; vgl. auch H. Lother, Die Christusauffassung der Germanen, Gütersloh 1937, bes. 17–21; E. Weber, Das erste Germanische Christentum. Eine Studie zum gotischen Ariantum (Reden und Aufsätze zum nordischen Gedanken 10), Leipzig 1934.

43 Vgl. dazu H.C. Brennecke, Christianisierung und Identität. Das Beispiel der germanischen Völker (1996), in: ders., Ecclesia est in re publica. Studien zur Kirchen- und Theologiegeschichte im Kontext des Imperium Romanum, hg. von U. Heil/A. von Stockhausen/J. Ulrich (AKG 100), Berlin 2007, 145–156; ders., Der sog. germanische Arianismus als „arteigenes" Christentum. Die völkische Deutung der Christianisierung der Germanen im Nationalsozialismus, in: Th. Kaufmann/H. Oelke (Hg.), Evangelische Kirchenhistoriker im „Dritten Reich" (VWGTh 21), Gütersloh 2002, 310–329; ders., Christianisierung der Germanen oder „Germanisierung des Christentums". Über Ideologisierung und Tabuisierung in der Geschichtsschreibung, in: K. Manger (Hg.), Sitzungsberichte der Geisteswissenschaftlichen Klasse der Akademie gemeinnütziger Wis-

1945 ist eine Abkehr von dieser Epoche der Geschichte in Politik und Forschung sowie in Kirche und Theologie erkennbar. Interessanterweise hat man damals also positiv an die „Germanen" angeknüpft und sich mit ihnen identifiziert, wohingegen gegenwärtig die Germanen negativ als Vorläufer der heutigen Migranten aus den muslimischen Ländern herangezogen werden – unter Absehung der Religionsfrage.

3 Kontroverse Sichtweisen aus der älteren Vergangenheit: heilsgeschichtliche Lösungen

Es zeigt sich, dass sowohl der Begriff als auch das Konzept einer „Völkerwanderung" forschungsgeschichtlich belastet sind und überdies durch Forschungen der letzten Jahrzehnte infrage gestellt wurden: Das, was die Bezeichnung „Völkerwanderung" suggeriert, hat es so nicht gegeben. Es war eine lange Phase der Wandlungen und Umbrüche mit vielen Ursachen, die schließlich Roms Zentralmacht zusammenbrechen ließ.

In dieser Zeit war das Römische Reich längst christlich geworden. Wie haben christliche Zeitgenossen damals ihre Gegenwart gesehen und gedeutet? Eingebettet in historische Exkurse werden in diesem Abschnitt einige christliche „Zeitzeugen" des 4. und 5. Jahrhunderts vorgestellt.

3.1 „Barbaren"?

Die „Barbaren" hatten schon immer und haben bis heute ein gravierendes „Imageproblem": Sie stoßen nur unverständliche Tierlaute aus – was die Bezeichnung ursprünglich meinte – und sind im Gegensatz zu den kultivierten Griechen und Römern kulturlos und auch in ihrer Wesens- und Lebensart eher den Tieren vergleichbar: wild, wütend, gesetzlos, listig und verschlagen, maßlos, habgierig, raublustig, brutal, treulos, unwissend und dumm. Dabei kennt schon die Antike eigentlich ein doppeltes Bild der Barbaren: Neben dem armen, kulturlosen Primitiven gab es schon immer die Vorstellung des guten, unverdorbenen, edlen

---

senschaften zu Erfurt 5, Klassensitzungsvorträge 2000-2004, Erfurt 2006, 153-172; K. Schäferdiek, Art. Germanisierung des Christentums, in: TRE 12 (1984), 521-524; ders., Germanisierung des Christentums? EvErz 48 (1996), 333-342. Vgl. ferner zur Forschungsgeschichte allgemein Bak u.a., Gebrauch und Missbrauch (s. Anm. 22); H. Fehr/P. von Rummel, Die Völkerwanderung (Theiss WissenKompakt), Stuttgart 2011. Interessant sind die schon damals relativ kritischen Ausführungen dazu von Herte, Begegnung (s. Anm. 39), 9-13.

Wilden. Das hängt einerseits mit einer Idealisierung ferner Völker schon bei Homer und andererseits mit einer schon bei Hesiod begegnenden Beschreibung der Urzeit der Menschen als Goldenes Zeitalter zusammen.[44] Es überwog aber bei weitem die negative Perspektive sowohl bei den Griechen als auch bei den Römern, die den Sprachgebrauch von den Griechen übernahmen. Wolfgang Speyer urteilt in seinem RAC-Artikel „Barbar": „Die vielfach nur aus der Einbildung hervorgegangenen Urteile über die Barbaren haben die Wirklichkeit oft vergewaltigt und den Zugang zum Verständnis der nichtgriechischen Völker verstellt."[45]

Daran hat auch das Christentum im Grunde nichts geändert, obwohl die Christen anfangs selbst von den Griechen und Römern als Barbaren verspottet wurden.[46] Die Christen verstanden sich selbstverständlich als Bürger des Römischen Reichs, was man schon an den Missionszielen des Apostels Paulus erkennen kann. Der Apologet Aristides aus dem 2. Jahrhundert konnte den Missionsbefehl sogar in „Gehet hin in alle Provinzen!" umgestalten.[47] Euseb von Cäsarea band Anfang des 4. Jahrhunderts das Wohlergehen des Römischen Reichs eng an das Christentum[48]

---

44 Vgl. W. Speyer/I. Opelt, Art. Barbar I., in: RAC 1 (2001), 811–895: 813. Homer preist die sagenhaften Völker am Rande der Erde (Hippemolgen, Abioi, Phäaken). Diese Perspektive wenden vor allem die Kyniker an, um ihre Kulturkritik auszubauen; vgl. die Legende vom einfachen, unverdorbenen Barbaren „Anarchis" (ebd., 825) und den Topos der bewunderten „Barbarenphilosophie" (826–829). Vgl. auch J. Vogt, Kulturwelt und Barbaren. Zum Menschheitsbild der spätantiken Gesellschaft (AAWLM.G 1967,1), Wiesbaden 1967.

45 Speyer/Opelt, Barbar (s. Anm. 44), 837.

46 Der Vorwurf bezog sich vor allem auf die Herkunft des Christentums (Osten) und auf das sprachliche Niveau der heiligen Schriften (vgl. Origenes, *Contra Celsum* 1,2 und 1,26). Gelegentlich haben Christen selbst die Bezeichnung übernommen (Tatian, *Oratio ad Graecos*; vgl. J. Trelenberg [Hg.], Tatianos. Oratio ad Graecos/Rede an die Griechen [BHTh 165], Tübingen 2012, 66–71), meistens aber abgewehrt (z.B. Justin, *Dialogus cum Tryphone* 119,4; Aristides stellt die Christen als eigene Gruppe den Griechen und Barbaren gegenüber. Wohl haben die frühen Apologeten einzelne Argumente aus der barbarenfreundlichen Tradition geschöpft und in ihre Apologien eingebaut: einfache Lebensweise, Mut, Weisheit barbarischer Völker („Barbarenphilosophie"), Abhängigkeit der griechischen Kultur von Barbaren (vgl. Speyer/Opelt, Barbar [s. Anm. 44], 850–854).

47 Aristides von Athen, *apol*. 15,2: ἐξῆλθον εἰς τὰς ἐπαρχίας τῆς οἰκουμένης (SC 470, 286,14 Pouderon). Vgl. Laktanz, *Divinae institutiones* 4,21,1–2; auch *De mortibus persecutorum* 2,4. Vgl. zu dieser Frage H.C. Brennecke, Ecclesia est in re publica, id est in imperio Romano (Optatus III 3) (1992), in: ders., Ecclesia (s. Anm. 43), 69–102.

48 Euseb, *Demonstratio evangelica* 3,7,30–32; 7,2,22; 8,4,12–13; 9,17,13–15; *Hist. eccl.* 1,2,23; *Theophania* fr. 3,33; vgl. Origenes, *Contra Celsum* 2,30. Vgl. A. Kofsky, Eusebius of Caesarea against Paganism (JCPS 3), Boston 2002, bes. 215–220. Nach Euseb, Hieronymus und Ambrosius ist die prophetische Weissagung vom eschatologischen Völkerfrieden aus Mi 4,2–4 im Imperium Romanum erfüllt (Brennecke, Ecclesia est in re publica [s. Anm. 47], 90–91). Später greift vor allem Orosius darauf zurück (*Historiae adversum paganos* 6,22,5–9).

und sprach sogar umgekehrt dem Römischen Reich selbst eine Heilsbedeutung für das Christentum zu: Das Friedensreich des Kaisers Augustus sei der von Gott geschickte Nährboden für die Verbreitung des christlichen Glaubens gewesen; hier sei der Befehl zur weltweiten Taufe aller Menschen nach Mt 28 erfüllt worden, besonders seitdem mit Konstantin die Kaiser selbst den christlichen Glauben annahmen. Hinzu kam der verbreitete Gedanke, das christlich gewordene Römische Reich sei das letzte Reich, das, solange es bestehe, nach 2 Thess 2,7 das Kommen des Antichristen und das Ende der Welt noch aufhielte.[49] Eine derartige Wertschätzung des Römischen Reichs, zusammen mit einer überwiegend negativen Sicht auf die Barbaren, führte dazu, dass auch die Christen die nichtrömischen, barbarischen Völker als Feinde oder Zerstörer der eigenen Lebenswelt wahrnahmen. „Da die B.[arbaren] entweder Heiden oder häretische Christen waren, außerdem zunächst noch keinen Anteil an der röm. Kultur hatten, diese vielmehr zu zerstören drohten, haben die christl. Reichsbewohner sie verabscheut und gehasst."[50] Vor diesem Hintergrund fiel es den Christen in der Zeit der „Völkerwanderung" außerordentlich schwer, mit dem zerbrechenden Rahmen des Römischen Reichs umzugehen, da eine Lebenswelt ohne das Römische Reich jenseits des Vorstellbaren lag.

Der Bischof von Mailand zum Beispiel, Ambrosius, forderte im Jahr 380 in seinem Werk De fide den Kaiser des Westens, Gratian, auf: „Schreite ohne Umstände voran, ausgestattet mit dem ‚Schild des Glaubens', und das ‚Schwert des Geistes' (Eph 6,16f.) in den Händen haltend schreite voran zu dem in früheren Zeiten verheißenen und durch göttliche Weissagungen vorhergesagten Sieg [über die Bar-

---

49 D. Van Slyke, Is the End of the Empire the End of the World? Exegetical Traditions, in: C.J. Dempsey/W.P. Loewe (Hg.), Theology and Sacred Scripture (APCTS 47), Maryknoll, N.Y. 2002, 85–102. Schon Tertullian schrieb (apol. 32,1 [CChr.SL 1 142,16–143,7 Dekkers]): *Est et alia maior necessitas nobis orandi pro imperatoribus, et ita uniuerso orbe et statu imperii rebusque Romanis, qui uim maximam uniuerso orbi imminentem ipsamque clausulam saeculi acerbitates horrendas comminantem Romani imperii commeatu scimus retardari. Itaque nolumus experiri et, dum precamur differri, Romanae diuturnitati fauemus.* („Es gibt noch eine andere höhere Notwendigkeit für uns, für die Kaiser zu beten, ebenso für den Bestand des Reiches überhaupt und die Macht der Römer: wir wissen, dass die gewaltige Katastrophe, die dem Erdkreis droht, ja dass das Ende der Welt, das entsetzliche Leiden heraufbeschwört, nur durch die dem römischen Reich gewährte Frist aufgehalten wird. Daher wollen wir dies nicht erleben, und indem wir um Aufschub beten, tragen wir zum Fortbestande Roms bei.") Bei Van Slyke finden sich weitere Belege.

50 Speyer/Opelt, Barbar (s. Anm. 44), 859. Man kann sogar sagen, dass die Krise des Reichs durch die Völkerwanderung die negative Sicht auf die Barbaren deutlich verstärkte; um 400 setzt ein regelrechter „Antigermanismus" ein (ebd., 860; s.u. Anm. 61).

baren]!"[51] Gemeint sind die Goten unter Fritigern, die Zuflucht vor den Hunnen im Römischen Reich suchten. Sie wurden vom Kaiser des Ostens, Valens, im Jahr 376 zwar im Römischen Reich angesiedelt, zogen aber dann plündernd und brandschatzend über den Balkan, nachdem sie die versprochene Unterstützung mit Sold und Nahrungsmitteln nicht erhalten hatten. Schließlich konnten sie sogar 378 dem oströmischen Heer unter Kaiser Valens bei Adrianopel (= Edirne) eine massive Niederlage bereiten; der Leichnam des Kaisers wurde nie gefunden.[52] Ambrosius forderte Kaiser Gratian also auf, gegen die Goten erneut in den Kampf zu ziehen. Mit der göttlichen Weissagung bezieht sich Ambrosius auf Ez 38f. über Gog aus Magog: „Dieser Gog", so Ambrosius, „ist der Gote, der, wie wir sehen, schon aufgebrochen ist, über den uns ein künftiger Sieg verheißen wird" – vorausgesetzt, Gratian kämpfe für den wahren, nizänischen Glauben, wie ihn Ambrosius in seinem mehrbändigen Werk De fide dem Kaiser darlegt. Dann werde Gratian mit Hilfe der ewigen Kraft der Gottheit die Siegestrophäe des Glaubens gegen die barbarischen Feinde erringen.[53]

Ambrosius verbindet die nizänische Orthodoxie mit einer expliziten Rom-Theologie und lässt – unter völliger Absehung der komplizierten politischen Verhältnisse – an den Goten, den exemplarischen Barbaren, kein gutes Haar. Er übernimmt nicht nur die üblichen Vorbehalte gegen kulturlose, wüste Barbaren, die nur als Feinde Roms und damit auch des Christentums betrachtet werden, sondern bezieht überdies Ez 38f. auf die Goten[54] – und das trotz der Tatsache, dass

---

51 Ambrosius, De fide ad Gratianum 2,16,136 (CSEL 78, 104,3-5 Faller): Progredere plane „scuto fidei" saeptus et gladium spiritus habens, progredere ad uictoriam superioribus promissam temporibus et diuinis oraculis profetatam. Übersetzung FC 47/2, 347 Markschies.

52 Zur Rekonstruktion des Schlachtverlaufs jetzt D. Brodka, Einige Bemerkungen zum Verlauf der Schlacht bei Adrianopel (9. August 378), in: W. Brandes u.a. (Hg.), Millennium-Jahrbuch zur Kultur und Geschichte des ersten Jahrtausends n.Chr./Yearbook on the Culture and History of the First Millennium C.E., Berlin 2009, 265-280. Ferner W. Giese, Die Goten, Stuttgart 2004, 20-27; G. Halsall, Barbarian Migrations and the Roman West, 376-568 (Cambridge Medieval Textbooks), Cambridge 2007, 163-185; Heather, Untergang (s. Anm. 6), 192-218; E. James, Europe's Barbarians, AD 200-600, Harlow 2009, 50-53; M. Kulikowski, Rome's Gothic Wars. From the Third Century to Alaric (Key Conflicts of Classical Antiquity), Cambridge 2007, 123-143; W. Pohl, Die Völkerwanderung. Eroberung und Integration, Stuttgart ²2005, 49-51.

53 Ambrosius, De fide ad Gratianum 2,16,138 (CSEL 78, 105,14-15 Faller): Gog iste Gothus est, quem iam videmus exisse, de quo promittitur nobis futura victoria. Übersetzung FC 47/2, 347 Markschies.

54 Herangezogen in Offb 20,8: Der Satan zieht mit Gog und Magog aus in den letzten Kampf vor dem Weltgericht. Kritisch zu dieser Identifizierung Hieronymus (Quaestionum hebraicarum liber in Genesim 10,21; comm. in Ez. 11,38) und Augustinus (De civitate Dei 20,11 [CChr.SL 48, 720,11-16 Dombart/Kalb]: Gentes quippe istae, quas appellat Gog et Magog, non sic sunt accipiendae, tamquam sint aliqui in aliqua parte terrarum barbari constituti, siue quos quidam suspicantur Getas et Massagetas

die Goten inzwischen das Christentum angenommen hatten. Da sie jedoch für Ambrosius nur gottlose „Arianer" waren, hält er es für umso wichtiger, dass der Kaiser im Namen des wahren, nizänischen Glaubens kämpfe.[55]

3.2 Vorboten der Endzeit?

Bekanntlich entwickelte sich die Lage nicht im Sinn des Ambrosius. Auch nachdem der neue Ostkaiser Theodosius I. mit den Goten im Jahr 382 einen Föderatenvertrag geschlossen hatte, der ihnen relative Autonomie zugestand, blieben sie für das Römische Reich eine ständige Quelle der Unruhe, bis sie sogar im Jahr 410 unter Alarich I. in Rom einfielen und die Stadt plünderten (s. u.). Bedeutsam waren darüber hinaus folgende Entwicklungen kurz zuvor:

Zum Jahreswechsel 406/407 überquerten große Gruppen von Vandalen, Sueben und Alanen den Rhein bei Mainz und drangen bis nach Nordgallien vor.[56] Es

---

propter litteras horum nominum primas, siue aliquos alios alienigenas et a Romano iure seiunctos.). Aber auch Quodvultdeus (s. auch unten Anm. 59) setzt in seinem Werk Dimidium temporis Gog und Magog mit den Goten und Mauren gleich (13,22 [CChr.SL 60, 207,40–45 Braun]: Gog et Magog, ut quidam dixerunt, Gotos et Mauros, Getas et Massagetas, per quorum saeuitiam ipse iam diabolus ecclesiam uastat et tunc amplius persequetur, cessare etiam faciens iuge sacrificium; propter quod ammonet dominus dicens: Venio cito, beatus qui uigilat et seruat uestimenta sua ne nudus ambulet.). Nur vereinzelt werden Barbaren auch anerkannt bzw. individuell wahrgenommen, vgl. die romanisierten „Barbaren", mit denen die Kappadokier in brieflichem Austausch standen: Victor, ein katholischer Sarmate (Basilius, ep. 152–153; Gregor von Nazianz, ep. 133–134); Arintheus und Frau (Basilius, ep. 179; 269); Hellebichos (Gregor von Nazianz, ep. 225); Modarios, ein katholischer Gote (Gregor von Nazianz, ep. 136–137). Vgl. auch den Brief des Hieronymus an die Goten Sunnia und Fretela (ep. 106). Vgl. Speyer/Opelt, Barbar (s. Anm. 44), 860–861.871.

55 Die Germanen als wüste Barbaren zu beschreiben, als Feinde römischer Kultur und des wahren katholisch-nizänischen Christentums, überdies noch als Christenverfolger, unternimmt Victor von Vita. Allerdings hängt die Beschreibung der „barbarischen" Vandalen weniger an der Ethnie als an der Religion: Sie können das Barbarentum ablegen, wenn sie aufhören, die Katholiken zu verfolgen, und die Konfession wechseln. T. Howe, Vandalen, Barbaren und Arianer bei Victor von Vita (Studien zur Alten Geschichte 7), Frankfurt a.M. 2007, bes. 302–318.

56 Heather, Untergang (s. Anm. 6), 232–255 (hier 242–243 die Zusammenfassung seiner Einschätzung, dass die Ursache der Ereignisse im Hunnensturm, nicht in einer Krise innerhalb des Römischen Reichs zu sehen sei). Christliche Zeugnisse: Hieronymus, ep. 123,15 (CSEL 56, 92,1–5 Hilberg): innumerabiles et ferocissimae nationes uniuersas Gallias occuparunt. quicquid inter Alpes et Pyrenaeum est, quod oceano Rhenoque concluditur, Quadus, Vandalus, Sarmata, Halani, Gypedes, Heruli, Saxones, Burgundiones, Alamanni et – o lugenda res publica! – hostes Pannonii uastauerunt. Orosius, Historia adversum paganos 7,38,3f. (CUFr 297, 112–113 Arnaud-Lindet): Praeterea gentes alias copiis uiribusque intolerabiles, quibus nunc Galliarum Hispaniarumque prouinciae premuntur, hoc est Alanorum, Sueuorum, Vandalorum, ipsoque simul motu inpulsorum Burgundionum, ultro in arma sollicitans, deterso semel Roma-

kam zunächst zu Kämpfen mit den dort siedelnden Franken, die aber unterlagen. Damit war die Rheingrenze passierbar und es geschah das, was in der Regel als die „Große Invasion"[57] bezeichnet wird. Nach einem zweijährigen plündernden Zug kreuz und quer durch Gallien wanderten die Sueben und Vandalen in das heutige Spanien ein und nahmen das Land in Besitz. Die Vandalen setzten später von dort nach Nordafrika über. Auch die Alanen und Burgunder begannen mit einer eigenen Reichsbildung zunächst in der Nähe des Rheins. Die „Große Invasion" 406/407 war also der entscheidende Auftakt zur Bildung der gentilen Nachfolgereiche im Westen des Römischen Reichs.

In dieser Situation setzte ein kurz zuvor von den britischen Truppen zum Kaiser ausgerufener Konstantin (III., nicht gezählt) nach Gallien über. Er konnte es bald unter seine Gewalt bringen, drang in den Süden bis Arles vor, kam damit aber in Konflikt mit dem Kaiser des Westens, Honorius, und dessen Heermeister Stilicho. So kann man kaum von einer Beruhigung der Lage sprechen, zudem einige Gruppen der „barbarischen Invasoren" 408 Konstantins Truppen nahe der Pyrenäen überwältigten, bevor sie in das heutige Spanien zogen. Außerdem waren inzwischen (408) die Goten unter Alarich vom Balkan nach Norditalien (Noricum) gezogen. Sie verlangten noch ausstehenden Sold von Stilicho, der plante, dass sie für den Kaiser des Westens zusammen mit der Armee Italiens nach Gallien gegen Konstantins Truppen ziehen sollten.

Was die hier knapp aufgezählten Ereignisse für die betroffene Bevölkerung in Gallien tatsächlich bedeuteten, kann man nur ungefähr erahnen. Die unmittelbare Not spricht beispielsweise aus dem epischen Werk *Commonitorium* des Orientius von Auch, der Bischof dieser Stadt Aquitaniens in der ersten Hälfte des 5. Jahrhunderts war. Das Werk ist eine große Moralpredigt mit zum Teil drastischen Schilde-

---

ni nominis metu suscitauit. Eas interim ripas Rheni quatere et pulsare Gallias uoluit, sperans miser sub hac necessitatis circumstantia quia et extorquere imperium genero posset in filium, et barbarae gentes tam facile comprimi quam commoueri ualerent. Prosper, Epitoma chronicorum 379 ad annum 406 (MGH.AA 9, 465 Mommsen): Wandali et Halani Gallias traiecto Rheno ingressi II k. Ian. Renatus Profuturus Frigeridus (Gregor von Tours, Franc. [= Gregorii Turonensis Opera, Teil 1: Libri historiarum X] 2,9 [MGH. SRM 1, 55,15–56,1 Krusch/Levison]): Renatus Profuturus Frigiretus, cui iam supra meminimus, cum Romam refert a Gothis captam atque subuersam, ait: Interea Respendial rex Alanorum. Goare ad Romanos transgresso, de Rheno agmen suorum conuertit, Wandalis Francorum bello laborantibus, Godigyselo rege absumpto, aciae uiginti ferme milibus ferro peremptis, cunctis Wandalorum ad internionem delendis, nisi Alanorum uis in tempore subuenisset.

57   P. Courcelle, Histoire littéraire des grandes invasions germaniques, Paris ³1964. Vgl. Halsall, Barbarian Migrations (s. Anm. 52), 210–214; Heather, Untergang (s. Anm. 6), 232–240; James, Barbarians (s. Anm. 52), 59–61; Kulikowski, Gothic Wars (s. Anm. 52), 171–173; Pohl, Völkerwanderung (s. Anm. 52), 55–56. Vgl. auch oben Anm. 3.

rungen von zu erwartenden Höllenstrafen. Die furchtbaren Verwüstungen seiner Heimat in den Jahren seit 407 haben ihn offenbar sehr erschüttert:

> This brief life which we now enjoy has nothing long about it, although it is passed in a long revolution of days. All things, weary, look to the aging end, and already the hour of the last day is passing. See how rapidly death has oppressed the whole world and how many peoples the violence of war has stricken down. Neither the wild tracts of dense woods or of lofty mountains, nor the rivers strong in their swift rapids, nor natural fortifications, nor cities protected by walls, nor the pathless sea, nor dismal wastes, nor holes, nor caverns under forbidden cliffs avail to frustrate the barbarian hordes.[58]

Den Leichenzug der dahinsinkenden Welt habe er gesehen. Und die Barbaren seien kriegerische Horden, die ganze Landstriche verwüsteten. Orientius von Auch bezieht die Situation auf das kommende Ende der Welt. Angesichts dieses baldigen Endes der Welt malt er sein Gemälde des *memento moriendum*: Das Leben ist vergänglich, und über das Leiden der Gegenwart könne nur die Hoffnung auf die Ewigkeit hinwegtrösten.[59]

Das ausbleibende Eintreffen der Endzeit ließ die eschatologische Deutung verebben. Es gab aber auch bereits zeitgenössische Autoren, die dem kritisch ge-

---

58 Orientius, *Commonitorium* 2,161–172 (M.D. Tobin, Orientii Commonitorium. A Commentary with an Introduction and Translation [PatSt 74], Washington 1945, 92–95): *nil habet haec longum, longo licet acta rotatu, quo nunc perfruimur tempore, vita brevis. lassa senescentem respectant omnia finem et iam postremo volvitur hora die. respice quam raptim totum mors presserit orbem, quantos vis belli perculerit populos. non densi nemoris, celsi non aspera montis, flumina non rapidis fortia gurgitibus, non castella locis, non tutae moenibus urbes, invia non pelago, tristia non heremo, non cava, non etiam tetricis sub rupibus antra, ludere barbaricas praevaluere manus.*

59 Vgl. auch den Brief eines unbekannten, wohl nordafrikanischen Bischofs Maximus an Theophil von Alexandrien (PLS 1, 1092–1095), der drastisch die Lage der „Barbareneinfälle" schildert, um den alexandrinischen Bischof davon zu überzeugen, eine Gruppe gallischer Nonnen bei sich aufzunehmen, die er zu evakuieren beabsichtigt (Courcelle, Histoire littéraire [s. Anm. 57], 62–64). Exemplarisch ist auch Eucherius von Lyon: Der um 380 geborene gallische Aristokrat schloss sich im Jahr 410 mit seiner Familie der asketischen Gemeinschaft von Lérins an und fordert in seinem Traktat „Über die Verachtung der Welt" (De contemptu mundi) einen Verwandten ebenfalls zur Abkehr von der Welt auf; angesichts des Vordringens der Barbaren und des bevorstehenden Endes der Welt könne das Heil nur in Abgeschiedenheit und Askese gefunden werden. Ein anderer Zeuge aus Nordafrika ist Quodvultdeus von Karthago († 453 n.Chr.; s. Anm. 54): Er beschreibt in seinem Werk De promissionibus den Verfall Roms apokalyptisch als Wehen der Endzeit und Hinweis auf das Kommen des Antichristen. Vgl. insgesamt S. Rebenich, Christian Asceticism and Barbarian Incursion. The Making of a Christian Catastrophe, Journal of Late Antiquity 2 (2009), 49–59; Van Slyke, End of the Empire (s. Anm. 49), 85–102.

genüberstanden, allen voran Augustinus und auch Orosius, der von Augustinus beauftragt worden war, ein dementsprechendes Geschichtswerk als Gegenbeweis zu verfassen.[60] Bei ihnen steht das folgende Erklärungsmuster im Vordergrund.

3.3 Göttliche Strafe?

Stilicho, der Heermeister des Westens, wollte die schon erwähnten Westgoten unter Alarich I. ins bedrohte Gallien schicken, wurde jedoch 408 gestürzt und hingerichtet. Die übermächtigen Truppen[61] von Alarich standen nun in Italien. Alarich forderte für sich einen höheren Rang in der römischen Militärhierarchie und für die Westgoten bessere Lebensbedingungen, also dauerhafte Dienstverhältnisse für seine Anhänger und Nahrung, Land und Sicherheitsgarantien für die Frauen und Kinder. Als ihm nichts zugesagt wurde, zog er schon 408 nach Rom, doch die Stadt konnte sich mit einem üppigen Lösegeld freikaufen. Alarich versuchte auf mehreren Wegen, seine Forderungen durchzusetzen, einmal mit Hilfe des römischen Senats, einmal durch Ernennung eines Gegenkaisers. Nachdem aber immer wieder Verhandlungen mit dem in Ravenna verschanzten Kaiser Honorius scheiterten, zogen die Goten 410 ein viertes Mal vor Rom und diesmal plünderten sie die Stadt. Der Schock über dieses Ereignis muss außerordentlich groß gewesen sein. Noch im fernen Betlehem klagte der gelehrte Hieronymus in seinem Prolog zum Kommentar des Buches Ezechiel: „Der Welt strahlendstes Licht ist ausgelöscht! Dem Römischen Reich ist sein Haupt abgeschlagen! In einer Stadt ist der ganze Erdkreis zugrunde gegangen!"[62]

---

60 Zu Orosius vgl. A.T. Fear, Orosius. Seven Books of History against the Pagans (Translated Texts for Historians 54), Liverpool 2010, 1–6; P. van Nuffelen, Orosius and the Rhetoric of History (OECS), Oxford 2012, 26–30; J. Vilella, Biografía crítica de Orosio, JAC 43 (2000), 94–121.

61 Die Enthauptung Stilichos war die Folge einer Intrige und Opposition am Kaiserhof, die Stilichos Politik als zu „barbarenfreundlich" kritisierte; seine Enthauptung hatte auch eine „antibarbarische" Reaktion zur Folge, besonders gegen Familien der Barbaren, die in der Armee dienten (vor allem Ehemalige der besiegten Goten unter Radgasius). Das hatte zur Folge, dass sich viele nun Alarich anschlossen und seine Truppen deutlich verstärkt wurden. Vgl. Giese, Goten (s. Anm. 52), 30–32; Halsall, Barbarian Migrations (s. Anm. 52), 194–214; Heather, Untergang (s. Anm. 6), 255–264; James, Barbarians (s. Anm. 52), 55–56; Kulikowski, Gothic Wars (s. Anm. 52), 163–173; Pohl, Völkerwanderung (s. Anm. 52), 55–56, und I. Hughes, Stilicho. The Vandal Who Saved Rome, Barnsley 2010.

62 Hieronymus, comm. in Ez., Prol. (CChr.SL 75, 3,12–14 Glorie): *Postquam uero clarissimum terrarum omnium lumen extinctum est, immo romani imperii truncatum caput et [...] in una urbe totus orbis interiit* [...] (es folgt Ps 38,3–4). Vgl. Giese, Goten (s. Anm. 52), 32–36; Halsall, Barbarian Migrations (s. Anm. 52), 214–217; Heather, Untergang (s. Anm. 6), 264–274; James, Barbarians (s. Anm. 52), 55–63; Kulikowski, Gothic Wars (s. Anm. 52), 154–177; Pohl, Völkerwanderung (s. Anm. 52), 56–58.

Um für dieses einschneidende Ereignis eine Erklärung zu finden, warfen Nicht-Christen bekanntlich den Christen vor, sie wären schuld am Einfall der Goten, da sie den römischen Kultbetrieb nicht weiter gepflegt bzw. sogar verboten hätten, sodass der Schutz der Götter verloren sei. Vor allem Augustinus wehrt in Predigten, Briefen[63] und in seinem großen Werk De civitate Dei[64] diesen Vorwurf ab, denn Rom habe durchaus bereits noch schlechtere Zeiten erlebt. Es sei im Gegenteil eine Zeit der Prüfung und Züchtigung durch den Gott der Christen.[65]

Ein anderer Autor, der ähnlich argumentiert und vornehmlich soziale Missstände im Römischen Reich anprangert, ist Salvian von Marseille (um 400–480) in seiner Schrift De gubernatione Dei:[66] Barbaren seien bessere Menschen als die korrupten, geldgierigen, dekadenten Römer, die Gott zu Recht nun bestrafe.

---

63 Augustinus, ep. 99; 111; 127; 138; serm. 81; 105; 296 und De excidio urbis Romae.

64 Vgl. zu diesem Werk G.J.P. O'Daly, Art. Ciuitate dei (De -), in: AugL 1 (1986), 969–1010; ferner Ch. Horn (Hg.), Augustinus. De civitate dei (Klassiker Auslegen 11), Berlin 1997; Ch. Müller, Von Unheil und Heil. Geschichten und Geschichte bei Augustinus von Hippo, in: M. Delgado/V. Leppin (Hg.), Gott in der Geschichte. Zum Ringen um das Verständnis von Heil und Unheil in der Geschichte des Christentums (Studien zur christlichen Religions- und Kulturgeschichte 18), Fribourg 2013, 99–115; J. van Oort, De civitate dei (Über den Gottesstaat), in: V.H. Drecoll (Hg.), Augustin Handbuch, Tübingen 2007, 347–363.

65 Augustinus verweigert sich apokalyptischen Endzeitszenarien auch in ep. 197–199 an Hesychius: Schon mehrmals habe das Römische Reich Krisenzeiten erlebt, und der Untergang einer Stadt bedeute noch nicht den Untergang des Reiches. Vgl. zu Augustinus W.H.C. Frend, Augustine's Reactions to the Barbarian Invasions of the West, 407–417. Some Comparisons with His Western Contemporaries, Augustinus 39 (1994), 241–255; Ch. Horn, Geschichtsdarstellung, Geschichtsphilosophie und Geschichtsbewußtsein (Buch XII 10–XVIII), in: ders., Augustinus (s. Anm. 64), 171–193; Ch. Müller, Geschichtsbewusstsein bei Augustinus. Ontologische, anthropologische und universalgeschichtlich-heilsgeschichtliche Elemente einer augustinischen „Geschichtstheorie" (Classiciacum 39,2/Res et signa 2), Würzburg 1993; M.R. Salzman, Christian Sermons against Pagans. The Evidence from Augustine's Sermons on the New Year and on the Sack of Rome in 410, in: M. Maas (Hg.), The Cambridge Companion to the Age of Attila (Cambridge Companions to the Ancient World), Cambridge 2015, 344–357; H. Schlange-Schöningen, Augustinus und der Fall Roms. Theodizee und Geschichtsschreibung, in: A. Goltz/H. Leppin/H. Schlange-Schöningen (Hg.), Jenseits der Grenzen. Beiträge zur spätantiken und frühmittelalterlichen Geschichtsschreibung (Millennium Studien 25), Berlin 2009, 135–152; J. Straub, Christliche Geschichtsapologetik in der Krisis des Römischen Reiches, Historia 1 (1950), 52–81 (wieder in: ders., Regeneratio imperii. Aufsätze über Roms Kaisertum und Reich im Spiegel der heidnischen und christlichen Publizistik, Bd. 1, Darmstadt 1972, 240–270); ders., Die geschichtliche Stunde des hl. Augustinus. Heilsgeschehen und Weltgeschichte in dem „Gottesstaate", CDios 167 (1954), 571–587; O. Zwierlein, Der Fall Roms im Spiegel der Kirchenväter, ZPE 32 (1978), 45–80.

66 D. Lambert, The Uses of Decay. History in Salvian's De gubernatione dei, AugStud 30,2 (1999), 115–130; A. Schäfer, Römer und Germanen bei Salvian, Breslau 1930; J. Badewien, Geschichtstheologie und Sozialkritik im Werk Salvians von Marseille (FKDG 32), Göttingen 1980; H.-J. Diesner, Zwi-

3.4 Missionsaufgabe?

Der neue Heermeister des Westens nach Stilicho wurde Flavius Constantius, der sogleich 411 den Usurpator Konstantin in Gallien besiegte. Die Goten wiederum zogen nach der Plünderung Roms zunächst in den Süden Italiens, wo jedoch ein Übersetzen nach Sizilien (Ziel war wohl die Kornkammer Nordafrika) misslang und Alarich starb. Sein Schwager Athaulf führte nun die Goten an und ließ sie 411 nach Gallien einmarschieren, wo sie sich nach einigen Kämpfen bei Narbonne niederließen. Um seine politischen Ansprüche zu signalisieren, heiratete Athaulf Galla Placidia, die Schwester von Kaiser Honorius, die seit der Plünderung Roms als Geisel bei den Goten war. Aber als der Thronfolger bald nach seiner Geburt starb und Athaulf einem inneren Putsch der Goten zum Opfer fiel, handelte ein Nachfolger einen ersten Friedensvertrag mit Kaiser Honorius gegen Auslieferung der Witwe Galla Placidia aus. Zwischen 416 und 418 kämpften so die Goten auf der Seite West-Roms gegen die Vandalen und Sueben in Spanien, und 418 bekamen die Goten offiziell in Aquitanien im Tal der Garonne und einigen Städten ringsum Siedlungsgebiet zugewiesen. Damit begann ein neuer Abschnitt der gotischen Geschichte und es entstand daraus bald das gotische Königreich von Toulouse.[67]

Aus Aquitanien stammt auch Prosper († nach 455), der zunächst den Weg der klösterlichen Askese in Marseille einschlug, später aber nach Rom ging und Mitarbeiter der päpstlichen Kanzlei unter Leo I. wurde (440–461). Er ist bekannt als Verehrer von Augustinus, der den Bischof von Hippo über pelagianische Irrtümer in Gallien informierte und damit den sogenannten semipelagianischen Streit um Gnade und Prädestination eröffnete.[68] Zwar finden sich in seinen Schriften durchaus Stellen, in denen die Gegenwart eschatologisch gedeutet wird, doch zeigen sich

---

schen Antike und Mittelalter. Salvian von Massilia als Historiker und Geschichtsdenker (1954), in: ders., Kirche und Staat im spätrömischen Reich. Aufsätze zur Spätantike und zur Geschichte der alten Kirche, Berlin 1963, 149–154; E. Maass, Zum Germanenbild des Salvianus von Massilia, Altertum 30 (1984), 54–56; J. Blänsdorf, Salvian über Gallien und Karthago. Zu Realismus und Rhetorik in der spätantiken Literatur, in: H.R. Drobner/C. Klock (Hg.), Studien zu Gregor von Nyssa und der christlichen Spätantike (SVigChr 12), Leiden 1990, 311–332.

67 Giese, Goten (s. Anm. 52), 37–627; James, Barbarians (s. Anm. 52), 61–63; Pohl, Völkerwanderung (s. Anm. 52), 58–69.

68 Gennadius, *De viris illustribus* 85. Augustinus schrieb daraufhin *De praedestinatione sanctorum* und *De dono perseverantiae*. Das eröffnete den Streit mit Cassian in Marseille und Vinzenz von Lérin. Aber Augustinus starb 430, Cassian 435. Vgl. U. Heil, Die Auseinandersetzungen um Augustin im Gallien des 5. Jahrhunderts (bis 529), in: Drecoll, Augustin Handbuch (s. Anm. 64), 558–564; A.Y. Hwang/B.J. Matz/A. Casiday (Hg.), Grace for Grace. The Debates after Augustine and Pelagius, Washington 2014.

in seinem Werk *De vocatione omnium gentium*[69] Ansätze einer anderen Einschätzung sowohl der Gegenwart als auch der „Barbaren". Erstmals gerät hier in den Blick, dass der Missionsbefehl nicht nur auf das Römische Reich bezogen ist: Für Prosper ist die Völkerwanderung von großer Bedeutung für die Ausbreitung des Christentums.

Neben den neuen politischen Umständen hat der semipelagianische Streit Prosper zu diesen Überlegungen geführt. Das ist an der zentralen Schriftstelle erkennbar, die Prosper seinem Werk voranstellt: „Gott will, dass alle Menschen gerettet werden" (1 Tim 2,4). Auf diese Schriftstelle hatten sich die Kritiker von Augustinus' Lehre der göttlichen Verwerfung eines Teils der Menschen berufen, um den unbedingten universalen Heilswillen Gottes für alle zu belegen. Augustinus dagegen hatte „alle Menschen" aus 1 Tim 2,4 auf alle Erwählten bezogen und auch Prosper hatte Augustinus in früheren Schriften entsprechend verteidigt.[70] Jetzt dagegen stellt Prosper in seiner Spätschrift diesen Vers voran und beginnt im Unterschied zum späten Augustinus nicht mit der doppelten Prädestination. Werde jemand erlöst, so Prosper, dann geschehe das aufgrund von Gottes Gnade, werde jemand verworfen, so aufgrund seiner eigenen Schuld. Die Tiefen der Entscheidungen Gottes seien aber für Menschen unergründlich (Buch 1). Den bleibenden Widerspruch, warum Gott nicht allen Menschen die heilsame Gnade verleihe, wenn er doch alle erlösen wolle, versucht er in Buch 2 heilsgeschichtlich aufzulösen.

Er beginnt mit dem Missionsbefehl aus Mt 28,19 und betont, dass „alle" wirklich alle meine – ohne Unterschied und ohne Rücksicht auf Geburt, Herkunft oder sozialen Status (*De vocatione omnium gentium* 2,2–4). Die Geschichte von Noah über Abraham bis Christus zeige, dass Gott hier schrittweise vorgehe und auch seit dem Kommen Christi zunächst die Samaritaner und die Heiden noch nicht mit einbezogen habe. Warum jedoch Gott seinen Ruf vertagt habe, könne der Mensch nicht wissen. Auch gebe Gott Anteil an seiner besonderen Gnade je unterschiedlich nach

---

69 Die Autorschaft ist durchaus umstritten, aber mit der Edition von R. J. Teske/D. Weber (Hg.), Prosper. De vocatione omnium gentium (CSEL 97), Wien 2009, 32–33, doch für Prosper vorläufig entschieden. Vgl. D. Weber, Autorenvarianten in Prospers „De vocatione omnium gentium"? Einige methodische Überlegungen, Aug. 50 (2010), 567–573.

70 J. Turmel, Histoire de l'interprétation de I Tim II, 4, RHLR 5 (1900), 385–415; A.Y. Hwang, Augustine's Interpretation of 1 Tim. 2:4 in the Context of His Developing Views of Grace (StPatr 43), Leuven 2006, 137–142. Vgl. Augustinus, Enchiridion de fide, spe et caritate 103,27; Contra Iulianum 4,8,42–43; ep. 217,6,19; De correptione et gratia 14,44; De praedestinatione sanctorum 8,23. Vgl. Prosper, ep. ad Rufinum 13,14; Pro Augustino responsiones ad excerpta Genuensium 2,8. Vgl. Johannes Cassian, Conlationes 13; 9,20,1. Augustinus sagt auch, der Vers belege, dass keiner erlöst werde, solange es Gott nicht wolle.

seinem Heilsplan – aber eben nicht je nach menschlicher Vorleistung. „Und bis heute", so Prosper, „gibt es in den fernliegenden Teilen der Welt Völker, die noch nicht das Licht der Gnade des Erlösers gesehen haben. Aber wir haben keinen Zweifel, dass in Gottes verborgenem Ratschluss auch für sie eine Zeit der Berufung festgelegt wurde, in der sie das Evangelium hören und annehmen werden, was momentan noch unbekannt für sie ist" (2,32).[71] Das Evangelium habe schon jetzt nicht an den Grenzen des Römischen Reichs haltgemacht. In seiner Gegenwart habe die frohe Botschaft nämlich bereits mehr Menschen erreicht als je zuvor. Auch die Barbaren, die Völker jenseits des Römischen Reichs, geraten nun ins Blickfeld und auch für sie gelte also der Vers: „Gott will, dass alle Menschen gerettet werden" (1 Tim 2,4). Vor seinen zusammenfassenden Schlussbemerkungen schreibt Prosper (2,53–55):

> Aus jedem Volk, aus jedem Stand werden täglich Tausende von Greisen, Tausende von Jünglingen, Tausende von Kindern aufgenommen; noch mehr, gerade die Waffen, welche die Welt aufreiben, dienen dem Erfolg der christlichen Gnade. (2,53)[72]

Die kriegerische Zeit und die Umwälzungen durch die Völkerwanderung seien kein sinnloses Rauben und Morden, sondern dienten letztlich der Ausbreitung des Christentums.

Hier wird nebenbei in einem Werk zum Semipelagianismus ein neuer Blick auf die Völkerwanderung sichtbar. Sie wird nicht mehr primär als eine Gefahr für die Kirche gesehen, schon gar nicht mehr als der Beginn des Endes der Welt – zumal die weltweite Mission, eine wesentliche Voraussetzung für das Eschaton (Mk 13,10; Röm 11,25), noch nicht realisiert ist. Die Völkerwanderung ist also nach Prosper erstens eine große Chance für die Mission und Ausbreitung des Christentums jenseits der ehemaligen Grenzen des Römischen Reichs und andererseits ein Teil des göttlichen Heilsplanes. Für Prosper erweist sich hier die Richtigkeit seiner Gnadenlehre: Menschen, die sonst nie und schon gar nicht freiwillig Christen geworden wären, führe die Gnade Gottes nun dem Heil zu. Nichts könne also Gottes Gnade widerstehen (*Ita nihil obsistere divinae gratiae potest*[73]). Dass damit eine pro-

---

71 [...] *ita etiam nunc in extremis mundi partibus sunt aliquae nationes quibus nondum gratia salvatoris illuxit, non ambigimus etiam circa illas occulto iudicio dei tempus vocationis esse dispositum, quo evangelium quod non audierunt audiant atque suscipiant* (CSEL 97, 171,2–6 Teske/Weber).

72 *Ex omni gente, ex omni condicione adoptantur cotidie milia senum, milia iuvenum, milia parvulorum, et effectibus gratiae Christianae etiam ipsa quibus mundus atteritur arma famulantur* (CSEL 97, 193,10–12 Teske/Weber).

73 Prosper, *De vocatione omnium gentium* 2,54 (CSEL 97, 193,10–11 Teske/Weber).

blematische Verbindung zwischen Krieg und Mission gezogen wird, steht außer Zweifel![74]

4 Schlusswort

Aus dem vorhergehenden Abschnitt wird deutlich, dass Christen die Umbrüche im 5. Jahrhundert zunächst als eine Krise und Umbruchszeit wahrgenommen haben. Ob die damalige Krise jedoch mit der heutigen Zeit vergleichbar ist, steht auf einem anderen Blatt.

Die Kirche hat sich damals bald in die neuen Verhältnisse eingefunden und eine Form von landeskirchlichen Strukturen parallel zu den gentilen Nachfolgereichen ausgebildet. Den Konventionen entsprechend grüßen beispielsweise die 35 „katholischen" Bischöfe der westgotischen Synode in Agde im Jahr 506 devot den („arianischen"!) König Alarich II., wünschen ihm ein langes Leben und gelingende Herrschaft und bedanken sich für die Erlaubnis, sich auf einer Synode zu versammeln. Inzwischen waren jedoch seit der Plünderung Roms durch die Westgoten unter Alarich I. beinahe 100 Jahre vergangen. Ein paar Monate später war allerdings auch das schon wieder Geschichte, als die aufstrebenden Merowinger in Gallien unter Chlodwig die Westgoten besiegten und in das Gebiet des heutigen Spanien verdrängten.

---

[74] Avitus von Vienne, Bischof im Reich der Burgunder, fordert schließlich um 500 n.Chr. vergleichbar wie Prosper den gerade katholisch getauften Frankenherrscher Chlodwig auf, ein militärisches und missionarisches Engagement auf andere Heidenvölker zu richten: Avitus, *ep. 46* (MGH.AA 6,2, 76,8–14 Peiper): *Vnum est, quod velimus augeri: ut, quia deus gentem vestram per vos ex toto suam faciet, ulterioribus quoque gentibus, quas in naturali adhuc ignorantia constitutas nulla pravorum dogmatum germina corruperunt, de bono thesauro vestri cordis fidei semina porrigatis. nec pudeat pigeatque etiam directis in rem legationibus adstruere partes dei, qui tantum vestras erexit. Quatenus externi quique populi paganorum pro religionis vobis primitus imperio servituri, dum adhuc aliam videntu habere proprietatem, discernantur potius gente quam principe* [...]. („Nur eines wünschten wir vermehrt: Wenn nun Gott Eurem Stamm durch Euch ganz und gar zu dem Seinen machen wird, so streut aus dem reichen Schatz Eures Herzens die Glaubenssaat auch unter die ferner wohnenden Stämme, die bisher in natürlicher Unwissenheit leben und nicht durch Keime von Irrlehren verdorben sind. Frisch und ohne Scheu vertretet, auch durch eigens entsendete Botschafter, die Sache Gottes, der die Eure so hoch erhöht hat. Auf dass all die Heidenvölker draußen vorerst um des christlichen Glaubens willen Euch dienen und, während sie noch getrenntes Eigentum zu behalten scheinen, doch eher dem Stamme als dem Herrscher nach geschieden seien.") Vgl. dazu U. Heil, Chlodwig, ein christlicher Herrscher. Ansichten des Bischofs Avitus von Vienne, in: M. Meier/S. Patzold (Hg.), Chlodwigs Welt. Organisation von Herrschaft um 500 (Roma Aeterna. Beiträge zu Spätantike und Frühmittelalter 3), Stuttgart 2014, 67–90.

Eine für heutige Leser problematische heilsgeschichtliche Deutung bestimmte den Blickwinkel der christlichen „Zeitzeugen" auf ihre Zeit, der zudem von einer Barbaren-Topik und einer Rom-Ideologie durchsetzt war. Derartige Klischees in säkularisierter Form in der Gegenwart fortzuschreiben, schärft weder den Blick auf die Vergangenheit noch hilft es zur Deutung der Probleme der Gegenwart. Der Blick auf die „Zeitzeugen" zeigt jedoch, wie sehr sich die Reaktionen auf Krisenzeiten strukturell gleichen: Feindbilder werden aktualisiert, Untergangsszenarien entworfen und einseitige Schuldzuweisungen formuliert.

Es ist auffallend, dass besonders die Zeit der „Völkerwanderung" in der jüngeren Vergangenheit mehrfach und konträr herangezogen wurde, entweder in der Gegenwart als Negativfolie oder im 19. Jahrhundert als positiver Bezugspunkt. Das allein genügt schon als Hinweis darauf, dass direkte Bezüge zwischen dieser Vergangenheit und unserer Gegenwart kritisch zu betrachten sind. Die veränderte Perspektive heute beruht zudem nicht auf neueren Forschungsergebnissen der letzten Jahrzehnte, sondern auf einer problematischen Gleichsetzung des Römischen Reichs mit dem gegenwärtigen Europa. Es wäre zu begrüßen, wenn historische Beispiele nicht dazu herangezogen würden, um mit plakativen Bildern die gegenwärtige Krise und Diskussion darüber zu verschärfen, sondern um eine wachsame Gelassenheit zu fördern.

Zusammenfassung

Die „Völkerwanderung" bzw. die Migrationsbewegungen des 4. bis 7. Jahrhunderts sind angesichts der sogenannten „Flüchtlingskrise" in das aktuelle Tagesgespräch eingedrungen. Warum werden jedoch welche Vergleiche mit der Vergangenheit wie gezogen? Der Aufsatz bietet (1) eine kleine Presseschau, (2) frühere Deutungen und Aktualisierungen der Völkerwanderung im 19. und beginnenden 20. Jahrhundert sowie (3) Beispiele für Sichtweisen der damaligen Zeitgenossen im 5. und 6. Jahrhundert auf die „Völkerwanderung".

The "Völkerwanderung" or migration period has penetrated the current debate about the so-called "refugee crisis". Why, however, are these comparisons with the past drawn and in which manner? The article provides (1) a short press review, (2) earlier interpretations and updates of the migration period in the 19th and early 20th century and (3) examples of views of the contemporaries in the 5th and 6th centuries of the developments.

Josef Pilvousek

„Kirche, die aus dem Osten kam"
Migrationen, Integrationen, Fremdheitserfahrungen und Katholizismus in der SBZ/DDR

Die katholische Kirche in den neuen Ländern ist eine Glaubensgemeinschaft, die im Wesentlichen durch Flucht und Vertreibung aus dem Osten und Südosten des ehemaligen Deutschen Reiches entstanden ist. Migrationen – hier definiert als dauerhafte Wohnortwechsel von Menschen – sind bis heute konstitutiv.

Erstaunt nehme ich immer wieder zur Kenntnis, wie wenig über diese katholische Kirche in der DDR bekannt ist. Das liegt nicht nur daran, dass über diese im Vergleich zu den evangelischen Kirchen kleine Kirche zu wenig geschrieben worden ist. Die Liste der Publikationen über diese Thematik ist beachtlich![1] Vieles ließe sich nennen, was dieses „Defizit" rechtfertigen könnte, so beispielsweise die geringen Quantitäten, die personellen Engpässe und die mehrfache Diasporasituation mit ihren theologischen und pastoralen Konsequenzen. Im Folgenden soll der Versuch unternommen werden, überblicksartig Entstehungsprozesse dieser Kirche und Fremdheitserfahrungen ihrer Mitglieder darzustellen und Anfänge einer historischen Aufarbeitung zu benennen, um Verstehen zu ermöglichen. Die Migrationsbewegungen am Ende des Zweiten Weltkrieges aus dem „Osten" und die Fluchtbewegungen in die Bundesrepublik Deutschland bis 1961 sind notwendiger Verstehenshorizont.

1 Historische Aufarbeitung „Ost"

Erste Überlegungen, wie eine Aufarbeitung der Geschichte der katholischen Kirche in der DDR ablaufen kann und welche Akzente zu setzen sind, wurden bereits wenige Tage nach dem Mauerfall im November 1989 angestellt. Legendär wurde dann eine Tagung vom 6. bis 8. Juli 1990 im Bildungshaus St. Ursula in Erfurt, zu der der Erfurter Bischof Joachim Wanke eingeladen hatte. Angereist waren Mit-

---

1 Vgl. J. Pilvousek, Zum Stand zeitgeschichtlicher Katholizismusforschung in den Neuen Ländern, ThRv 110 (2014), 3–20.

glieder der Kommission für Zeitgeschichte,[2] Bonn, und Teilnehmer, vor allem historisch Interessierte, aus den Bistümern und Jurisdiktionsbezirken der DDR.[3] Die als „Ingang-Bringen der kirchlichen Zeitgeschichte in der DDR" geplante Tagung war in den Ergebnissen durchaus programmatisch, atmosphärisch aber äußerst schwierig. Unverständnis gegenüber westdeutschen Fragestellungen und eine sicher ungewollt zur Schau gestellte gelehrte Überheblichkeit einiger Mitglieder der Kommission für Zeitgeschichte schürten bei den Teilnehmern aus der DDR Vorbehalte für eine künftige Zusammenarbeit. Mein alter, hochverehrter Lehrer Erich Kleineidam erklärte denn auch gleich nach der Zusammenkunft, er werde zu einer eventuellen zweiten Besprechung nicht mehr erscheinen.

Rückblickend hatte Konrad Repgen in seinem Protokoll formuliert: dass „Unterschiede zwischen der jüngsten Geschichte und der heutigen Situation der Kirche in der Bundesrepublik und in der DDR sehr deutlich wurden."[4] In einem zweiten Protokoll wurde ausführlicher festgehalten: Die Thematik bestand darin, „bevorstehende Kontroversen über Grundfragen kirchlicher Zeitgeschichte in der DDR aufarbeiten zu helfen. Von dieser sehr allgemeinen Zielstellung, von der beide Seiten nicht genau wußten, was gemeint war, konnte man kaum große Ergebnisse erwarten. Ohne den Mitgliedern der Kommission mangelnde Kompetenz vorwerfen zu wollen, durfte man schon zu Beginn einige Fragen an das ‚Unternehmen' haben. Was sind die bevorstehenden Kontroversen, von wem gehen sie aus? Wen will man eigentlich für diese Kontroversen zurüsten, wenn man nicht weiß, welche Kontroversen kommen? Was sind überhaupt Grundfragen kirchlicher Zeitgeschichte im Raum der DDR, wo es diese ‚Sparte' bisher nicht gab?"[5] Protokollarisch wurden Zielstellungen definiert. Eine davon lautete: „Die Kommission für Zeitgeschichte kann und wird, soweit das erwünscht ist, [im Sinne des Vorerwähnten] Hilfestellung zu leisten suchen. Sie benötigt dafür zunächst und dringlich in jedem Jurisdiktionsbezirk einen verläßlichen Ansprechpartner."[6]

---

2   Dr. Klaus Gotto, Bonn; Prof. Dr. Günther Hockerts, München; Prof. Dr. Hans Maier, München; Prof. Rudolf Morsey, Speyer; Prof. Anton Rauscher SJ, Augsburg/Mönchengladbach; Prof. Dr. Konrad Repgen, Bonn.

3   Bischof Dr. Joachim Wanke, Erfurt; Dozent Dr. Gerhard Feige, Erfurt; Geistlicher Rat Dr. Josef Gülden, Leipzig; Prof. Dr. Konrad Hartelt, Erfurt; Prof. Dr. Erich Kleineidam, Erfurt; Frau Dr. Renate Krüger, Schwerin; Pfarrer Heinrich Meier, Chemnitz; Dozent Dr. Josef Pilvousek, Erfurt; Pfarrer Dr. Franz Schrader, Magdeburg.

4   Forschungsstelle für kirchliche Zeitgeschichte (FKZG), Sammlung BOK/BBK (P) VII, AG Bischöfe-Region Ost, 1991–1994, Vermerk K. Repgen, 31.7.1990.

5   Privatarchiv J. Pilvousek, Kommission für Zeitgeschichte (KFZG) 1989–1995, Eindrücke von der Begegnung zwischen Mitgliedern der Kommission für Zeitgeschichte, 20.8.1990.

6   S. Anm. 4.

Diese Ansprechpartner hat es im gewünschten Sinn nie gegeben. Manche Hoffnungen auf eine Kooperation mit Mitgliedern der Kommission hinsichtlich einer
Aufarbeitung der Geschichte der katholischen Kirche in der DDR sind gescheitert
und zu einer Hilfestellung der Kommission als ganzer ist es nicht gekommen,
wohl aber zur Zusammenarbeit mit einzelnen Mitgliedern.

Seit 1990 hatte ich auftragsgemäß manchen Streit vor allem um die Hinterlas-
senschaften der Berliner Bischofskonferenz zu führen. Der Blick der meisten an
der DDR interessierten zumeist jungen Forscher aus dem Umfeld der Kommission
für Zeitgeschichte war auf das im Entstehen befindliche Archiv der ostdeutschen
Bischöfe und seine unkomplizierte Nutzung gerichtet, um möglichst schnell,
vor allen anderen, an Quellen zu kommen. Die Aussicht, damit die Deutehoheit
zu erlangen, schien realistisch. Eine Archivordnung war noch nicht erstellt und
mir war vonseiten der Bischöfe die wenig dankbare Aufgabe zugedacht, das pro-
visorische Archiv in Berlin zu schließen und ein neues in Erfurt aufzubauen, was
schließlich 1994 gelang. Besonders bei diesem heiklen Thema wünschte ich mir
Gefährten, denn die Zahl der Bedenkenträger für oder gegen ein Archiv der ostdeutschen Bischöfe schien täglich zu wachsen.

Welche Themen müssten im Fokus einer Bearbeitung stehen, welchen Fragen
müsste nachgegangen werden, um den ostdeutschen Katholizismus und seine
aus den Migrationsprozessen resultierenden Mentalitäten zu erklären und eine
Geschichte kirchlicher Wiedervereinigung – die Jurisdiktionsgebiete bzw. die Bistümer waren geteilt – schreiben zu können? Das Bearbeitungsfeld soll zunächst
kursorisch abgesteckt werden.

2 Mängel und Ausfälle

Natürlich hat es bei der sogenannten Aufarbeitung der Kirchengeschichte der
katholischen Kirche in der DDR Ansätze und Erklärungsversuche gegeben, die
wegen ihrer Undifferenziertheit und aufgrund ihrer apodiktischen Urteile zum
Widerspruch reizen.

Die Historisierung der Ereignisse der Jahre 1989/1990 hat längst begonnen. Das
ist gut so, denn auch die Legendenbildungen haben bereits eingesetzt. Gerade im
Hinblick auf die sogenannte „Wende" wird die „Mutlosigkeit" der Katholiken im
Vergleich mit den evangelischen Schwesterkirchen thematisiert. Ohne sich an dieser Diskussion beteiligen zu wollen, bleibt festzuhalten, dass die katholische Kirche und ihre Akteure insgesamt dabei schlecht wegkommen. Neuere Forschungen
bestätigen zwar diese Aussagen grundsätzlich, zeigen aber auch, dass die Rolle der

katholischen Kirche bei der friedlichen Revolution keineswegs so gering war, dass sie marginalisiert werden dürfte. Und manche dieser Vorwürfe sind schlichtweg falsch! Vor allem da, wo eine Ökumene *in politicis* gelebt wurde, wo man also auf vorwiegend regionaler Ebene eine konfessionsübergreifende gesellschaftspolitische Zusammenarbeit der Christen praktizierte, ist kein Unterschied zwischen evangelischen und katholischen Akteuren auszumachen.[7]

Natürlich gibt es auch Versuche, den Katholizismus in der DDR einfach und griffig zu beschreiben. Dabei setzte man auf den Begriff der Parallelgesellschaft. Dieser Begriff beschreibt die Selbstorganisation einer gesellschaftlichen Minderheit, die Regeln und Moralvorstellungen der Mehrheitsgesellschaft ablehnt. Der Begriff überschneidet sich in seinem Bedeutungsinhalt mit Gegenkultur und Subkultur bzw. Subgesellschaft. Seine Anwendung auf die katholische Kirche in der DDR führt dann zu Interpretationen, wonach Katholiken Regeln und Moralvorstellungen der Mehrheitsgesellschaft strikt abgelehnt, als Minderheit gelebt und sich deshalb von gesellschaftlichen Aktivitäten wie Protesten, Demonstrationen etc. ferngehalten hätten. Die von den Bischöfen geforderte Zurückhaltung und politische Abstinenz sei daher letztlich die Konsequenz kirchlichen Lebens in der Parallelgesellschaft gewesen. Ob diese Beschreibung historisch zutreffend ist, scheint zweifelhaft, theologisch ist sie falsch. Die Absurdität eines solchen Erklärungsmodells wird dann offenkundig, wenn man die damit verbundenen theologischen Konsequenzen bedenkt: eine isolierte Kirche, die sich von den Menschen fernhält und deren Sorgen ihr letztendlich egal sind. Wenn es so gewesen wäre, dass die Kirche sich von Regeln und Moralvorstellungen der Mehrheitsgesellschaft strikt abgekehrt hätte, dann hätte sie tatsächlich nichts mehr mit der „Freude und Hoffnung, Trauer und Angst" der Menschen in der DDR zu tun gehabt. Sie hätte sich damit von ihrem Grundauftrag entfernt und, um es noch deutlicher zu sagen, sie wäre nicht mehr Kirche gewesen.

25 Jahre nach der Wiedervereinigung fragt man sich, wie es im Verhältnis des deutschen Katholizismus Ost und West aussieht? Oder anders gefragt: Ist das Zusammenleben, das Zusammenhandeln, das Gemeinsamglauben zwischen Ost und West ein Stück vorangekommen? Schon geraume Zeit ist es her, dass das Thema einer Tagung lautete „Der Katholizismus – Gesamtdeutsche Klammer in den Jahrzehnten der Teilung?"[8] Ist es zu einem Miteinander von Ost und West

---

7   J. Pilvousek, Kirche in der DDR. Rückschau auf die Erfahrungen, in: Katholische Akademie in
    Berlin e.V. (Hg.), 20 Jahre Mauerfall. Katholische Kirche und Friedliche Revolution – Lernschritte
    und Bewährungsproben. Eine Dokumentation, o.O. 2010, 4–17: 12–13.
8   U. von Hehl/H.G. Hockerts (Hg.), Der Katholizismus – gesamtdeutsche Klammer in den Jahr-
    zehnten der Teilung? Erinnerungen und Berichte, Paderborn 1996.

in kirchlichen Fragen gekommen, zu einem Gedanken- und Meinungsaustausch, zu theologischen Dialogen? Gibt es eine wiedervereinigte Seelsorge? Die Fragen sind m.E. noch lange nicht beantwortet. Der Appell meines früheren Kollegen und jetzigen Bischofs von Magdeburg, Gerhard Feige, darf sogar als eine Art Alarmruf gelten. Im Hinblick auf die jüngsten Bischofswechsel in Berlin formulierte er: „Bedauerlicherweise entsteht der Eindruck, ostdeutsche Bistümer seien inzwischen so etwas wie ein Verschiebebahnhof oder die Praktikumsstellen zur Qualifizierung für höhere Ämter. Angesichts der besonders schwierigen Situation der Katholiken in den neuen Bundesländern trägt dies eher noch zur weiteren Destabilisierung der kirchlichen Verhältnisse bei." Und Feige beendet sein Monitum: „Wir dürfen unsere Schafe nicht verlassen, erst recht nicht, wenn so vieles im Umbruch ist."[9]

3 „Kirche, die aus dem Osten kam"

Als einer meiner früheren Mitarbeiter in Südthüringen einen Vortrag über katholische Kirche und Katholizismus in der DDR hielt, wurde am nächsten Tag in der Lokalzeitung darüber berichtet. Der Journalist, der den Vortrag gehört hatte, titelte: „Kirche, die aus dem Osten kam". Der Vortrag beschäftigte sich mit Flucht und Vertreibung am Ende des Krieges und dem allmählichen Werden eines ostdeutschen Katholizismus. Mag der Berichterstatter auch nicht alle Einzelheiten verstanden haben, den Skopus der Thematik – eine Kirche, die durch Migrationen aus dem sogenannten Osten des Deutschen Reiches entstand – hatte er begriffen und exakt wiedergegeben. Ja, die katholische Kirche in der früheren DDR und in den Neuen Ländern ist eine Kirche, die quantitativ und qualitativ eng mit den Vertreibungen und Fluchtbewegungen aus dem Osten und Südosten des damaligen Deutschen Reiches am Ende des Krieges verbunden und nur auf diesem Hintergrund zu verstehen ist.

3.1 Von der „Flüchtlingskirche" zur katholischen Kirche in der DDR

Die katholische Kirche in der SBZ/DDR war durch die Fluchtbewegungen am Ende des Zweiten Weltkrieges bis zum Jahre 1949 von rund 1 Million Katholiken auf 2,7 Millionen angewachsen.[10] Viele Namen wurden den „Vertriebenen" vor al-

---

9   G. Feige, Ostdeutsche Bistümer eine Praktikumsstelle? http://www.bistum-magdeburg.de/ak-tuelles-termine/presse-archiv/archiv-2015/bischof-zu-koch-versetzung.html (Abruf Juli 2016).

10 Vgl. J. Pilvousek, Flüchtlinge, Flucht und die Frage des Bleibens. Überlegungen zu einem traditi-

lem in der SBZ/DDR gegeben, um das Vertreibungsgeschehen zu verharmlosen bzw. die nun zu den sogenannten sozialistischen Ländern gehörenden ehemaligen deutschen Ostgebiete ursächlich als Folge des faschistischen Krieges zu verstehen. Diese Begriffe werden im Folgenden synonym gebraucht,[11] wobei in der SBZ/DDR umgangssprachlich der Terminus „Flüchtlinge" überwog.

Folgende Zahlen geben den Zuwachs an Katholiken in der SBZ/DDR wieder (1943–45/1948–49):[12]

> Kommissariat Meiningen (Bistum Würzburg): 7.200/97.000
> Bischöfliches Amt Schwerin (Bistum Osnabrück): 29.977/303.000
> Bischöfliches Amt Magdeburg (Bistum Paderborn): 150.000/710.000
> Bistum Meißen: 209.000/731.000
> Bischöfliches Amt Erfurt (Bistum Fulda): 132.777/444.300
> Erzbischöfliches Amt Görlitz (Bistum Breslau): 52.433/102.700
> Bistum Berlin (Gesamtberlin): 500.000/695.000

Die Aufnahme der katholischen Flüchtlinge in den ihnen anfangs zugewiesenen Gebieten vollzog sich in unterschiedlicher Weise und oft unter großen Schwierigkeiten.

Dass sich in den ersten Jahren der SBZ kirchliche Flüchtlingshilfe nicht auf die Integration der Flüchtlinge richtete, sondern auf eine zeitlich begrenzte Auf-

---

onellen Problem der Katholiken im Osten Deutschlands, in: C.-P.März (Hg.), Die ganz alltägliche Freiheit. Christsein zwischen Traum und Wirklichkeit (EThSt 65), Leipzig 1993, 9–23: 10–14.

11 Zum Problem der korrekten Benennung vgl. T.W. Müller, Neue Heimat Eichsfeld? Flüchtlinge und Vertriebene in der katholischen Ankunftsgesellschaft, Duderstadt 2010, 13f.: „Bestimmte Bevölkerungsgruppen wurden während des Zweiten Weltkrieges evakuiert. Der Begriff ‚Evakuierter' bezeichnet diejenigen Personen, die durch Bombardierungen bedrohter Städte in ländliche Gebiete umgesiedelt wurden; [...]. Es gab Menschen, die noch während des Krieges vor der sowjetischen Armee geflüchtet waren und daher als ‚Flüchtlinge' bezeichnet wurden; es gab Personengruppen, die [...] vertrieben wurden und sich deshalb als ‚Vertriebene' definierten. Schließlich gab es Menschen, die nach harten Entrechtungserfahrungen in der bisherigen Heimat erst zwischen 1946 und 1950 zwangsdeportiert wurden, weshalb die Bezeichnung ‚Zwangsdeportierte' am ehesten auf sie zutrifft. In der SBZ dominierte [...] überwiegend der Begriff der ‚Flüchtlinge'. Von den Sowjets selbst wurde noch 1945 die verharmlosende Bezeichnung ‚Umsiedler' für den amtlichen Sprachgebrauch der SBZ verbindlich vorgeschrieben, den das SED-Regime der DDR schon 1950 zum ‚ehemaligen Umsiedler' verschärfte, um anzudeuten, dass das so bezeichnete Problem bereits so gut wie gelöst sei. Im Amtsdeutsch der Länder Thüringen und Sachsen florierte zusätzlich der Begriff des ‚Neubürgers', der jeden Bezug auf die Flucht oder verlorene Heimatgebiete ausblendete. Demgegenüber setzte sich in der Bundesrepublik der Terminus der ‚Vertriebenen' [...] durch."

12 Vgl. Pilvousek, Flüchtlinge (s. Anm. 10), 10–14.

nahme sowie „leibliche und seelsorgliche" Betreuung, ergab sich aus der weiter bestehenden Hoffnung, die Flüchtlinge könnten in ihre Heimat zurückkehren. Die einzige integrationsvorbereitende Maßnahme, die kirchlicherseits getroffen wurde, war, die Einheimischen zu bitten, Verständnis für die schwierige Situation der Flüchtlinge aufzubringen. Zum Teil schon während des Krieges und kurz danach war eine Fülle kirchlicher Hilfsorganisationen ins Leben gerufen worden, die zumeist ausschließlich die soziale Betreuung von Flüchtlingen jeder Art zum Ziel hatten. Vor allem die Caritas tat sich bei der Flüchtlingshilfe hervor. Bei aller materiellen und sozialen Hilfe sah die „Caritas-Flüchtlingshilfe" ihre Aufgabe aber auch darin, eine „psychologische Vorbereitung der Gläubigen auf eine echt christliche Aufnahme und Behandlung der Ostvertriebenen einschließlich Evakuierten und Ausgebombten" zu leisten.[13]

Eines der für diese Jahre übergroßen Probleme war der Priestermangel. Die Priester aus den deutschen Ostgebieten waren nur zu einem geringen Teil mit ihren Gemeinden umgesiedelt worden und hielten sich oft isoliert in Pfarreien auf, ohne von einer Diözese angestellt worden zu sein bzw. ohne Informationen über den für sie zuständigen Ordinarius loci. So wurden 1947 die „Rechte der Oberhirten über die aus Ostdeutschland vertriebenen Priester" formuliert.[14] Demnach wurde bestimmt, ob die Ordinarien des Erzbistums Breslau, des Bistums Ermland und der Freien Prälatur Schneidemühl berechtigt seien, die ihren Diözesen inkardinierten Priester, die infolge der Zeitverhältnisse innerhalb dieser Diözesen ein geistliches Amt nicht wahrnehmen konnten oder nicht wahrnahmen, zu verpflichten, in einer anderen Diözese Deutschlands ein geistliches Amt gemäß ihrer Weisung zu übernehmen.[15] Erwachsen war diese Bestimmung vor allem aus der Notwendigkeit, in den Diasporagebieten und Gebieten mit hoher Flüchtlingszahl die Seelsorge zu gewährleisten. Eine Sonderseelsorge für Heimatvertriebene war nicht vorgesehen; sie sollten von den bestehenden Pfarreien und ihren Seelsorgern erfasst und betreut werden.[16] Offensichtlich war zumindest bis

---

13 Historisches Archiv des Erzbistums Köln (HAEK), CR 25.20b, Brief Golombek an Frings, 23.12.1946.
14 Vgl. HAEK, Gen 23.23a, 8.
15 Vgl. J. Pilvousek, Katholische Flüchtlinge in der SBZ/DDR. Gottesdiensträume und Seelsorger als Grundlage kirchlicher Beheimatung, in: I. Garbe (Hg.), Kirche im Profanen. Studien zum Verhältnis von Profanität und Kirche im 20. Jahrhundert (FS Martin Onnasch), Frankfurt a.M. 2009, 333–350.
16 Pius XII. hatte am 24.6.1946 an den päpstlichen Beauftragen für Vertriebenenseelsorge Bischof Kaller geschrieben: „Es handelt sich um die Betreuung der katholischen Ostflüchtlinge. Nicht als ob eine quer über die deutschen Diözesen sich erstreckende Sonderseelsorge mit eigener Jurisdiktion für sie geschaffen werden sollte. Sie werden vielmehr am Ort Ihrer Unterkunft von der zuständigen Pfarrei und Diözese von selbst erfasst werden, und Wir hören zu Unserem großen

zum Jahr 1953 eine Integration[17] der Flüchtlinge in der SBZ/DDR nicht gelungen, was die große Fluchtbewegung zu belegen scheint. Für die ohnehin mittellosen, heimatlosen und zum Teil besitzlosen Flüchtlinge dürfte es, zusätzlich bedingt durch die immer stärker werdenden staatlichen Pressionen, keiner großen Entscheidung bedurft haben, in die Bundesrepublik zu gehen.[18] Auffallend ist, dass es von kirchenamtlicher Seite zur Fluchtbewegung bis 1953 keine Verlautbarungen gegeben hat. Das könnte darin begründet sein, dass die Kirche den politischen Motiven einer Flucht stillschweigend zustimmte. Scheinbar war die Integration der Flüchtlinge in die Gemeinden so gering, dass eine Forderung nach Bleiben keine Resonanz gefunden hätte und ohnehin wegen der Konzeption des „seelsorglichen und leiblichen" Versorgens der Flüchtlinge nicht wesentlich in den Blick kam.

Ein Vergleich heutiger Katholikenzahlen mit denen von 1943/45 und 1948/49 ergibt als Befund, dass lediglich das Bistum Erfurt[19] und das Erzbischöfliche Amt Schwerin über den Zahlen von 1943/45 liegen und alle anderen Bistümer bzw. Jurisdiktionsbezirke zum Teil erheblich darunter. Noch auffallender ist der Rückgang der Katholikenzahlen, wenn man die Jahre 1948/49 in den Blick nimmt. Die folgenden Zahlen geben die Entwicklung im genannten Zeitraum an (1943–45/1948–49/2010[20] bzw. 2014[21]):

Kommissariat Meiningen/Würzburg (seit 1973 zum Bischöflichen Amt
Erfurt-Meiningen): 7.200/97.000/2014 vgl. Erfurt

Trost, daß sich die Bischöfe und Priester der Auffangdiözesen alle erdenkliche Mühe geben, um ihrer Aufgabe an den neu hinzugekommenen Gläubigen gerecht zu werden." Abgedruckt bei: G. Pieschl, Entwicklungen der Vertriebenenseelsorge in der Katholischen Kirche der Bundesrepublik Deutschland, in: Sekretariat der Deutschen Bischofskonferenz Bonn (Hg.), Kirche und Heimat. Die katholischen Vertriebenen- und Aussiedlerseelsorge in Deutschland, Bonn 1999, 11–26: 13–14.

17 Da Integration immer auch Integration in die (atheistische) Gesellschaft bedeutete, wurde zumeist der Begriff der „Beheimatung" verwendet. Zu fragen ist also, ob man seitens der Bischöfe überhaupt eine vollständige Integration beabsichtigte; vgl. J. Pilvousek/E. Preuß, Einführung. Aufnahme, Integration, Beheimatung, in: J. Pilvousek/E. Preuß (Hg.), Aufnahme – Integration – Beheimatung. Flüchtlinge, Vertriebene und die „Ankunftsgesellschaft", Berlin 2009, 1–8: 3–5.

18 Vgl. G. Schneider, Seelsorge für Heimatvertriebene in der ehemaligen DDR, in: Sekretariat der Deutschen Bischofskonferenz Bonn, Kirche und Heimat (s. Anm. 16), Bonn 1999, 26–33: 31f.

19 Nicht mitgezählt ist die thüringische Rhön, die zum Bistum Fulda gehört.

20 Für Schwerin/Osnabrück, vgl. http://www.erzbistum-hamburg.de/ebhh/bistum_kuerze/index_bistum_kuerze.php (Abruf Juli 2010).

21 Vgl. Sekretariat der Deutschen Bischofskonferenz (Hg.), Katholische Kirche in Deutschland. Statistische Daten 2014, Bonn 2015.

(Erz-)Bischöfliches Amt Schwerin/Osnabrück (Erzbistum Hamburg): 29.977/
    303.000/40.672
Bischöfliches Amt Magdeburg/Paderborn (Bistum Magdeburg): 150.000/710.000/
    85.006
Bistum (Dresden-)Meißen: 209.000/731.000/141.651
Bischöfliches Amt Erfurt(-Meiningen, seit 1973)/Fulda (Bistum Erfurt): 132.777/
    444.300/150.815
Erzbischöfliches Amt Görlitz/Breslau (Bistum Görlitz): 52.433/102.700/28.534
Bistum Berlin (Erzbistum Berlin) (Gesamtberlin): 500.000/695.000/408.953

Die katholische Kirche in Mitteldeutschland war, ist und bleibt eine Minderhei-
tenkirche. Wachstum und Abnahme der Gläubigenzahlen sind bis heute auf un-
terschiedlichste Migrationsbewegungen zurückzuführen. Glaubensverbreitung,
Evangelisierung, Neuevangelisierung und Missionierung haben bisher zu keinem
äußeren Wachstum geführt, sondern zur Stabilisierung des „Status quo" beigetragen. Ungeklärt – weil bis heute nicht wissenschaftlich untersucht – ist, wie sich die
Mentalität der Vertriebenen auf kirchliches Leben, Frömmigkeit und kirchliche
„Karrieren"[22] auswirkte.

Festzuhalten bleibt dennoch, dass die meisten Katholiken in den Neuen Ländern[23] Kinder oder Enkel Vertriebener oder Flüchtlinge sind und heute wesentlich die katholischen Gemeinden Mitteldeutschlands prägen. Erst heute, nach der
Wiedervereinigung, ist es möglich, dass sich Vertriebene organisieren und in der
Kirche offiziell als solche erkennbar sind.

3.2 Östliche Mentalitäten?

Der Begriff Osten war bei dem Prozess der Aufnahme der Flüchtlinge und Vertriebenen nach 1945 zu mehr als einer geografischen Bezeichnung geworden. Mit
Osten verknüpfte man auch Armut, Provinzialität, Rückständigkeit, Primitivität,
manchmal sogar Gottlosigkeit. Sicher spielen bei solchen Assoziationen am Ende
des Krieges die nationalsozialistische Propaganda, der Kampf gegen Bolschewis-
mus und die vermeintlich „wilden Horden aus dem Osten" eine Rolle.

Sätze wie „Hätten sie an Gott geglaubt, hätte er sie nicht verlassen!" waren zu
hören. In einem Bericht über die Lage der Vertriebenen in der SBZ aus dem Jahre

---

22 Erinnert sei daran, dass 1989, mit einer Ausnahme, alle katholischen Bischöfe der DDR Schlesier
    waren.
23 Ausnahmen sind die wenigen katholischen Gebiete: das Eichsfeld, die thüringische Rhön und
    die katholische sorbische Lausitz.

1946 heißt es dann auch jammernd: „Alles zieht nach dem Westen!"[24] Man verließ den „DDR-Osten" auch mit der Hoffnung, in einen besseren katholischen Westen zu kommen und anders behandelt, vielleicht akzeptiert zu werden. Gleiches galt auch für Priester. Versuche, Priester aus den deutschen Ostgebieten, die in den Westen gegangen waren, zu einer Rückkehr in den mitteldeutschen Osten, das meint die SBZ oder DDR, zu gewinnen, blieben fast immer erfolglos. Mag die Angst vor Russen und Kommunisten dabei eine zentrale Rolle gespielt haben, andere Momente sollten hinzukommen. Karl Gabriel definierte katholische Kirche in der DDR einmal als stigmatisierte Religion; Katholiken in der Position einer Randgruppe, die von Führungspositionen und höheren Bildungschancen ausgeschlossen war. Auch das muss bedacht werden, wenn Gründe für die hohen Fluchtzahlen bis 1961 in die Bundesrepublik gesucht werden.

Dass die Vertriebenen, die in die Westzonen gegangen waren, auf ähnliche Mentalitäten und Vorurteile stießen, wie in Mitteldeutschland, scheint für sie jedenfalls zweitrangig gewesen zu sein. Viele erlebten den Osten im Westen weniger östlich, d.h. weniger ausgrenzend und demütigend.

Was aber war es, was die damaligen Flüchtlinge und Vertriebenen von den Einheimischen, korrekter, von den Westdeutschen unterschied?

Von Kardinal Frings, der durch zahlreiche Kontakte in die SBZ und durch Briefe eines Verwandten bestens über die Situation in Ostdeutschland informiert war, stammt eines der wenigen Zeugnisse, die darüber Auskunft zu geben scheinen. Frings beschrieb am 16. Januar 1953 rückblickend die Bedeutung der Ostpriesterhilfe. Eine zugunsten des neuen Priesterseminars in Erfurt getroffene Entscheidung begründete er so: „Königstein hat jetzt den vorzüglichen Regens an das Priesterseminar in der Ostzone (Erfurt) abgegeben und ist bereit, alle Theologen, die jenseits der Oder-Neiße-Linie geboren sind, an dieses Seminar abzugeben, sobald sie die Einreiseerlaubnis erhalten haben. Das Seminar hat den Vorteil, daß hier Ostdeutsche durch Ostdeutsche erzogen werden; die Erfahrung hat gelehrt, daß die Ostdeutschen Theologen sich in unseren Häusern nicht ganz wohl fühlen, und die hiesigen Direktoren klagen darüber, daß sie nur schwer die ostdeutschen Alumnen wegen ihres andersartigen Volkscharakters verstehen können."[25] Worin der andersartige Volkscharakter bestand, was die Mentalitätsunterschiede für ihn ausmachten, erfährt man nicht.

Ein „anderer Osten" spielte bei der Wiedervereinigungsdiskussion 1989/1990 eine Rolle.

---

24 HAEK, CR 25.202, Bericht über die Lage der Vertriebenen, 18.7.1946.
25 HAEK, CR 25.20e., Entwurf über die Bedeutung der Ostpriesterhilfe, 16.1.1953.

Die Begriffe Ostler und Westler, oder Ossis und Wessis, waren nach einer Phase der Euphorie vielfach zu Klassifikationen geworden, die mit viel Emotionalität Schwächen, Fehler, Unfähigkeiten und Böswilligkeiten beim je anderen festzustellen meinten. Auffallend ist, dass ähnlich wie bei Flucht und Vertreibung, Osten zu einem Synonym für Provinzialität, Rückständigkeit, Primitivität und Unfähigkeit geworden zu sein schien. Das Gegenargument, auch Norden und Süden würden sich voneinander unterscheiden und deshalb sei der Ost-West-Unterschied wesentlich nur eingebildet, trifft m. E. nicht zu.

Ebenso waren und sind natürlich die Kirchen von diesen Befangenheiten betroffen. Und selbstverständlich versuchte und versucht man im Osten und Westen gegen diese Vorurteile anzugehen.

Der Berliner Bischof Georg Sterzinsky beschrieb es im Mai 1990 so: „Es ist zu kontrastreich Schwarzweiß gemalt worden, wenn man häufig so spricht, als ob drüben im Westen alles verflacht sei in religiöser Hinsicht und hier die tapferen glaubensstarken Katholiken seien. Da erinnere ich die Mitbrüder manchmal daran, wie wir doch geklagt haben, daß die Gemeinden kleiner geworden sind durch Abfall, nicht nur durch die formellen Austritte, sondern auch durch den stillen Auszug infolge von Gleichgültigkeit und Oberflächlichkeit, durch die Anpassung ans Milieu. Jetzt auf einmal betonen wir manchmal, wie tapfer manche Familien, einzelne Katholiken, vielleicht auch kleine Gemeinden gewesen sind. Die gibt es sicherlich auch. Aber es war nicht so, daß hier nur Helden gewesen sind."[26] Sterzinsky greift auch eine Sentenz Joachim Kardinal Meisners auf, der auf die Frage, ob die Christen im Osten besser gewesen seien als die Christen im Westen, gesagt haben soll: „Die sind nicht besser, die haben nur weniger Gelegenheit zum Sündigen."[27] Sterzinsky deutete es so: „Die Lebensgewohnheiten sind im Westen anders, es gibt andere Verführungen. Aber den moralischen Qualitätsunterschied zwischen Menschen in Ost und West konstatiere ich nicht."[28]

Gegen eine Abwertung des ostdeutschen Katholizismus und der dortigen Theologie wandte sich 1990 der Publizist Otto B. Roegele: „Hat der Katholizismus in der DDR ,intellektuell aufzuholen', um den Anschluss an die Bundesrepublik Deutschland zu finden? Diese Frage, die man nicht ohne ein gewisses Unbehagen vor zu viel Selbstsicherheit hören kann, ist nicht mit einem einfachen Ja oder

---

26 G. Sterzinsky, 1989 hat die katholische Kirche „manches versäumt", Rheinischer Merkur, Christ und Welt, 4.5.1990, 23 (zitiert nach: M. Höllen, Loyale Distanz? Katholizismus und Kirchenpolitik in SBZ und DDR. Ein historischer Überblick in Dokumenten, Bd. 3/2: 1977 bis 1990, Berlin 2000, 306).

27 Sterzinsky, 1989 (s. Anm. 26), 23.

28 Sterzinsky, 1989 (s. Anm. 26), 23.

Nein zu beantworten. Für die Theologie und die Theologen gilt, daß sie keinen Vergleich zu scheuen brauchen, wie das Beispiel Erfurt zeigt."[29]

Was unterscheidet denn nun die beiden Katholizismen in Ost und West? Joachim Garstecki, der frühere Generalsekretär von „Pax Christi", antwortete darauf wie folgt: „es stoßen im Grunde zwei sehr unterschiedliche Katholizismen aufeinander: Im Westen der im wesentlichen rheinisch-westfälisch geprägte, der auch gewohnt ist, sich politisch zu artikulieren, und der nicht gerade durch eine große Staatsferne charakterisiert ist; im Osten dagegen ein im Wesentlichen schlesisch geprägter Katholizismus. Da gibt es schon rein mental Unterschiede, wie man sie sich größer gar nicht vorstellen kann. Der politisch erprobte, wache, rheinisch-westfälisch geprägte Katholizismus stößt auf einen schlesischen Katholizismus in Berlin, Görlitz oder Meißen, der gegenüber Staat und Öffentlichkeit seit den Kulturkampfzeiten des ausgehenden 19. Jahrhunderts äußerst defensiv eingestellt ist. Das kann auf Anhieb gar nicht zu einer lockeren und lebbaren Synthese führen. Da gilt es, Spannungen zu überwinden."[30]

Und Hans-Joachim Meyer umschreibt die Differenz in folgender Weise: „Es ist vor allem der Unterschied im Verhältnis zur Gesellschaft. Die Christen im Osten haben meist gelernt, dass es für eine Minderheit notwendigerweise ein Innen und ein Außen gibt, wenn sie überleben will. Das gilt ganz besonders in Zeiten des Wandels. Eben weil die Antworten des Glaubens auf die Fragen der Zeit neu zu denken und zu sagen sind, bedarf es eines sicheren Gespürs für das Eigene und für den Unterschied. Vielen, ja ich fürchte, den meisten Christen im Westen, fehlt diese Einsicht völlig. Und darum auch der Wille und die Kraft zur Unterscheidung der Geister. Im Osten ziehen freilich zu viele aus dem Unterschied von Innen und Außen den Schluss sich ganz, wie schon vor 1989, auf sich selbst zurückzuziehen: So anstrengend hatten sie sich die lange ersehnte Freiheit nicht vorgestellt."[31]

Darf man heute, ähnlich wie vor 20 Jahren, formulieren: „Der Katholizismus ist Klammer gesamtdeutscher Kirchlichkeit"? Bischof Wanke konstatiert nach einer Phase von Überheblichkeit und Belehrung eine zunehmende Offenheit füreinander, eine wachsende Hörbereitschaft, die fragen lässt, was wir voneinander in der Seelsorge lernen können: „Ich spüre, dass ernsthafter als früher zugehört wird, wenn ich in kirchlichen Kreisen der Alt-Bundesrepublik von den Verhältnissen im

---

29   O.B. Roegele, Kommentar, Rheinischer Merkur, Christ und Welt, 29.12.1989, 24.

30   Zitiert nach: Höllen, Loyale Distanz (s. Anm. 26), 333. Vgl. dazu auch den Band von J. Garstecki, Gewaltfrei politisch denken. Anstöße zur Friedensdebatte in Ost und West 1981–2012, hg. und mit einem Geleitwort versehen von H.-G. Stobbe (Studien zur Friedensforschung 18), Berlin 2013.

31   H.-J. Meyer, In keiner Schublade. Erfahrungen im vereinten Deutschland, Freiburg i.Br. 2015, 628.

Osten berichte. Meinte ich früher immer ein wenig den Unterton herausgehört zu haben: ,Wir wissen schon, was euch im Osten gut tut!', so spüre ich derzeit stärker das ratlose Fragen: ,Ja, was ist denn mit euch im Osten eigentlich los? Was wollt ihr eigentlich (politisch, wirtschaftlich, kirchlich)? Habt ihr denn nicht die Wende gewollt?' Darauf gäbe es viel zu antworten, aber manches an Antwort ist weniger in Worte zu fassen als vielmehr in die Aufforderung: Kommt und seht! Es ist ein ganz großes Verdienst unserer Kirchen (ich spreche hier bewusst im Plural!), zum Austausch und zur gegenseitigen Vernetzung von Menschen zwischen Ost und West nicht nur vor der Wende beigetragen zu haben, sondern dieses Werk der gegenseitigen ,Wahrnehmung' bis in die Gegenwart hinein durch vielfältige Kontakte, Besuche, Partnerschaften etc. zu befördern. Unsere Kirche hat mehr als andere Institutionen an der inneren (und äußeren) Einheit unseres Volkes festgehalten und gewagt, um die Einheit und Freiheit zu beten, als manche Partei- und Meinungsführer dies als anachronistisch erachteten."[32]

Ich bin dankbar, dass ich erleben durfte und darf, wie Spannungen überwunden wurden und werden, Verstehen ermöglicht und wissenschaftlicher Austausch auf Augenhöhe möglich wurde. Natürlich kenne ich auch die andere Seite, Vorurteile, ideologische Verblendung und bösartige Intrigen – und das natürlich auch in den Neuen Ländern. Dennoch bin ich mir sicher, dass der „Katholizismus als gemeinsame Klammer" zum Verstehen beigetragen hat und sicher noch mehr für ein ausgewogenes Zusammenwachsen sorgen könnte.

4 Kirche als Diaspora

Dass die katholische Kirche in den Neuen Ländern als Kirche in der Diaspora existiert, muss nicht ausführlich erläutert werden. Zu fragen ist allerdings, welche Wandlungen dieser Begriff erfahren hat und wie er heute zu verstehen ist.

In einem Gespräch, das ich 2009 mit Kardinal Sterzinsky führte, kamen wir auch auf die Minderheitensituation der Katholiken in den Neuen Ländern zu sprechen. Wörtlich sagte er über diese Konstellation der katholischen Kirche: „Ich glaube auch, daß wir ehrlich sein sollten: es ist extreme Diaspora. Wir sollten nicht so tun, als ob Diaspora nur Volkskirche im verdünnten oder verkleinerten Maßstab ist."[33] Die Seinsweise der katholischen Kirche in den Neuen Ländern ist nach

---

32 J. Wanke, Kirche in den jungen Bundesländern – vor und nach der Wende, Vortrag im „Presseclub" Wiesbaden am 11.2.2003 (Ms.).

33 Privatarchiv J. Pilvousek, Gespräch mit Kardinal Georg Sterzinsky in Berlin, 17.9.2009.

wie vor Diaspora. Und er fügte hinzu: „Wir haben sehr viel gearbeitet zur Theologie der Diaspora."[34] Es wurde versucht, alles „wie in einer richtigen Kirche" zu tun. Das führt zur Frage, ob anfangs die Führungskräfte der katholischen Kirche, die aus dem katholischen Schlesien, Sudetenland oder anderen katholischen Teil kamen, je Diasporaseelsorge betrieben haben und betreiben konnten.

Diaspora meint Kirche in der Zerstreuung, ist aber nur eine Situationsbeschreibung von Kirche, bezeichnet nicht das Wesen der Kirche, sondern eine Situation.[35] Minderheit, Vereinzelung und Anderssein sind die allgemeinen Merkmale der Diaspora.

War Diaspora bisher in Mitteldeutschland immer auch mit Abgrenzung und Ausgrenzung verbunden gewesen, so kam es nach 1945 zu einer bedeutsamen begrifflichen Öffnung. Die nach dem Krieg durch Vertreibung und Flucht neu entstandenen katholischen Gemeinden waren in Ermanglung gottesdienstlicher Räume fast durchweg in Kirchen, Kapellen und Sälen evangelischer Schwestergemeinden zu Gast. Ähnliche Konstellationen waren in allen ostdeutschen Diasporagebieten zu finden. Schon bald nach dem Machtantritt der SED zeigte sich, dass die Minderheitensituation der Katholiken von einem weiteren Bereich umgrenzt wurde: Die konfessionelle Minderheit befand sich in einer einheitlich geprägten ideologischen Umwelt, was man zunächst mit „weltanschaulicher Minderheit" umschrieb.[36] Dieser Begriff taucht in verschiedenen Varianten in den 1950er Jahren erstmals auf[37] und kennzeichnet die Situation der Katholiken in der SED-Diktatur. Da auch die evangelischen Volkskirchen allmählich einem Schrumpfungsprozess ausgesetzt waren, erlebten und erleben sich beide Konfessionen als Minderheit und sahen und sehen deshalb das Verbindende als vorrangig („ökumenische Diaspora").[38] Seit den 1950er Jahren wurde der Begriff Diaspora nicht mehr allein mit der konfessionellen Minderheitensituation gleichgesetzt; immer war auch schon von der glaubens- und kirchenfeindlichen gesellschaftlichen Situation die Rede. Zusammenfassend formuliert bedeutet das: „Die ‚neue' Diaspora ist gekennzeichnet durch die ungläubige Mehrheit."[39]

---

34 S. Anm. 33.

35 Vgl. dazu L. Ullrich, Diaspora und Ökumene in dogmatischer (systematischer) Sicht, Cath(M) 38 (1984), 31–65.

36 Vgl. L. Ullrich, Priester in der Diaspora, in: L. Ullrich (Hg.), Kirche in nichtchristlicher Welt (EThS 15), Leipzig 1986, 55–76: 56.

37 Vgl. L. Ullrich, Diaspora und Ökumene in dogmatischer (systematischer) Sicht, in: B. Kresing, (Hg.), Für die vielen. Zur Theologie der Diaspora, Paderborn 1984, 156–192: 182.191.

38 Vgl. H.-J. Röhrig, Art. Neue Diaspora, in: LThK³ 3 (2009), 202–203: 202.

39 Ullrich, Diaspora und Ökumene (s. Anm. 37), 170.

Allmählich profilierte sich der Diasporabegriff soweit, dass zur Umschreibung der Lage der Katholiken in der DDR der Begriff „doppelte Diaspora" verwendet wurde und bis heute mit teilweise anderen Konnotationen in Gebrauch ist.

Auf die DDR-Gesellschaft angewandt wurde von „weltanschaulicher Diaspora" und vor allem seit Beginn der 1980er Jahre zunehmend von „säkularer" (Minderheit unter einer nichtglaubenden Mehrheit) und „ideologischer Diaspora" (Minderheit in einer vom Marxismus-Leninismus geprägten Gesellschaft) gesprochen, wobei die beiden letzteren Begriffe oft in Relation zueinander erscheinen.[40]

Im Oktober 1981 hatte der Erfurter Bischof Joachim Wanke auf den Priesterkonferenzen in Erfurt und Heiligenstadt einen Vortrag mit dem Titel „Der Weg der Kirche in unserem Raum" gehalten. Der Vortrag enthält eine weitere Profilierung des Diasporabegriffes: „Säkulare Diaspora". „Säkulare Diaspora" wurde nun zu einem weiteren Leitbegriff für die Situationsbestimmung der katholischen Kirche in der DDR. Diaspora erwecke den Eindruck, so Wanke, als ob die Kirche nur unter Andersgläubigen existieren müsse. Der „Ausfall" Gottes sei so radikal und decke alle Lebensbereiche derartig ab, dass man von „Kirche in einer säkularisierten, materialistischen Umwelt" reden müsse. „Säkularisiert heißt: das gesellschaftliche und private Leben ist weithin religionsfrei. Materialistisch heißt: Es wird eine theoretische, materialistische und atheistische Weltanschauung aktiv propagiert und weithin auch praktisch von der Mehrzahl der Menschen gelebt."[41]

Als Resümee darf man festhalten: Die Katholiken in der DDR lebten in einer „konfessionellen" und zugleich in einer „ideologischen" und „säkularen Diaspora". Obwohl es eine Trias war, hat sich lediglich der Begriff der „doppelten Diaspora" zur Situationsbeschreibung durchgesetzt.[42]

Dieser Terminus der „doppelten Diaspora" wurde in Bezug auf die Situation der Katholiken in der SBZ/DDR erstmals 1982 von Martin Höllen (Berlin) ge-

---

40 Ullrich hat später auf den Begriff „weltanschaulich" verzichtet und ihn durch „ideologische Diaspora" ersetzt (vgl. L. Ullrich, Grundsätzliches zur Minderheitensituation der katholischen Christenheit. II. Theologische Aspekt, in: E. Gatz [Hg.], Geschichte des christlichen Lebens in den deutschsprachigen Ländern seit dem Ende des 18. Jahrhunderts, Bd. 3: Katholiken in der Minderheit, Freiburg i.Br. 1994, 27–36: 35). Dieser Terminus hing mit der marxistisch-leninistische Ideologie, dem verordneten Atheismus, zusammen, bezog sich also auf die Weltanschauung. Vermutlich sind Versuche, die Situation der Katholiken in der DDR als dreifache Diasporasituation zu bezeichnen – „konfessionelle, säkulare und ideologische Diaspora" – auf diese nochmaligen Ableitungen zurückzuführen. Durchsetzen zum allgemeinen Sprachgebrauch konnte sich diese Differenzierung nicht.

41 J. Wanke, Der Weg der Kirche in unserem Raum, in: ders., Last und Chance des Christseins, Leipzig 1991, 12–28: 14.

42 Vgl. dazu auch Ullrich, Diaspora und Ökumene (s. Anm. 37), 178.

braucht. Diese Bezeichnung, die besonders geeignet war und ist, die frühere Situation der Katholiken in der DDR zu beschreiben, fand – besonders nach 1990 – weite Verbreitung, um die Lebensumstände der Katholiken zu umschreiben. Inhaltlich wird heute unter „doppelter Diaspora" sowohl die Minderheitensituation der Katholiken gegenüber evangelischen Kirchen verstanden als auch eine nicht genau definierte und zum Teil kaum präzisierte Minderheit von Christen in säkularer oder ideologischer (weltanschaulicher) Diaspora in den Neuen Ländern. Auch wenn die staatliche Doktrin eines verordneten Atheismus seit dem gesellschaftlichen und politischen Umbruch von 1989 obsolet geworden ist, scheint die noch partiell vom Marxismus-Leninismus geprägte Gesellschaft als „ideologische Diaspora" von Christen erfahren zu werden. Im Osten tritt der Säkularismus offen zutage, gleichsam unverkleidet, nackt. Kirche und christlicher Glaube sind häufig schon über mehrere Generationen hin den Menschen völlig fremd geworden. Sie sind zum Teil so fremd, dass sie schon wieder interessant werden.

Die Diasporakirche in den Neuen Länder steht auch 26 Jahre nach dem gesellschaftlichen und politischen Umbruch immer noch in einem Lernprozess, der besonders auf dem Feld der Seelsorge und des Gemeindeaufbaus noch längst nicht abgeschlossen ist.[43] Die Frage ist, ob sich nicht im Osten Deutschlands ein pastoraler Raum auftut, der nicht nur für die Kirche hier vor Ort, sondern für die ganze katholische Kirche Deutschlands von Wichtigkeit ist. Es geht hier nicht allein um quantitative Größen, es geht um die Zukunft der Kirche in Deutschland.

Auf die Frage, ob in der ostdeutschen Diaspora schon Erfahrungen vorliegen, die in der Kirche des vereinten Deutschlands künftig größere Bedeutung erlangen werden, hat der Erfurter Bischof Joachim Wanke folgende Punkte genannt:[44]

(1) Die Erfahrung gesellschaftlicher Marginalisierung. Katholiken waren und sind teilweise noch heute in den Neuen Ländern „Zugezogene", „Fremde" oder „Nicht-dazu-Gehörige". Das ist etwas zugespitzt ausgedrückt, aber es fasst die Erfahrung so mancher katholischer Biographien in den neuen Ländern zusammen. Der staatstragenden Partei waren Erfahrungen fremd und unheimlich, dass Menschen aus „ideellen" Gründen bei Gewissensüberzeugungen bleiben und sogar bereit waren, dafür Nachteile in Kauf zu nehmen. Ob solche Erfahrungen etwas vorwegnehmen, was uns in Zukunft gemeinsam bevorsteht?

(2) Die Erfahrung, nicht von Mehrheitsüberzeugungen getragen zu sein. Christen in der DDR erfuhren, dass sie mit ihren Grundüberzeugungen allein da-

---

43 Vgl. J. Wanke, „Baustelle Pastoral". Versuch einer Bestandsaufnahme 10 Jahre nach der Wende, Vortrag auf der Pastoralkonferenz des Bistums Erfurt am 6. Oktober 1999 (Ms.).

44 Vgl. Wanke, Kirche in den jungen Bundesländern (s. Anm. 32).

standen. Im Normalfall möchte sich jeder Mensch in eine Mehrheitsüberzeugung einklinken und darin aufgehoben wissen. Wir erleben derzeit mehr und mehr, dass wir als Christen, speziell als Katholiken, immer weniger von gesellschaftlichen Vorgaben leben, die unsere Grundüberzeugungen und sittlichen Werturteile stützen. Und Wanke ergänzte: „Es wäre besser, wenn es anders gewesen wäre. Aber ist uns verheißen, dass wir in einer ‚christentümlichen Gesellschaft' unser Christ-Sein leben können? Die Heilige Schrift redet eine andere Sprache."

(3) Personen sind wichtiger als Strukturen und Organisationen. Die Erfahrung im Osten war: Strukturen sind wichtig, aber noch wichtiger sind Personen, die diese ausfüllen bzw. tragen. Vor sich hergetragene Amtsautorität wirkte im Osten noch lächerlicher als anderswo. Was nicht personal „unterfüttert" war, blätterte schnell ab und erwies sich auch für das Leben der Kirche als unfruchtbar. Aufgeblähte Strukturen dagegen hemmen.

Und zusammenfassend erklärt Wanke: „Ich meine, der Osten hat schon eher Abschied nehmen müssen von der Meinung, der christliche Glaube müsse sich kraft seiner gesellschaftlichen Nützlichkeit ausweisen."

Als kostbarste ökumenische Erfahrung des Diasporakatholizismus bezeichnet er, den „anderen" nicht allein von der eigenen konfessionellen Warte aus zu sehen und zu beurteilen. Ihn wahrzunehmen als den, der er ist, Bruder und Schwester in Christus, dem Gott in Taufe und Glaube Anteil an seinen Verheißungen gibt, den gleiche Hoffnungen beflügeln und gleiche Ängste umtreiben.

Zusammenfassung

Die katholische Kirche in der DDR ist erst allmählich durch verschiedene Migrationen (Flucht- und Vertreibungsbewegungen) aus Ost- und Südostmitteleuropa seit dem Ende des Zweiten Weltkrieges entstanden. Schlesier, Sudentendeutsche und Ostpreußen bildeten den Stamm für katholische Ansiedlungen inmitten einer konfessionellen Diaspora, die sehr bald zur weltanschaulichen wurde. Der Begriff „Kirche aus dem Osten" konnte aber auch zur Klassifikation für einen provinziellen und rückständigen Katholizismus verwendet werden. Bis heute prägen diese Merkmale die katholische Kirche und ihre Gemeinden in den Neuen Ländern.

After the Second World War the Catholic Church within the German Democratic Republic (GDR) slowly rose by migration flows from eastern and southern Central Europe. Mainly Catholics from Silesia, Sudetes and East Prussia settled down in

East Germany in a situation that could be described as a "religious and ideological diaspora". "Church from the East" is a phrase often used, not only to describe but also to discriminate a church, which was built by migrants. Until today this heritage plays an important role for the Catholic Church in reunited Germany, especially in parishes in the territory of the former GDR.

Ulrich Dehn

Fremdwahrnehmung und Migration aus Sicht der interkulturellen Theologie und der Religionswissenschaft

Fremdwahrnehmung ist ein wichtiger, wenn nicht konstitutiver Bestandteil der Selbstkonstitution und Identität des erkennenden Subjekts, so die fast durchgängige Ansicht der Erkenntnisphilosophie und Kulturanthropologie. Die Konstruktion von Fremdheit und Fremdheitswahrnehmung ist darüber hinaus ein wichtiges Forschungsfeld der Literaturwissenschaft.[1] Dabei ist für die Fragestellung dieses Aufsatzes eher wichtig, welche Rolle die Fremdwahrnehmung für die Eigenwahrnehmung spielt, und erst in zweiter Linie, ob letztere für erstere geradezu Ursprungscharakter haben könnte. Wie kann schließlich Fremd(en)wahrnehmung zur Xenophobie werden? Gibt es eine Veranlagung des Menschen, von ihm Ähnlichem umgeben sein zu wollen? Oder sucht er eher nach dem Anderen, dem Unterschiedlichen? Ein Ausgangspunkt (wenn auch nicht Gegenstand) meiner Überlegungen ist naheliegender Weise die tagespolitische Lage: Was lässt die Fremdwahrnehmung (gegenüber Flüchtlingen) zum Bedrohungspotenzial für das Eigene werden, was führt auf der Basis einer konstruierten monströsen Fremdwahrnehmung zu einer kontrastiven konstruierten Eigenwahrnehmung bis hin zu aggressiver Interaktion um einer vermeintlichen Verteidigung der konstruierten Identität willen?

Ich werde im Folgenden einen Weg von Überlegungen zur Selbstkonstitution des erkennenden Subjektes über Konzepte der Begegnung als Grundlage der Ich-Bildung aus der Beziehung bis hin zu regelrechten Alteritätskonzepten und Konstruktionen des „Fremden" einschließlich einiger literarischer Beispiele zum Thema von Migration in Religionsgemeinschaften und einer Hermeneutik des Fremden gehen, um daraus zu eigenen abschließenden Überlegungen über ein Konzept der Fremdwahrnehmung zu gelangen.

---

1   Vgl. T. Jentsch, Da/zwischen. Eine Typologie radikaler Fremdheit, Heidelberg 2006.

1 Klassische Konzepte der Selbstkonstitution und der Ich-Du-Beziehung

Einer der ersten Entwürfe zur dialektischen Selbstkonstitution des Subjekts durch Alterität stammt von Georg Wilhelm Friedrich Hegel mit seinem klassischen Text „Herrschaft und Knechtschaft", in welchem er zunächst die Dialektik des Selbstbewusstseins aus den Elementen der Heraussetzung ins Gegenüber als dem anderen Moment des Selbstbewusstseins und der Rückkehr zum Einen beschreibt. Das Selbstbewusstsein ist insofern schon immer interaktiv und intersubjektiv: „Diese Bewegung des Selbstbewußtseins in der Beziehung auf ein anderes Selbstbewußtsein ist aber auf diese Weise vorgestellt worden als *das Tun des Einen*; aber dieses Tun des Einen hat selbst die gedoppelte Bedeutung, ebensowohl *sein Tun* als *das Tun des Anderen* zu sein".[2] Dieser Prozess zweier Komponenten, die an sich und für sich existieren, ist als ein Einspielen der Extreme auf die Mitte vorgestellt: „Die Mitte ist das Selbstbewußtsein, welches sich in die Extreme zersetzt".[3] Außerdem ist damit der Gedanke der gegenseitigen Anerkennung verbunden: „Sie anerkennen sich als *gegenseitig sich anerkennend*".[4] Dieser dialektischen Bewegung legt Hegel das Verhältnis Herr–Knecht zugrunde, das sowohl als Metapher für den Erkenntnisprozess des Selbstbewusstseins als auch als fundamentale Sozialkritik gelesen werden kann, die die sozialkritische Philosophie von Karl Marx und seinen geistigen Nachfahren vorbereitete. Bereits bei Hegel ist somit die Konstitution des Selbstbewusstseins als ein Prozess der Interaktion vorgestellt, auch wenn hier nicht an eine Hermeneutik des Fremden im Sinne eines alteritären externen Erkenntnisgegenstandes gedacht ist. Der Gedanke einer Konstitution des Ich aus der Begegnung mit dem Anderen taucht mit kleinem zeitlichem Abstand bei Martin Buber und Dietrich Bonhoeffer auf, allerdings mit großer Wahrscheinlichkeit ohne direkte Abhängigkeit voneinander, sondern der Tatsache geschuldet, dass das Thema in den 1920er Jahren Bestandteil öffentlicher Diskussionen war. Bubers Hauptwerk „Ich und Du", erschienen 1923, geht davon aus, dass die Identität des Ich sich überwiegend in der Begegnung mit dem es Umgebenden, mit menschlichem Gegenüber und mit Gott ausbildet. Selbstkonstitution und Abgrenzung finden auf diese Weise statt. „Die Welt ist dem Menschen zwiefältig nach seiner zwiefältigen Haltung. Die Haltung des Menschen ist zwiefältig nach der Zwiefalt der Grundworte,

---

2   G.W.F. Hegel, Phänomenologie des Geistes, Frankfurt a.M. 1973, 146 (Abschnitt B.IV.A. Selbständigkeit und Unselbständigkeit des Selbstbewußtseins; Herrschaft und Knechtschaft).

3   Hegel, Phänomenologie des Geistes (s. Anm. 2), 147.

4   Hegel, Phänomenologie des Geistes (s. Anm. 2), 147. Vgl. die Verwendung dieses Gedankens in der Sozialphilosophie von Axel Honneth (u.a. Kampf um Anerkennung, Frankfurt a.M. 1992).

die er sprechen kann. Die Grundworte sind nicht Einzelworte, sondern Wortpaare. Das eine Grundwort ist das Wortpaar Ich-Du. Das andre Grundwort ist das Wortpaar Ich-Es".[5] Die identitäts- und grenzstiftende Relationalität ist jedoch auf das menschliche bzw. göttliche Gegenüber angewiesen, d.h. auf eine gesprächs- und begegnungsfähige Beziehung, insofern als auch das Göttliche, das „ewige Du", als sprachfähig zu betrachten und jeweils hinter jedem „geeinzelten Du" zu vermuten ist.[6] Grundsätzlich gilt für Buber, dass Leben nur in Beziehung möglich ist und Beziehung die Wirklichkeit konstituiert. In seiner Dissertation „Sanctorum Communio" (1927) verwendet Dietrich Bonhoeffer diesen Gedanken der Konstitution des Ich durch das Du in der Weise, dass er ausgehend vom *communio*-Gedanken nach einer sozialphilosophischen Untermauerung desselben sucht. Seine Grundfrage ist, wie das Ich, das Du, Sozialität und Gott miteinander ins Verhältnis zu setzen sind. Die christliche Person sei Person durch den Anderen, durch das Du, der Mensch als Individuum ein soziales Wesen. Während das Ich-Du-Verhältnis für Bonhoeffer die soziale Grundkategorie darstellt, ist das Du des anderen Menschen ihm wie das göttliche Du. Gott bleibt nicht in diesem Gegenüber, sondern geht in das Ich ein zur Konstitution der christlichen Person.[7] So ist Bonhoeffers Ich-Du-Gedanke den Formulierungen nach in einigen Aspekten dicht an Bubers Grundkonstruktion, in seiner Abzweckung jedoch auf die Konstitution des von Gott durchdrungenen Ich und die darauf aufbauende *Communio* ausgerichtet. Daraus mag sich auch erklären, dass Bonhoeffer den Ich-Du-Beziehungsgedanken (als eine Beziehungskonstruktion ohne Gefälle) in seiner kurzen Skizze zu einer „Kirche für andere" (August 1944)[8] nicht aufgenommen hat.

Eine Hermeneutik des Anderen ist noch nicht notwendigerweise auf das Fremdartige bezogen bzw. konstruiert das Andere nicht unbedingt als das Fremde. In den bisher erwähnten Konzepten ging es um die Selbstkonstitution oder damit verbunden die Beziehungsherstellung zu dem außer mir Seienden, ohne dass dies mit Fremdheit/Unterschiedlichkeit verbunden wäre. Den Aspekt der Alterität betont der französische Philosoph Emmanuel Lévinas umso radikaler, allerdings auch nicht im Sinne einer mutmaßlichen kulturellen Fremdheit und Unterschiedenheit, sondern im Sinne der Alterität zum begegnenden Subjekt, die nicht einfach ein Alter Ego ist, sondern wirklich exterior, anders „in einer Andersheit, die

5 M. Buber, Ich und Du, Stuttgart 2008, 3.
6 Buber, Ich und Du (s. Anm. 5), 71.
7 Vgl. D. Bonhoeffer, Sanctorum Communio. Eine dogmatische Untersuchung zur Soziologie der Kirche, München ⁴1969, 32f.
8 Vgl. D. Bonhoeffer, Widerstand und Ergebung. Briefe und Aufzeichnungen aus der Haft, München 1970, 415f.

den eigentlichen Inhalt des Anderen ausmacht. Anders in einer Andersheit, die das Selbe nicht begrenzt; denn in der Begrenzung des Selben wäre das Andere nicht streng anders: Im Inneren des Systems wäre es dank der Gemeinsamkeit der Grenze noch das Selbe".[9] Unter Bezugnahme auf Descartes macht Lévinas Gebrauch von der Idee der Unendlichkeit, die als Dimension im Denkakt aufscheint: das Ich, das denkt, unterhält eine Beziehung zum Unendlichen.[10] Die Unendlichkeit des Anderen, die aus seinem Antlitz spricht, lässt das Ich, das Subjekt, dem Anderen, dem Göttlichen, begegnen, ein Gedanke, der auch schon bei Buber auftauchte. Diese Begegnung mit dem absolut Anderen ist zugleich Voraussetzung für Subjektivität und für die Übernahme von Verantwortung. Allerdings blendet Lévinas im Unterschied zu Buber die außermenschliche Kreatur aus der Begegnungsfähigkeit aus. Im Anderen begegnet dem erkennenden Ich die Spur des ganz Anderen, die Spur Gottes, nicht jedoch ist hier an eine (möglicherweise verstehende) Begegnung mit dem wirklich Fremden, sondern an die umfassende Selbstkonstitution in realer Begegnung mit dem anderen Menschen gedacht.[11]

2 Alterität, Hybridität, Konstruktion des Anderen/Fremden

Alterität/Fremdheit/das Andere sind durchgehend auch beliebte Motive in der Literatur gewesen und haben damit der theoretischen Bearbeitung zugearbeitet oder sie unter bestimmten Aspekten vorgenommen. Die Alterität – ein 1977 von dem Literaturwissenschaftler Hans Robert Jauß geprägter Ausdruck[12] –, die in den

---

9   E. Lévinas, Totalität und Unendlichkeit. Versuch über die Exteriorität, Freiburg i.Br. ²1987, 44; auch zitiert in: A. Wilden, Die Konstruktion von Fremdheit. Eine interaktionistisch-konstruktivistische Perspektive, Münster 2013, 69.

10 Vgl. E. Lévinas, Die Spur des Anderen. Untersuchungen zur Phänomenologie und Sozialphilosophie, Freiburg i.Br. 1983, 196.

11 Vgl. Wilden, Konstruktion von Fremdheit (s. Anm. 9), 62–81; vgl. auch Darstellung und Kritik von Lévinas bei Th. Sundermeier, Den Fremden verstehen. Eine praktische Hermeneutik, Göttingen 1996, 62–70. Kategorisch ausgeschlossen werden kann nicht, dass im Begriff des „absolut Anderen" gerade auch die nicht vereinnahmende Begegnung mit dem kulturell Anderen zu denken wäre, die allerdings von Lévinas nicht thematisiert wird, vgl. u.a. M. May, „Der Krieg wird nicht mehr erklärt, sondern fortgesetzt". Fremdheit, Migration und Gewalt in Terézia Moras *Alle Tage* (2004), in: S. Broders u.a. (Hg.), Phänomene der Fremdheit – Fremdheit als Phänomen, Würzburg 2012, 51–68: 62f.; S. Waldow, Die Einverleibung des Fremden. Christoph Peters *Mitsukos Restaurant* (2009), ebd., 137–152.

12 Vgl. H.R. Jauß, Alterität und Modernität der mittelalterlichen Literatur. Gesammelte Aufsätze 1966–1976, München 1977.

Konzepten eine Rolle spielt, kann gefüllt werden mit den Themen der kulturellen Andersartigkeit, der Hybridität[13] und der Unterschiedlichkeit, die nicht vereinnahmt werden darf. Nichtsdestoweniger sind Theorieansätze sinnvoll, die das Element der Transkulturalität bereits als wesentlichen Bestandteil berücksichtigen und zugleich in Betracht ziehen, dass Fremdheit/Alterität im Gefolge des *cultural turn* als Konstruktion und Zuschreibungsvorgang verstanden werden kann. Auch wenn transkulturelle Alterität traditionell mit dem Phänomen und den Themen von Migration verbunden wird, kann sie auch als Querschnittsthema unserer Lebenswelten aufscheinen. Zum „Anderen" bedarf es des wahrnehmenden, die Identität und Abgrenzung vornehmenden Subjekts, das den hegemonialen Diskurs über das Selbst und das Andere eröffnet und das letztere damit allererst konstituiert. Das/der Fremde taucht auf, erscheint, wandert, so wird es zumeist in der Literatur inszeniert und im realen Leben erfahren. Schon Georg Simmel bezeichnet in seinem „Exkurs über den Fremden" das Wandern als repräsentatives Muster von Fremdheit, zu der aber auch gehört, dass der Fremde kommt und bleibt.[14] Klassische Inszenierungen von Fremdheit finden sich bei Franz Kafka, sehr offensichtlich in seiner Erzählung „Die Verwandlung" (1912), aber auch im Roman „Das Schloß" (1922), dessen erste Zeilen bereits, so Tobias Jentsch, Fremdheit konstruieren:

> Es war spätabends, als K. ankam. Das Dorf lag in tiefem Schnee. Vom Schloßberg war nichts zu sehen, Nebel und Finsternis umgaben ihn, auch nicht der schwächste Lichtschein deutete das große Schloß an. Lange stand K. auf der Holzbrücke, die von der Landstraße zum Dorf führte, und blickte in die scheinbare Leere empor. Dann ging er, ein Nachtlager suchen; im Wirtshaus war man noch wach, der Wirt hatte zwar kein Zimmer zu vermieten, aber er wollte, von dem späten Gast äußerst überrascht und verwirrt, K. in der Wirtsstube auf einem Strohsack schlafen lassen. K. war damit einverstanden.[15]

Beginnend mit dem – für den *Fremden* typischen – Erscheinen/Ankommen von K. finden sich hier „metaphorische Umschreibungen einer radikalen Fremdheit,

---

13 Hybridität, ursprünglich aus dem Bereich der Landwirtschaft und Biologie stammend, ist seit ca. den 1990er Jahren eine Terminologie für Mischformen z.B. in sprachlicher und kultureller Hinsicht, die sich aus den zahlreichen Einflüssen ergeben, die aus Transnationalisierung und Migration in der Pluralisierung und Heterogenisierung der Gesellschaften resultieren.

14 Vgl. G. Simmel, Exkurs über den Fremden (1908), in: Gesamtausgabe, Bd. 11: Soziologie. Untersuchungen über die Formen der Vergesellschaftung, hg. von O. Rammstedt, Frankfurt a.M. 1992, 764–771.

15 F. Kafka, Das Schloß, Frankfurt a.M. 1974, 7.

von der die Figur K. geprägt ist". Von welchem K. und seiner Ankunft wird hier erzählt? Warum verharrt er *lange* auf der Brücke? Was ist eine „scheinbare Leere"? Warum ist ein Wirt verwirrt über einen Gast?[16] Es ist zum einen die Figur K., deren Fremdheit die wichtigste Exposition des Romans ausmacht, zum anderen die allgemeine Fremdheitsaura des Weltverhältnisses, die sich in der Nicht-Beziehung K.–Dorf–Schloss niederschlägt. In der Erzählung „Die Verwandlung" wird der umgekehrte Weg gegangen: Vielfältige Entfremdungen, die sich im Laufe der Erzählung in einem gegenseitigen Prozess zwischen Gregor Samsa und dem Rest der Familie erschließen und eskalieren, werden von vornherein mit der Verwandlung des Protagonisten in ein „ungeheures Ungeziefer" als Parabel signifiziert. Die Fremdheit/Entfremdung endet wie auch im Roman „Der Prozess" im Desaster/Tod. Die Inszenierung des Fremden ist ein durchlaufendes Motiv der Literatur und das Werk Kafkas nur eines der prominenten Beispiele. In der Kritik häufig mit Kafkas „Das Schloß" verglichen worden ist der Roman „L'Enquête" (2010)[17] von Philippe Claudel, der ebenfalls eine mit einem Auftrag versehene Hauptfigur, in diesem Falle völlig namenlos und nur mit dem Funktionstitel *l'enquêteur* versehen, in eine Ortschaft gelangen lässt, in der ihm seine Aufgabe, die Aufklärung einer rätselhaften Selbstmordserie unter den Angestellten einer großen Firma, durch die durchgängig verfremdenden Konstellationen – ein ausschließlich verfremdetes Verhältnis zur Firma und zur gesamten ihn umgebenden Welt der Menschen, Häuser, Maschinen – unmöglich gemacht wird.

Schon im Titel erkennbar wird das Thema der Fremdheit im Roman „L'Etranger" (1942)[18] von Albert Camus aufgegriffen. Die Hauptfigur Meursault, ein Franzose, der in Algier lebt und arbeitet, demonstriert, so die Interpretation von Jean-Paul Sartre, verschiedene Aspekte der „fundamentalen Absurdität".[19] Sartre stellt den Roman in einen Zusammenhang mit Camus' „Le Mythe de Sisyphe", welcher eine Idee des Absurden vermitteln will, während „L'Etranger" den Leser „in das Gefühl und in das Klima des Absurden eintauchen lassen will".[20] Fremdheit ist das Gefühl, das der Protagonist Meursault im Leser entstehen lässt. Die Konstruktion von Verfremdung/Fremdheit/Absurdität, in diesem Falle im Gewand von Gefühlskälte, beginnt, wie schon bei Kafkas „Das Schloß", mit den ersten Zeilen des

---

16 Vgl. Jentsch, Da/zwischen (s. Anm. 1), 12.

17 Ph. Claudel, L'Enquête, Paris 2010 (dt.: Die Untersuchung, Reinbek bei Hamburg 2013).

18 A. Camus, L'Etranger, Stuttgart 2003.

19 Vgl. J.-P. Sartre, Situations, Bd. 1, hg. von A. Elkaïm-Sartre, Paris 2010, 135.

20 Vgl. Sartre, Situations (s. Anm. 19), 136, zitiert bei Wilden, Konstruktion von Fremdheit (s. Anm. 9), 149f.

Buchs: „Heute ist Mutter gestorben. Oder vielleicht gestern, ich weiß es nicht".[21] Ein weiteres Beispiel für das Klima von Fremdheit und Absurdität ist ein Gespräch mit Marie, mit der Meursault nach der Beerdigung seiner Mutter ein Verhältnis begonnen hat. In diesem Gespräch trägt Marie ihm die Heirat an, er reagiert darauf mit einer Mischung aus Arroganz und Nonchalance. Es sei ihm egal und natürlich könnten sie heiraten und auf die Frage, ob er sie liebe, reagiert er mit dem Hinweis, dass er schon einmal gesagt habe, dass das zweifellos nicht der Fall sei, aber dass dies keinerlei Bedeutung habe und dass sie es sei, die gefragt habe, und er kein Problem damit habe, sie zu heiraten.[22]

Fremdheit drückt sich hier nicht in einer (konstruierten) kulturellen Kluft aus, sondern in einer, mit Sartre gesprochen, Absurdität der dreifachen Beziehung von Mensch und Welt: Mensch gegenüber der Welt, Mensch unter Menschen und das Selbst im Vergleich zu sich selbst.[23] Der Roman „L'Etranger" expliziert dies in Gestalt von Tabubrüchen und Gefühlskälte der Hauptfigur Meursault: Verzicht auf das Öffnen des Sarges seiner Mutter, um sie zum letzten Mal zu sehen, Rauchen am Sarg, Abreise direkt nach der Beerdigung, bei der er keine Gefühlsregung gezeigt hatte, einen Tag später Beginn einer Affäre mit Marie und Besuch einer Komödie im Kino, die Tötung des Arabers am Strand, auf dessen Leiche er noch vier weitere Schüsse abfeuert. Auf dem Hintergrund völliger Gefühlskälte und fehlender Reue wird Meursault zum Tode durch die Guillotine verurteilt und auch der letzte Satz des Romans macht noch einmal das durchlaufende Motiv des Todes und der Sinnlosigkeit des Daseins unter dem Aspekt der absurden Verfremdung und Beziehungslosigkeit sichtbar. Im Blick auf Tat und Ort seiner Hinrichtung wünscht er sich möglichst viele Gäste und Beobachter, um sich nicht so einsam zu fühlen, und sie mögen ihn mit Hassschreien empfangen.[24] Die Wahrnehmung des Fremden ist nicht nur in der Literatur ein Phänomen von Konstruktion, aber

---

21 Camus, L'Etranger (s. Anm 18), 3: „Aujourd'hui, maman est morte. Ou peut-être hier, je ne sais pas".

22 Camus, L'Etranger (s. Anm 18), 51: „Le soir, Marie est venue me chercher et m'a demandé si je voulais me marier avec elle. J'ai dit que cela m'était égal et que nous pourrions le faire si elle le voulait. Elle a voulu savoir alors si je l'aimais. J'ai répondu comme je l'avais déjà fait une fois, que cela ne signifiait rien mais que sans doute je ne l'aimais pas. ‚Pourquoi m'épouser alors?‘ a-t-elle dit. Je lui ai expliqué que cela n'avait aucune importance et que si elle le désirait, nous pouvions nous marier. D'ailleurs, c'était elle qui le demandait et moi je me contentais de dire oui."

23 Vgl. Sartre, Situations (s. Anm. 19), referiert bei Wilden, Konstruktion von Fremdheit (s. Anm. 9), 149–152.

24 Camus, L'Etranger (s. Anm 18), 142: „Pour que tout soit consommé, pour que je me sente moins seul, il me restait à souhaiter qu'il y ait beaucoup de spectateurs le jour de mon execution et qu'ils m'accueillent avec des cris de haine."

literarische Beispiele offenbaren als herausragende Orte des Konstruierens die Mechanismen und die erkenntnisleitenden Motive, die das Andere oder Fremde auf den Plan bringen. Denn das Andere, sofern es auch das Fremde sein soll, bedarf des Aktes der Zuschreibung, der Konstruktion, wenn der Gedanke der Andersheit nicht, wie etwa bei Lévinas, nur die formale Dimension des Erkenntnis- und Interaktionsgegenübers beinhalten soll, ohne dass damit eine (vermeintliche) qualitative Fremdheit einherginge.

3 „Othering" oder die Anerkennung des Anderen/Fremden

Der Vorgang der Zuschreibung von Fremdheit/Anderssein, in der Diskussion auch als *Othering* bezeichnet, findet sich inhaltlich und terminologisch verstärkt seit der Postkolonialismusdebatte und wurde insbesondere durch Edward Said mit seinem Buch „Orientalism" (1978)[25] angestoßen und von Gayatri Chakravorty Spivak 1985 weitergeführt. In dieser Diskussion verschränken sich zwei Ebenen: zum einen die Ebene einer Andersheit, die – wenn auch mit Ermessensspielraum – an objektivierbaren Kriterien erhebbar wäre, wie etwa ethnische Zugehörigkeit, Anderssprachlichkeit, Generationenunterschied, Religionszugehörigkeit oder Ähnliches, zum anderen die Dimension einer gefühlten und erlebten Andersheit, die nicht unbedingt mit der ersten Ebene übereinstimmen muss, sondern Bereiche des emotionalen und atmosphärischen Erkenntnis- und Urteilsvermögens betrifft und berührt, ohne dass es „harte" Kriterien des Unterschiedlichseins gäbe. Auch Klaus Lösch warnt vor einer Essentialisierung von Fremdheit: „Fremdheit ist eben nicht als objektive Eigenschaft zu verstehen, sondern als ein Beziehungsmodus und dieser ist alles andere als gegeben und zeitlich stabil".[26] Inklusions- und Exklusionsvorgänge von Minderheiten jeglicher Art zeigen deutlich, dass Andere zu „Fremden" gemacht werden oder umgekehrt Fremdheit ignoriert wird: es finden Zuschreibungen und Alterierungsdiskurse statt, die zur Identitätsbildung bzw. -stärkung der Zuschreibenden dienen. Das Eigene, so Lösch im Anschluss an Bernhard Waldenfels,[27] existiert genauso wenig ontologisch wie das Fremde und es ist ihm auch nicht vorgängig, sondern das Eigene konstituiert sich erst mit dem Fremden. Andererseits will Waldenfels der Vereinnahmung, Bagatellisierung und damit Vernichtungsbestrebungen des Fremden wehren, indem er das „radikal

---

25 E. Said, Orientalismus, Frankfurt a.M. [4]2014.

26 K. Lösch, Das Fremde und seine Beschreibung, in: Broders u.a., Phänomene der Fremdheit (s. Anm. 11), 25–49: 31.

27 Vgl. B. Waldenfels, Grundmotive einer Phänomenologie des Fremden, Frankfurt a.M. 2006.

Fremde" beschreibt als „eine Fremdheit, die weder auf Eigenes zurückgeführt, noch einem Ganzen eingeordnet werden kann, die also in diesem Sinne irreduzibel ist [...]. Fremdheit in ihrer radikalen Form besagt, daß das Selbst auf gewisse Weise außer sich selbst ist und daß jede Ordnung von Schatten des Außer-ordentlichen umgeben ist. Solange man sich dieser Einsicht verschließt, bleibt man einer relativen Fremdheit verhaftet, einer bloßen Fremdheit für uns, die einen vorläufigen Stand der Aneignung entspricht".[28] Die Radikalität des Fremden drückt sich darin aus, dass sie die Eigenmächtigkeit des Selbst und seine Möglichkeiten in Frage stellt und einen Widerstand bietet, der für das Subjekt verstörend ist und seine Positionalität herausfordert. Zugleich provoziert das Fremde Abwehr, die sich in gewisser Weise gegen das Eigene/das Selbst richtet insofern, als Eigenes und Fremdes miteinander verschränkt sind, so Waldenfels.[29]

Die kulturelle Produktion kennt auch die Alterität in Gestalt des Monsters. Dabei muss das Monströse nicht in jedem Falle böse sein, auch monströse Gutmütigkeit, Tollpatschigkeit, Alterität im Sinne völlig anderer Größenordnungen (King Kong, Godzilla [mit Entwicklung vom Zerstörer zum Freund], Gamera) kann gemeint sein. Es geht um das Fremdartige, das bisherige hermeneutische Kategorien und Ordnungen sprengt. Monster sind „hybride Wesen, die durch ihr Verhalten Grenzziehungen durchbrechen und auf die Schwierigkeiten hinweisen, zwischen Innen und Außen, Kultur und Unkultur, realer und mythischer Welt, Bewusstsein und Unbewusstem zu trennen".[30] Das Monster „zeigt an, was in der Eigenwelt unerwünscht, verboten, tabuisiert ist; gleichzeitig lenkt es das Augenmerk auf andere Möglichkeiten des Verhaltens. Es warnt vor der Grenzüberschreitung, verlockt aber auch dazu und erzeugt so im Leser oder Zuschauer Angstlust [...]. Das Monster kann im Hinblick auf die Eigenwelt einerseits konservativ-bewahrende Reaktionen provozieren, andererseits subversiv wirken und zum Zeichen des Widerstands oder der Emanzipation werden."[31] Die in der Fiktion, im Film, im Roman konstruierte Alterität in „normaler" oder monströser Gestalt begegnet meist nicht als in freier Kommunikation zwischen Subjekt und seinem Gegenüber, sondern als in einem Machtgefälle befindlich: ethisch minderwertig, tollpatschig, politisch auf der falschen Seite, hinterhältig. Oft werden die quantitativen Verhältnisse umgedreht: in Südafrika bis zu Beginn der 1990er Jahre die weiße „Normalität" gegen-

---

28 Waldenfels, Grundmotive (s. Anm 27), 116f.

29 Vgl. Lösch, Das Fremde (s. Anm. 26), 34.

30 P. Goetsch, Der Andere als Monster, in: W. Eßbach (Hg.), Wir/ihr/sie. Identität und Alterität in Theorie und Methode, Würzburg 2000, 279–295: 287.

31 Goetsch, Der Andere (s. Anm. 30), 291. Vgl. auch U. Dehn, Religionen in Ostasien und christliche Begegnungen, Frankfurt a.M. 2006, 209–224.

über der schwarzen „Alterität", im Irak unter der Herrschaft der Baath-Partei die sunnitische Minderheit als „Normalität", die die schiitische Mehrheit als „Alterität" unterdrückte, umgekehrt wird in Indien die große Minderheit der Dalits („Kastenlosen", „Unberührbaren") von den mehrheitlichen „Kastenhindus" zur Alterität gemacht.[32]

Im Alteritätsdiskurs geht es oft nicht ausschließlich um kognitive Aspekte, sondern auch um eine ethische Dimension. Auf der Basis des Hinweises, dass der Fremde das Subjekt herausfordert und verstört und gewohnte Wahrnehmungen durchkreuzt, entwickelt Waldenfels den Gedanken der *Responsivität*, die als *Antwortlichkeit* der Verantwortung für unser Tun und Sprechen vorausgeht. Mit dem (Ver-)Antwortungsbegriff ist Waldenfels dem Denken von Lévinas nahe, der dies ebenfalls, jedoch mit dem Postulat der Passivität im Umgang mit dem Anderen und unter Verzicht auf ein verstehen-wollendes Erkenntnisinteresse, veranschlagt.

Said hat mit seiner bahnbrechenden Studie zum Orientalismus in erstmaliger Schärfe auf das Konstruiertsein von Unterschiedlichkeit auch im Wissenschaftsdiskurs hingewiesen. Er zeigte, fußend auf der Diskursanalyse von Michel Foucault, wie in der Literatur der Orientalistik bzw. Islamwissenschaft des ausgehenden 19. und beginnenden 20. Jahrhunderts ein hegemonialer und „Abendland" und „Orient" kontrastierender Diskurs geführt wurde, den er jenseits der kognitiven Aspekte unter anderem auf Machtinteressen zurückführte. Dieses *Othering*, das den „Orient" als rückständig, unaufgeklärt und mysteriös gegenüber dem aufgeklärten und fortschrittlichen „Westen" charakterisiere, beruhe auf uralter und tiefsitzender Feindseligkeit gegenüber dem Islam. Diese Sicht des Orients entspreche den kolonialistischen kulturellen und politischen Machtverhältnissen. Obwohl Saids Buch aufgrund von historischen, geographischen und zeitlichen Ungenauigkeiten auch sehr kritisch rezipiert wurde,[33] gab es wichtige Anstöße für den späteren Verlauf der Postkolonialismusdebatte und eine allgemeine kritische Reflexion auf die Diskursstrukturen sowohl hegemonial-abfälliger als auch positiv-exotisierender Art über die von Said bezeichneten Debattenfelder.

Unter Beachtung der genannten Problemanzeigen und unter möglicher Vermeidung von *Othering*-Syndromen werden im Bereich der Hermeneutik interkultureller Begegnung mit internationaler Konstellation gerne vorhandene Modelle rezipiert, aber auch notwendige kritische Korrekturen vorgenommen. Kurt Rött-

---

32 Vgl. Dehn, Religionen in Ostasien (s. Anm. 31), 214.

33 Vgl. I. Warraq, Defending the West. A Critique of Edward Said's „Orientalism", Amherst, N.Y. 2007; D.M. Varisco, Reading Orientalism. Said and the Unsaid, Seattle 2007.

gers hat vier Modelle des Umgangs mit dem Fremden/Anderen unterschieden, die er metaphorisch benennt und erläutert: (1) das Xenophagentum, wörtlich „Verspeisen des Fremden", das restlose Aneignen und Einverleiben, Vereinnahmen des Fremden und damit faktisch die Auflösung der Fremdheit; (2) den Exodus, die umgekehrte Bewegung im Sinne einer völligen Auslieferung an das Fremde; (3) die Odyssee als die Bereitschaft, das Fremde herumirrend zu erfahren, jedoch nicht im Sinne eines um ernsthaftes Verstehen bemühten Sich-Aussetzens, sondern orientiert „an Bedürfnissen der Gewinnung von Sicherheiten für die eigene Wegbahnung in die Fremde" und in der Zuversicht, das Fremde zu überwältigen und selber „heimzukehren". (4) Der Nomadismus schließlich flexibilisiert den Umgang mit dem Fremden, nimmt „die Grenze mit auf die Wanderung" und nimmt im Sinne der wandernden Grenzen Unterschiedliches als fremd wahr. Röttgers hält das xenophagische und das odysseeische Modell, d.h. diejenigen Modelle, die auf unterschiedliche Weise die Rückbindung an die Bedürfnisse des eigenen Bewusstseins in den Vordergrund stellen, für dem „modernen Bewusstsein" am ehesten entsprechend.[34] Auch Theo Sundermeier entwickelt in seiner Xenologie drei Verstehensmodelle. (1) Das *Gleichheitsmodell* negiert Fremdheit und sieht in erster Linie nicht ein Verstehens-, sondern ein Verständigungsproblem. Das Gegenüber wird (günstigenfalls) als Mensch betrachtet, dies allerdings nicht unter kolonialen Bedingungen, und muss evtl. mit Bedingungen des Menschseins ausgestattet werden, wie Bartolomé de Las Casas es forderte.[35] (2) Das *Alteritätsmodell* erkennt in seinen verschiedenen Varianten das Fremde als Fremdes an, jedoch zeitigt es mehrere Wege des Umgangs mit dem Anderen: Tremendum – Der Fremde als Feind, der vernichtet werden muss, der einen „Kampf auf Leben und Tod" auslöst. Das Modell lebt vom Gegensatz, der zugleich identitätsverstärkend ist. Fascinosum – Das Fremde ist faszinierend und veranlasst den „Verstehenden" zur völligen Hingabe an die andere Kultur und zum Brückenabbau zu seiner bisherigen Identität (dem Exodus-Modell von Röttgers nahe). Der dritte Aspekt des Alteritätsmodells betrachtet das Fremde als hilfsbedürftig. Es geht nicht um ernsthafte Verstehensbemühungen, sondern um Herablassung, um diakonische Maßnahmen, um Unterwerfung.[36] Das *Komplementaritätsmodell* liegt den meisten derzeit diskutierten xenologisch-hermeneutischen Konzepten zugrunde, hat aber seinerseits wiederum mehrere Aspekte: (1) „Der Fremde ergänzt mich": Defizite meiner selbst

---

34 Vgl. K. Röttgers, Fremdheit, in: A. Wildfeuer u.a. (Hg.), Neues Handbuch philosophischer Grundbegriffe, Freiburg i.Br. 2011, 818–832, zitiert nach: Lösch, Das Fremde (s. Anm. 26), 28.

35 Vgl. Th. Sundermeier, Den Fremden verstehen. Eine praktische Hermeneutik, Göttingen 1996, 73.

36 Vgl. Sundermeier, Den Fremden verstehen (s. Anm. 35), 74.

werden erkannt, „Aneignung" des Fremden findet statt. Er bereichert mich und eröffnet den Blick auf das Ganze. (2) Die Begegnung mit dem Fremden dient mir nur als Weg zu mir selber, als Spiegel der eigenen Identitätsfindung/-stärkung. Dem Verstehen des Fremden steht die eigene Egozentrik im Weg, jedoch verändert die Fremderfahrung den Menschen. (3) „Permanenz im Verhalten gegenüber dem Fremden" wäre ein Potenzial der Konzepte von Buber und Lévinas, wenn sie sowohl das wirklich Fremde am Fremden anerkennen, ihn nicht nur als das mich ergänzende Du verstehen und auch jede Asymmetrie vermeiden, d.h. weder Instrumentalisierung noch Vereinnahmung noch Enteignung stattfinden.[37] Sundermeier entwickelt ein Modell, das weniger bestimmte hermeneutische Vorgaben macht als vielmehr Horizonte einer Lebens- und Kommunikationsgemeinschaft aufzeigt. Unter dem Begriff einer „theologischen Ethik im Verstehensprozeß" fasst er seine Überlegungen zusammen mit den Schritten (1) *Wahrnehmung in Distanz*, unter Benutzung des Paradoxons „Hinsehen und sich kein Bildnis machen",[38] (2) *teilnehmende Beobachtung*, die er als wechselseitiges Geschehen betrachtet und sich unter Zuhilfenahme eines „Fremdenführers", eines „Go-Between" vorstellt, (3) *(Teil-)Identifikation*: die Schönheit der anderen Kultur wahrnehmen, ohne die eigene Identität aufzugeben.[39] Als Ort des Ziels eines solchen hermeneutischen Prozesses und der Umsetzung beschreibt Sundermeier die Konvivenz, die „die Differenzen zur Voraussetzung [habe] und die bleibenden Unterschiede [respektiere]." Konvivenz wird in einer dreifachen Entfaltung gelebt: gegenseitiges Helfen, wechselseitiges Lernen, gemeinsames Feiern, und sie zielt auf Gegenseitigkeit: „niemand ist einseitig Objekt der Begegnung, niemand einseitig Subjekt des Handelns und Engagements".[40] Diese Überlegungen stehen im Duktus der Kritik Sundermeiers an Konzepten, die nach seiner Interpretation zur Instrumentalisierung der Wahrnehmung des Fremden für die Konstituierung des Eigenen/Selbst/Ich tendieren (Lévinas, Buber) und den Fremden nicht als solchen respektieren.

4 Fremdheit, Migration und Diaspora

Neben den erkenntnistheoretischen sind soziologische und ethnologische Aspekte wichtig, die zugleich zur Thematik von Transkulturalität und allgemein kultureller Identität beitragen können. Constantin von Barloewen hat 1993 die zum

---

37 Vgl. Sundermeier, Den Fremden verstehen (s. Anm. 35), 75f.
38 Sundermeier, Den Fremden verstehen (s. Anm. 35), 223.
39 Vgl. Sundermeier, Den Fremden verstehen (s. Anm. 35), 224f.
40 Sundermeier, Den Fremden verstehen (s. Anm. 35), 226.

damaligen Zeitpunkt identifizierbare Fremdheitsthematik zusammengefasst und in gewissem Sinne auch auf ihre Trivialität hingewiesen, denn „ohne Fremde und ohne Fremdes [sei] keine Kultur möglich",[41] was schließen lässt, dass auch der Gedanke der Hybridität trivial wird, wenn jede kulturelle Gestaltung aus dem transkulturellen Zusammenfluss lebt. Seit jeher ist Migration ein kulturgenerierender Faktor gewesen, der allerdings in vielen Fällen in seinem Vollzug skeptisch gesehen oder gar abgelehnt, in seinen kulturellen Resultaten jedoch begrüßt wurde. Kulturelle Prägungen entwickeln osmotische Tendenzen, die nur durch aktive Gegensteuerung wie Ghettoisierung von Migranten oder sprach- bzw. allgemein kultursteuernde Regulierungen unterbunden werden können. „Zwischen 1800 und 1914 wurde die Emigration von Europa nach Amerika auf 50 Millionen Menschen geschätzt, allein im Jahr 1984 kamen mehr als eine halbe Million legale Immigranten in die USA, die Mehrzahl von ihnen aus Mexiko, den Philippinen und Vietnam. Aber auch die kurdische Vertreibung nach dem Golfkrieg von 1991 im Nahen Osten, die Tamilenfrage in Sri Lanka, die Menschenwanderungen in Afghanistan, der erwartete Exodus aus Osteuropa und der Sowjetunion, für den die Flucht der Albaner nach Italien nur ein kleines Vorspiel war, sind eindeutige Beispiele".[42] Die Beobachtung von Barloewens könnte durch Ergänzungen der derzeitigen Fluchtgebiete Syrien, Afghanistan, Irak, Nordafrika etc. ergänzt werden, von der Sache her jedoch hat sie ihre Aktualität nicht verloren.

Das Thema der Fremdheitswahrnehmung ergibt sich aus der Migration, aus der Kontextverschiebung von Menschen und den sich daraus ergebenden kulturellen Kontrasten. Diese Kontraste sind temporär und dem osmotischen Prozess unterworfen, der sie aufweichen und die fluide Kultur aus einem multikulturellen in einen cross- oder transkulturellen Zustand übergehen lässt. Daraus entstehen mindestens zwei Perspektiven, die der (ursprünglichen) „Mehrheitskultur" mit ihrer Aufsicht auf die immigrierte Kultur der Migranten und die Sicht der Migranten auf die sie umgebende Mehrheitskultur in ihrer Diasporasituation. Darauf, dass Migration als eine Form der „grenzüberschreitenden Vergesellschaftung" (Ludger Pries[43]) kein langfristiger Faktor der Schaffung von kultureller Bipolarität ist, sondern vielmehr einen Aspekt des Impulses in kulturelle Netzwerke hinein darstellt, wird seit langem in der Literatur hingewiesen, am prominentesten

---

41   C. von Barloewen, Fremdheit und interkulturelle Identität. Überlegungen aus der Sicht der vergleichenden Kulturforschung, in: A. Wierlacher (Hg.), Kulturthema Fremdheit. Leitbegriffe und Problemfelder kulturwissenschaftlicher Fremdheitsforschung, München 1993, 297–318: 299.

42   Von Barloewen, Fremdheit (s. Anm. 41), 301.

43   Vgl. L. Pries, Transnationalisierung. Theorie und Empirie grenzüberschreitender Vergesellschaftung, Wiesbaden 2010.

durch Wolfgang Welsch mit seinen Arbeiten zur Transkulturalität, in denen er seit 1990 entwickelte, dass Kulturen nicht monolithische „Kugeln", sondern Netzwerke darstellen und zu Konstitutionen der Individuen führen, die durch kulturelle Verflechtungen und Beeinflussungen geprägt sind, was nicht nur auf Migranten, sondern auf alle Teilhaber einer Gesellschaft zutrifft.[44] Er grenzt sich damit gegen die geläufigeren Begriffe der Multi- oder Interkulturalität ab, die ein mosaikartiges Nebeneinander von essentialisierten Kulturblöcken suggerieren können, und betont ein hybrides Kulturkonzept, das von einer internen Differenziertheit und externen Austauschprozessen sowie Überlagerungen kultureller Netzwerke ausgeht.[45] In Anlehnung an das Stichwort Diskursfeld[46] können Kulturen auch als Interaktions- und Kommunikationsfelder bezeichnet werden, die sich aufgrund neuer Impulse und Anreicherungen immer wieder neu gestalten. Dies bedeutet umso mehr, dass die Ansicht kultureller Überfremdung einer „einheimischen" Kultur durch Migrantenkulturen Ausdruck einer interessengeleiteten Wahrnehmung ist. Insofern als Migration ein wichtiger Hintergrund von Fremdwahrnehmung ist, werde ich im Folgenden auf einige Aspekte der Motivgeschichte eingehen.[47]

Migration stellt (fast) den Normalfall der Menschheitsgeschichte dar. „Über mehrere Generationen an einem Ort sesshaft zu sein, markiert dagegen nur eine kurze Episode. Eine noch jüngere Erfindung der Menschen ist es, in politisch definierten und mittels eines ‚Monopols legitimer Gewaltsamkeit' (Max Weber) nach innen und außen verteidigten Territorien als geographisch-räumlich verbundenen Einheiten zu leben [...]. Die Durchsetzung der Idee von Nationalstaat und Nationalgesellschaft im 19. und 20. Jahrhundert war in gewisser Hinsicht der Kulminationspunkt dieser Entwicklung (Brubaker 1994[[48]]). Vor diesem Hintergrund ist

---

44 Vgl. W. Welsch, Was ist eigentlich Transkulturalität? In: L. Darowska/C. Machold (Hg.), Hochschule als transkultureller Raum? Beiträge zu Kultur, Bildung und Differenz, Bielefeld 2010.

45 Vgl. K. Sinner, Transkulturalität versus Multi- und Interkulturalität, Stadtkultur Magazin (Hamburg) 16 (2011), http://www.stadtkulturmagazin.de/2011/03/transkulturalitat-versus-multi-und-interkulturalitat/ (Abruf März 2016).

46 Vgl. R. Ullrich, Diskursfelder. Eine Analyse der Handlungs- und Spannungsfelder ethnologischer Tätigkeit, dargestellt am Beispiel der strukturalen Analyse von Claude Lévi-Strauss, Göttingen 1992. Das Konzept des Diskursfeldes wurde an vielen Stellen rezipiert, u.a. in der Religionswissenschaft von H.G. Kippenberg/K. von Stuckrad, Einführung in die Religionswissenschaft, München 2003; K. von Stuckrad, Was ist Esoterik? Kleine Geschichte des geheimen Wissens, München 2004.

47 Dabei mache ich Gebrauch von einigen Überlegungen in meinem Aufsatz: Migration im Kontext. Motivgeschichtliche und diasporaltheoretische Perspektiven, Interkulturelle Theologie 37,2–3 (2011), 146–156.

verständlich, dass Migration in der Moderne nicht mehr als eine relativ dauerhafte *Lebensform* betrachtet wurde, sondern als der zu einem bestimmten Zeitpunkt und exzeptionell erfolgende *Übergang* von einem ‚Wohnort' zu einem anderen." Es fand überwiegend Land-Stadt-Migration statt: „Städte als große Menschenansammlungen wurden zum Inbegriff von Zivilisation und Fortschritt".[49]

Neben der real existierenden und historisch und religionssoziologisch nachvollziehbaren Migration gibt es auch die mythische Erinnerungskultur an migratorische Ursprungsgeschichten, die sich entweder in der Gründungsgeschichte von Religionsgemeinschaften finden oder gar ihre gesamte Geschichte prägen. Die jüdisch-christliche Ursprungsgeschichte beginnt mit der Wanderung Abrams/Abrahams von Haran an einen Ort, den Gott ihm zeigen würde. Sie enthält weiterhin aus Anlass der Josephsgeschichte die Migration nach Ägypten bis hin zur Rückkehr, dem „Exodus" zurück in das „gelobte Land". Es folgt schließlich die kriegs- und eroberungsbedingte unfreiwillige Migration in das babylonische Exil und Jahrzehnte später eine partielle Rückkehr nach Jerusalem. Auch die Geschichte Jesu war durch unausgesetzte Wanderung geprägt, die sich in der Missionstätigkeit der Jünger/Apostel fortsetzte.

Die Biographie des Buddha im 5./4. Jahrhundert v.Chr. ist durch eine weitreichende Migration geprägt. Der Ort seiner Kindheit und Jugend bis zum gereiften Erwachsenenalter in Kapilavattu (heute auf nepalesischem Gebiet) und der Ort seiner Erleuchtungsmeditation in Uruvela südlich des Ganges sind ungefähr 150 km voneinander entfernt. Eine ähnliche Entfernung war zurückzulegen, um anschließend die neu erlangte Einsicht im Park von Sarnath in der Nähe von Benares/Varanasi zu verkünden. Auch im späteren Leben des Buddha und seiner Anhänger fanden stetige Wanderungen durch Nordindien statt.[50]

Das Leben Muhammads und seiner Anhängerschaft zu Beginn des 7. Jahrhunderts war durch Migrationen geprägt, die sich zumeist aus der Minderheits- und Unterdrückungssituation der Gruppe um Muhammad erklärten. Zunächst war dies um 615 n.Chr. die Auswanderung eines Teils seiner Anhänger nach Abessinien und 622 n.Chr. die Übersiedlung der in Mekka verbliebenen Gruppe um Muhammad nach Yathrib, das spätere Medina.[51]

---

48   R. Brubaker, Citizenship and Nationhood in France and Germany, Cambridge, Mass. ²1994.

49   L. Pries, Internationale Migration, Bielefeld ³2010, 5.

50   Vgl. zum Buddha und zur frühen Geschichte des Buddhismus H.W. Schumann, Der historische Buddha. Leben und Lehre des Gotama, München 1982; ders., Auf den Spuren des Buddha Gotama. Eine Pilgerfahrt zu den historischen Stätten, Olten 1992; M. Hutter, Das ewige Rad. Religion und Kultur des Buddhismus, Graz 2001, 18–32; A. Michaels, Buddha, München 2011.

51   M. Ibn Ishaq, Das Leben des Propheten. As-Sira An-Nabawiya, übersetzt von G. Rotter, Kandern

Neben vielen weiteren Migrationsnarrativen kann die Geschichte der Mormonen, der „Kirche Jesu Christi der Heiligen der letzten Tage", genannt werden, die von ihrer Gründung 1830 bis zu ihrer Ankunft 1947 am Salt Lake im späteren Bundesstaat Utah einen Weg über Fayette (New York), Harmony, Kirtland, Independence, Far West und Nauvoo bis hin nach Deseret Territory (in ähnlichen Grenzen das spätere Utah) in den Rocky Mountains zurücklegten.[52] Auch der Beginn des Buchs Mormon schildert eine Migration in die und in der Wildnis und eine Schiffsreise in das gelobte Land.[53] So findet sich hier das Nebeneinander einer Migration, die historisch nachweisbaren Charakter hat, und einer *invented tradition*[54] im Buch Mormon.

5 Zur Diaspora-Debatte als Bestandteil des Migrations- und Fremdheitsdiskurses

Fremdheitswahrnehmung aus Sicht der „Fremden", d.h. Diasporabewusstsein, ist in der Forschung mit einer Reihe von Theorien und Kategorien belegt worden. Ein klassischer Diasporabegriff findet sich bei William Safran, der 1991 folgende Beschreibung vorgeschlagen hat: diasporische Gruppen seien Gemeinschaften von *expatriates*, „(1) die sich von einem ursprünglichen Zentrum an mindestens zwei periphere Orte verstreut haben; (2) die eine Erinnerung, Vision oder einen Mythos des ursprünglichen Heimatlandes aufrechterhalten; (3) die glauben, dass sie in ihrem Gastland nicht voll akzeptiert sind; (4) die die Heimat ihrer Ahnen als Ort einer letztlichen Rückkehr, wenn die Zeit dafür gekommen ist, sehen; (5) die sich der Aufrechterhaltung und Wiederherstellung dieser Heimat widmen; und (6) deren Gruppenbewusstsein und -solidarität zentral über die anhaltende Beziehung mit dem Heimatland geprägt ist".[55] So klassisch diese Definition ist, so konservativ ist sie auch und bildet sich nur sehr partiell in den Milieus ab, die Safran als diasporisch charakterisieren würde. Im Zuge des *cultural turn* und bei seinem Versuch, essentialisierende Definitionen als Zuschreibungen zu ver-

1999; H. Bobzin, Mohammed, München 2000; Z. Konrapa, Muhammad el-Emin, Köln (DITIB) o.J.; H.A. Schmiede, Das Leben des Propheten, Köln (DITIB) o.J.

52   Vgl. H. Obst, Apostel und Propheten der Neuzeit, Göttingen 2000, 266–315.

53   Vgl. bes. Das Erste Buch Nephi im Buch Mormon.

54   Vgl. zu diesem Begriff E. Hobsbawm, Introduction, in: E. Hobsbawm/T. Ranger (Hg.), The Invention of Tradition, Cambridge 1983, 1–14.

55   W. Safran, Diasporas in Modern Societies. Myths of Homeland and Return, Diaspora 1,1 (1991), 83–89: 83f. Dt. Text bei R. Mayer, Diaspora. Eine kritische Begriffsbestimmung, Bielefeld 2005, 9f.

stehen, hat zum Beispiel Paul Gilroy mit seiner Theorie des „Black Atlantic" die Orientierung auf ein „Herkunftsland" aufgebrochen und vielmehr Diaspora als Gegenkultur und Gegengeschichte konzipiert anstelle einer sternförmigen Orientierung auf das „Herkunftsland Afrika". Die Betroffenen werden nicht mehr mit feststehenden Identitäten konstruiert, sondern als Konglomerat von identitätsbeeinflussenden Aspekten notiert, für die sich eine diasporische Identifikation außerhalb der politischen Codes und Staatsbürgerschaft vollziehe.[56] Diese Linie wird von der niederländischen Anthropologin Gerrie ter Haar bestätigt, die das Konstatieren einer Rückbindung afrikanischer Christen an ihre afrikanische Heimat als Zuschreibung westlicher Diasporaforschung betrachtet. Die sentimentale Bindung an das Heimatland sei einer pragmatischen Beziehung gewichen.[57] Benjamin Simon möchte (im Unterschied zu ter Haar) am Diasporabegriff festhalten und meint aufgrund seiner Untersuchungen in afrikanischen Migrantengemeinden in Deutschland auch Rückbindungswünsche an die jeweiligen Heimatländer und -kirchen attestieren zu können.[58]

Die Schwierigkeit des Aushandlungsprozesses von diasporischen Identitäten unter den Bedingungen komplexer Biographien und Lebenswelten wird von Roger Bromley anhand des australischen Films „Floating Life" (1996) von Clara Law veranschaulicht (wobei der von ihm benutzte Diasporabegriff in seinem Zusammenhang nur noch wenig Sinn hat). In diesem Film geht es um die mehrfachen Migrationen der chinesisch-stämmigen Familie Chan, deren Stationen Hongkong, Australien und für eine der Töchter schließlich Deutschland waren.

> Ich weiß nicht, wo meine Heimat ist. Ich weiß nicht, ob ich mich selbst als Chinesin sehen soll. Ich bin in Hongkong geboren, ich spreche kein Mandarin. Und bald wird Hongkong nicht mehr Hongkong sein. Die Farbe meiner Haut ist gelb, nicht weiß. Ich spreche Deutsch mit Akzent, ich lebe in Deutschland, aber ich bin nicht wirklich deutsch. Ich weiß nur, dass meine Wurzeln bei meinen Eltern sind. Vor zehn Jahren habe ich mein Studium abgeschlossen und bin hierhergekommen [1984]. Sie haben mich nie um etwas gebeten. Jetzt sind sie alt. Je glücklicher ich in Deutschland bin, desto mehr tut es weh.[59]

---

56 Vgl. P. Gilroy, Diaspora, Paragraph 17,1 (1994), 207–212.

57 Vgl. G. ter Haar, Halfway to Paradise. African Christians in Europe, Cardiff 1998.

58 Vgl. B. Simon, Afrikanische Kirchen in Deutschland, Frankfurt a.M. 2003, 55–67.

59 Aus: „Floating Life", zitiert nach R. Bromley, Das Aushandeln von diasporischen Identitäten, in: A. Hepp/M. Löffelholz (Hg.), Grundlagentexte zur transkulturellen Kommunikation, Konstanz 2002, 765–818: 807f.

In Anbetracht der zahlreichen unterschiedlichen persönlichen Verarbeitungen migratorischer Existenz, der Unterschiede der Erfahrungswelten und der „dezentralen, informellen, flüchtigen Strukturen" ist es, so Ruth Mayer, extrem schwierig, ein bestimmtes „diasporisches Bewusstsein" auf Seiten der Migranten zu identifizieren.[60] Diese Schwierigkeit lässt sich entsprechend auf die anderen Perspektiven übertragen: auf die Art und Weise, wie Migrant*innen ihre Umgebung wahrnehmen, und darauf, wie Mitglieder der „Mehrheitsbevölkerung" das Fremde, Andere sehen.

6 Versuch eines Fazits

Bei einer Berücksichtigung des Zuschreibungsfaktors und der unterschiedlichen Lebenssituationen und je persönlichen Wahrnehmungs- und Verarbeitungsmechanismen lässt sich ein sinnvoller Gedanke über die Begegnung mit dem Fremden nur in einer Balance zwischen der Einsicht in den Charakter von zuschreibenden Konstruktionen einerseits und dem Zulassen des Fremden und Anderen als real und existierend formulieren, letzteres gemeinsam mit Sartre: „Man *begegnet* dem Anderen, man konstituiert ihn nicht".[61] Fremdwahrnehmung muss sich an folgenden Koordinatoren abarbeiten: Weder das/der Andere bzw. Fremde noch das wahrnehmende Ich/Subjekt können essentialisiert werden, da sie sich überhaupt erst in und aus der Begegnung konstituieren (Waldenfels). Gleichzeitig ist aber die Wahrnehmung ernst zu nehmen und die Fremdheit des Fremden zu respektieren. Im weiten Feld der Fremdheitsbegegnung und -wahrnehmung ist zu beachten, dass die Kulturen der Begegnungspartner keine substanzhaften Größen, sondern, wie ich es oben genannt habe, Interaktions- und Kommunikationsfelder sind, die unter vielfältigen Beeinflussungen immer wieder neu ausgehandelt werden (Welsch u. a.) und insofern in einer fluiden Konstitution von Trans- oder Crosskulturalität zu denken sind. Auf den Wahrnehmungsprozess wirken Interessen- und Machtfaktoren sowie sozialisatorische Aspekte ein. Hinzu kommt aus psychoanalytischer Sicht die Dimension der Projektion des Unbewussten, dessen, was das Ich „bei sich selbst nicht zu erkennen wagt und verleugnet und verdrängt", als „Er-

---

60 Mayer, Diaspora (s. Anm. 55), 157.
61 J.-P. Sartre, Das Sein und das Nichts. Versuch einer phänomenologischen Ontologie, Reinbek bei Hamburg 1994, 452.

kennen" am Fremden und als zusätzlicher Verschärfungsfaktor der Ambivalenz in der Beziehung von Eigenem und Fremden.[62]

Der biblische Ertrag: Während in der hebräischen Bibel in den Vätergeschichten eine eindeutige ethnische Orientierung vorherrscht – Jakob wird ausdrücklich von Isaak dazu aufgefordert, keine Kanaaniterin zur Frau zu nehmen, sondern für die Brautsuche stattdessen zu Verwandten in die Heimat zurückzugehen (Gen 28,1f.) –, haben wir in der griechischen Bibel die Begegnung Jesu mit der Syrophönizierin (Mk 7; Mt 15), seine zuwendende Erwähnung der Samariter in Lk 10 und sein Gespräch mit der samaritanischen Frau am Brunnen in Joh 4. Eine schöpfungstheologische Argumentation kann den Blick auf das und den/die Fremde/n weiten und eine hermeneutische Öffnung ermöglichen. Diese ist unter (1) ethischen und (2) erkenntnistheoretischen Gesichtspunkten zu formulieren: (1) im Vordergrund stehen der unbedingte Respekt und die Anerkennung des Anderen und Fremden als solcher ohne bewusste Vereinnahmung und Instrumentalisierung für einen Selbst-Erkenntnisprozess; (2) diese Anerkennung des Fremden erfolgt jedoch unter der erkenntnistheoretischen Einsicht und Vorgabe, dass das Selbst sich erst aus der Begegnung konstituiert und zugleich im Erkenntnisprozess immer die Verschränkung zweier Koordinaten berücksichtigen muss: zum einen die noetische Anerkennung des realen Anderen als Anderer und Fremder, der als solcher nicht von mir konstituiert wird, sondern existiert; zum anderen der Zuschreibungs- und re- und dekonstruktive Charakter meiner Erkenntnis: ein Fremder ist nie *per se* fremd, sondern ist dies aus der Perspektive der Wahrnehmenden und ggf. nur vorübergehend. Er ist es (auch) aufgrund meiner konstruierenden Vorprägungen sozialisatorischer, soziokultureller und interessegeleiteter Art und aufgrund von Machtgefügen. Das Eigene und das Fremde sind gemeinsam Teil und Teilnehmer eines Wahrnehmungs-, Interaktions- und Kommunikationsfeldes und bestimmen dieses Feld jederzeit mit ihren Aushandlungen und Interaktionen neu. Insofern kann das Ziel nicht eine „richtige Wahrnehmung" sein, sondern, in diesem Felde gedeihlich miteinander zu existieren.

Zusammenfassung

Der Aufsatz lotet den Gang der Diskussion zur Selbstkonstitution, zur Wahrnehmungsbeziehung Ich–Du und zur Fremdwahrnehmung aus und setzt diese in

---

62 Wilden, Konstruktion von Fremdheit (s. Anm. 9), 256, unter Aufnahme von J. Kristeva, Fremde sind wir uns selbst, Frankfurt a.M. 1990.

Beziehung zur Thematik von Migration und Diaspora. Ein Blick in die Literatur zu Migration und Internationalismus sowie in die Religionsgeschichte zeigt, dass Migration und Diaspora durchgehende Motive sind. Fremdwahrnehmung wird konzipiert als ein ethischer und erkenntnistheoretischer Prozess unter den Aspekten des Respektes und der Re- und Dekonstruktion.

The paper gives an insight into the discussion of how the Self is constituted by encountering the Other and into the debate of perception of the Other as strange, discussing this in relation with the issues of migration and diaspora. A view of the discussion on migration and internationalism and of the history of religions shows that migration and diaspora are ever present issues and phenomena. Perception of the Other/Strange is to be conceptionalised under the aspects of ethics (respect) and a theory of cognition (re- and deconstruction).

Konrad Ott

Der „slippery slope" im Schatten der Shoa und die Aporien der bürgerlichen Gesellschaft angesichts der Zuwanderung*

1 Einleitung

Hannah Arendt musste wie viele aus ihrer Generation als Jüdin die bittere Erfahrung machen, dass die Berufung auf Menschenrechte allein wenig hilft, sofern es keine Staaten gibt, der diese moralisch begründeten Ansprüche dessen, was einem Menschen an Rechten zusteht, rechtlich positiviert, d.h. in Geltung setzt.[1] Die Emigranten und Staatenlosen, die seit dem Ende des Ersten Weltkrieges vor terroristischen Staatsapparaten fliehen mussten, waren angewiesen auf die wohlwollende Bereitschaft anderer Staaten, ihnen Zuflucht zu gewähren. Faktisch hatten sie in dieser existentiellen, ja existenzbedrohenden Hinsicht keine wirklichen Rechte. Sie waren Bittsteller, die hofften und bangten. Alle in Geltung befindlichen Rechte waren faktisch Bürgerrechte von Staatsangehörigen; Staatenlose schienen die Menschenrechte verloren zu haben. In ihrer Begründungsdimension mochten die Menschenrechte zwar einen universalistischen Anspruch erheben, in den Genuss ihrer Gewährleistung kamen jedoch nur die Personen, die zufälligerweise das Glück hatten, Bürgerinnen bestimmter Staaten zu sein. Diese Situation wurde nicht nur als existentiell prekär erlebt, sondern vor, während und nach dem Zweiten Weltkrieg auch als moralisch und politisch unbefriedigend erkannt. Die Genfer Flüchtlingskonvention war die Folge. Moralisch erscheint es fast unmit-

---

* Zuerst veröffentlicht in: H. Hastedt (Hg.), Macht und Reflexion, Hamburg 2016, 47–75. Für kritische Kommentare bedanke ich mich bei Veronika Surau-Ott und Moritz Riemann.

1 H. Arendt, Elemente und Ursprünge totaler Herrschaft, Frankfurt a.M. 1958. „Die Menschenrechte waren als ‚unveräußerlich' bezeichnet worden, weil man annahm, daß sie von allen Regierungen unabhängig sein würden; aber es stellte sich heraus, daß in dem Augenblick, wo Menschen keine eigene Regierung mehr hatten und auf ihre Minimalrechte zurückgeworfen waren, keine Autorität mehr da war, die jene Menschenrechte schützten, und keine Institution sich bereitfand, sie zu garantieren" (Schlussbemerkungen zur ersten Auflage). Diese Schlussbemerkungen gehen auf den Essay „The Rights of Men". What Are They? Modern Review 3,1 (1949), 24–37, zurück. Ebenfalls lesenswert ist und bleibt H. Arendt, Wir Flüchtlinge (1943), in: dies., Zur Zeit. Politische Essays, München 1989, 7–21.

telbar einsichtig, dass eine Vertreibung durch totalitäre Staatsapparate nicht zum Verlust der Menschenrechte führen darf.

Die als „Mütter und Väter des Grundgesetzes" bezeichneten Personen, die unter dem Eindruck der jüngsten Vergangenheit über ein Grundgesetz für die Bundesrepublik berieten, hatten anerkennungswürdige moralische Gründe dafür, Bürgerinnen anderer Staaten ein Individualgrundrecht für den Fall einer politischen Verfolgung einzuräumen. Dieses Recht gemäß Art. 16a(1) GG[2] ist von seiner Genese her nicht nur ein Recht für weiße männliche Anti-Kommunisten, sondern universell. Für Verfassungspatriotinnen ist das Asylrecht daher mit der politischen Geschichte Deutschlands direkt verknüpft. Die Erinnerung an dramatische Fälle, in denen Menschen politische Verfolgung in all ihren Facetten erleiden und erdulden mussten (Entlassung, Entrechtung, Entehrung, Enteignung, Inhaftierung, Folter, Vertreibung, Vernichtung), gibt gute Gründe an die Hand, an dem Recht auf Asyl nach Art. 16a(1) GG festzuhalten. Joseph Carens sagt in diesem Sinne: „Contemporary reflection about refugees begins in the shadow of the Holocaust."[3]

Dieser Schatten lastet auf uns Deutschen besonders schwer in einem geschichtlichen Moment, in dem Deutschland das Zielland vieler Flüchtlinge und Migranten geworden ist und es absehbar auch bleiben wird. Dieser Schatten ist allerdings für uns Deutsche wohl ein dialektischer Schatten, in dem sich (1) Analogien zwischen damaliger und heutiger Flucht, (2) der Wunsch, sich aller Welt als besseres Land zu präsentieren,[4] (3) archaische Visionen, die Blutschuld der Ahnen durch die Aufnahme von Verfolgten zu sühnen, (4) Bestrebungen, das während der Finanzkrise entstandene Bild des kaltherzigen ökonomischen Hegemons zu korrigieren[5] und weitere Motive auf schwer zu durchschauende Weise durchmischen. Wir können aufgrund unserer besonderen Verantwortung nicht nach Gutdünken aus diesem Schatten der Shoa heraustreten, sondern müssen ihn bei allen unseren Überlegungen zu Flucht und Migration in all seiner Dialektik präsent halten.

---

2   Siehe hierzu B. Pieroth/B. Schlink, Grundrechte. Staatsrecht II, Heidelberg 2012, § 24.

3   J. Carens, The Ethics of Immigration, Oxford 2013, 192.

4   So schreibt V. Schlöndorff, Eine verunsicherte Republik, Focus Magazin 10/2016, http://www.focus.de/politik/deutschland/kommentar-von-volker-schloendorff-eine-verunsicherte-republik-deutschland-wer-bist-du_id_5333006.html (Abruf März 2016): „Ja, wir wollten ein Land, zu dem wir uns – wenn auch nicht mit stolzem Brustklopfen, so doch immerhin – bekennen konnten. 60 Jahre später schien sich dieser pubertäre Traum nun mit der Willkommenskultur zu erfüllen."

5   Über die Berechtigung dieses Bildes sei hier nicht geurteilt. Siehe aber K. Ott, Solidarität in Europa und der „Fall Griechenland", Vorgänge 196 (2011), 34–47.

Interessanterweise spielt das Recht auf Asyl weder in der Gerechtigkeitstheorie von John Rawls noch in der Demokratietheorie von Jürgen Habermas eine wesentliche Rolle. Bei Rawls liegt dies daran, dass sein innerstaatliches System der Kooperation weder Ein- noch Ausbürgerung oder Migration kennt.[6] Die später von Rawls in „The Law of Peoples" entwickelten Prinzipien der Staatenwelt enthalten ein solches Individualrecht nicht.[7] Für die Begründung des Systems der Rechte in Jürgen Habermas' „Faktizität und Geltung" gilt, dass Bürgerinnen und Bürger ihr Zusammenleben mit den Mitteln des positiven Rechts auch dann auf demokratische Weise regeln *könnten*, wenn sie Nicht-Bürgern kein Asylrecht einräumten. Die Begründungsfigur von Habermas impliziert kein Recht für Nicht-Bürgerinnen und so findet sich denn in „Faktizität und Geltung" nur eine unbefriedigende Bemerkung zu Migration und Einbürgerung.[8] Michael Walzer hat das Thema der Mitgliedschaft und Zuwanderung gründlicher behandelt und Gründe für die Aufnahme von Asylsuchenden genannt. Walzer hat es allerdings in das Ermessen demokratischer Politik gestellt, ein Asyl- und Einwanderungsrecht zu institutionalisieren, mit dem Nicht-Bürgerinnen zunächst nur konfrontiert werden und dem sie nicht zustimmen konnten. Diese Institutionalisierung von Asyl- und Ausländerrecht ist für Walzer ein Kernbestand politischer Souveränität partikularer Gemeinwesen und als solche politisch und moralisch legitim. Eine Krise politischer Gemeinwesen würde für Walzer eher dadurch drohen, dass sie diese Souveränität aufgeben, nicht dadurch, dass sie sie auf demokratische Weise in der Form des Rechts ausüben.[9] Walzers Position wird im Folgenden als „demokratischer Republikanismus" bezeichnet.

Hingegen wohnt dem menschenrechtlich interpretierten normativen Individualismus der zeitgenössischen Ethik, wie zu zeigen ist, eine wirkmächtige Tendenz zum *Expansionismus der Menschenrechte* inne, die sich am Recht für Flüchtlinge paradigmatisch studieren lässt. Die These dieses Aufsatzes lautet, dass dieser Expansionismus in Verbindung mit einer Kritik an „Privilegien" und mit bestimmten Begründungslasten mit einer gewissen Zwangsläufigkeit zu dem präsumtiven

---

6   J. Rawls, A Theory of Justice, Cambridge 1971.

7   J. Rawls, The Law of Peoples. With „The Idea of Public Reason Revisited", Cambridge 1999.

8   J. Habermas, Faktizität und Geltung. Beiträge zur Diskurstheorie des Rechts und des demokratischen Rechtsstaats, Frankfurt a.M. 1992. „Immigration, also die Erweiterung der Rechtsgemeinschaft um Fremde, die Angehörigkeitsrechte erwerben wollen, [erfordert] eine Regelung, die im gleichmäßigen Interesse von Mitgliedern wie Anwärtern liegt" (ebd., 158). Die Formulierung „im gleichmäßigen Interesse" beider Seiten, die für Habermas ein Strukturmerkmal gültiger Moralnormen ist, dürfte bei Fragen der Zuwanderung faktisch unerfüllbar sein.

9   M. Walzer, Spheres of Justice. A Defense of Pluralism and Equality, New York 1983, Kap. 2.

Recht jedes Menschen führt, sich überall auf Erden möglichst frei bewegen und sich nach Belieben niederlassen zu dürfen. Das heißt er führt zu *einem kosmopolitischen Recht auf globale Freizügigkeit*, dem eine Pflicht von Staaten korrespondiert, ihre Grenzen zu öffnen (*open borders*) und ihre Beherbergungspflichten auszuweiten. Der Expansionismus endet bei der Forderung nach *open borders* im Sinne von Carens[10] also bei der willentlichen Aufgabe staatlicher Souveränität in diesem Punkt. Die Leitfrage lautet, ob gegen diesen Expansionismus eingewendet werden kann, die Konsequenzen von *open borders* seien angesichts der realen Weltverhältnisse und Zeitläufte „absurd". Was als „absurd" gilt, steht in der Ethik freilich nicht von vornherein fest.

Der expansionistische Diskurs wird im Folgenden als ein diskursiver *slippery slope* vorgestellt.[11] Ein *slippery slope* ist dann ein moralisches Problem, wenn (1) der Endzustand, hin zu dem Einzelne oder Kollektive hinab rutschen, für die Mehrheit der Betroffenen unerträglich oder verwerflich ist oder (2) wenn nicht doch irgendwo auf diesem Abhang ein fester Halt gefunden werden kann. Wenn (Fall 1) eine Willkommenskultur ungeachtet der Anzahl der Aufzunehmenden auf Dauer gestellt werden könnte und sich Zuwanderer und Altbürgerinnen prächtig miteinander arrangieren und sich wechselseitig als Bereicherung erleben, gibt es keinen wirklichen *slippery slope*, sondern nur gesellschaftliche Veränderungen hin zum Erfreulichen. Auch wenn sich eine moralisch vertretbare Position der Begrenzung von Zuwanderung deutlich vor den *open borders* halten ließe, wäre der Abhang nicht allzu glitschig. Insofern erfolgt die hypothetische Konstruktion des *slippery slope* im Sinne eines risikoscheuen verantwortungsethischen Konsequentialismus. Folgen wir Carens, so liegt dieser *slippery slope* für uns im Schatten der Shoa. Viele glauben, eine Variante von (kosmopolitischer) Gesinnungsethik[12] sei hier die beste Leuchte auf diesem Weg.

Meine Untersuchung verfolgt in mehreren Schritten die expansionistische Denkrichtung selbst, wie sie sich maßgeblich bei Carens[13] und seinen Nachfolgern wie etwa Miltiadis Oulios[14] findet: Diese Denkrichtung interpretiert zunächst das

---

10 Carens, Ethics of Immigration (s. Anm. 3).

11 Vgl. Th. Zoglauer, Dammbruchargumente in der Bioethik, in: H. Friesen/K. Berr (Hg.), Angewandte Ethik im Spannungsfeld von Begründung und Anwendung, Frankfurt a.M. 2004, 309–326.

12 Im Sinne von K. Ott, Zuwanderung und Moral, Stuttgart 2016. Der vorliegende Aufsatz ist aus diesem Essay hervorgegangen.

13 Carens, Ethics of Immigration (s. Anm. 3).

14 M. Oulios, Blackbox Abschiebung. Geschichte, Theorie und Praxis der deutschen Migrationspolitik, Berlin 2015; ders., Die Grenzen der Menschlichkeit, Kursbuch 183 (2015), 75–88.

geltende Asylgrundrecht möglichst anspruchsvoll. Dann weicht sie die Unterscheidung zwischen Flucht und Migration auf. Hernach weitet sie die Anzahl echter Fluchtgründe aus. Zuletzt wird dann der Schritt zu *open borders* gefordert und gerechtfertigt, wobei die allgemeine Bewegungsfreiheit und die Freizügigkeit als Rechtfertigungsprämissen herangezogen werden. An einigen dieser Punkte werde ich dieser Denkrichtung widersprechen.

2 Das Recht auf Asyl für politisch Verfolgte

Rein empirisch lassen sich nur Ortsveränderungen von Menschen registrieren, es sei denn, der Grund für diese Ortsveränderungen ist unmittelbar einsichtig: Flucht vor einem wilden Tier, einem Lavastrom oder einem bewaffneten Angreifer. Ob Ortsveränderungen Flucht vor politischer Verfolgung sind, sieht man ihnen meist nicht unmittelbar an, sondern Flucht muss geltend gemacht, anerkannt und insofern (behördlich) „festgestellt" werden. Eine Person ist genau dann ein Flüchtling, wenn er einen Fluchtgrund hat, der von denen, die ihm Zuflucht gewähren sollen, als Fluchtgrund anerkannt wird. Dabei spielen häufig auch Überlegungen eine Rolle, wann und wo eine Flucht endet, d.h. wann und wo Personen in Sicherheit sind.

Nach unserem Verfassungsverständnis ist Asylrecht für politisch Verfolgte unmittelbar geltendes Recht. Das Recht auf Asyl gemäß Art. 16a(1) GG ist ein konditioniertes Recht. *De lege lata* genießen es alle Personen, solange ihnen in ihrem Herkunftsland politische Verfolgung droht. Diese Konditionalität des Rechtsanspruches muss näher bestimmt werden, wie dies in Verfassungskommentaren und in der juristischen Fachliteratur ausgiebig getan wurde. Im Kern ist das Asylrecht ein Recht auf ein individuelles Verfahren der rechtsstaatlichen Prüfung in allen Fällen, in denen es beantragt wird. Das Asylgesuch kann gewährt oder versagt werden. Diese Prüfung hängt von Annahmen über die politische Lage in unterschiedlichen Ländern und von der Beurteilung der Narrative ab, die die Asylbewerber vortragen. Wird der Antrag auf Asyl abschlägig beschieden, steht dem Betroffenen ein Klageweg offen. Wird die Klage abgewiesen, wird der Betreffende ausreisepflichtig, sofern nicht andere Gründe (etwa nach der Genfer Flüchtlingskonvention) für eine Duldung aus humanitären Gründen sprechen. Bei Krankheiten kann die Abschiebung ausgesetzt werden. Kommt der Betroffene der Ausreisepflicht nicht nach, wird als *ultima ratio* der Aufenthalt durch den Einsatz von Rechtszwang beendet („Abschiebung"). Generell ablehnend zur Praxis der Abschiebung argumentiert Oulios, für den Abschiebungen die „Leichen im Keller" der Integrationspolitik sind.[15]

Zum Verfassungsrecht zählen auch Bestimmungen dazu, wer sich nicht auf Art. 16a(1) GG berufen kann. Das Grundgesetz geht seit seiner Novellierung des Art. 16a im Jahre 1993 davon aus, dass die eigentliche Flucht endet, sobald ein sicherer Drittstaat erreicht wurde. Dass diese Regelung angesichts der geographischen Mittellage für Deutschland komfortabel war, ist offensichtlich, ändert aber zunächst nichts an der Rechtslage. Verfassungspatriotismus endet nicht vor Art. 16a(2). In jedem Fall muss geregelt werden, wann und wo eine Flucht endet und ab wann eine Migration beginnt. Der Extensionismus zeichnet sich dadurch aus, dass er solche Festlegungen generell für unstatthaft erklärt, weil sie willkürlich, repressiv und den Einzelfällen gegenüber ungerecht seien.[16]

In vielen Fällen werden Fluchtgründe in Narrativen geltend gemacht. Deren Glaubwürdigkeit ist unterschiedlich hoch. Es sprechen viele Hinweise dafür, dass auf den Fluchtrouten Versatzstücke von Narrativen ausgetauscht und variantenreich rekombiniert werden – was ein interessantes Forschungsgebiet für die kulturwissenschaftliche Narratologie wäre. Dieses Problem der Narrative betrifft vor allem Herkunftsstaaten, in denen politische Verfolgung nicht ausgeschlossen werden kann, aber nicht direkt von der staatlichen Gewalt ausgeht, sondern von Milizen, Terrorgruppen, *warlords*, *drug gangs*, Bürgerkriegsparteien usw. Das ethische Problem ist, dass es der moralische Anstand der in Wohlstand und Sicherheit lebenden Bürger eigentlich verbietet, Geschichten gegenüber misstrauisch zu sein, in denen von Gewaltandrohung, Brandschatzung, Vergewaltigung, Tod und Verstümmelung von Freunden und Angehörigen und Grausamkeiten aller Art die Rede ist. Andererseits lehren Menschenkenntnis und Lebenserfahrung, dass Geschichten erfunden und dramatisiert werden können. Folgt man Carens und Oulios,[17] so müssen wir alle diese Geschichten gleichsam im Schatten der Shoa anhören.

Auch bei nüchterner rechtsethischer Betrachtung, *a fortiori* aber im Schatten der Shoa, ist es *prima facie* schlimmer, wenn tatsächlich politisch Verfolgten fälschlicherweise kein Asyl gewährt wird, als wenn nicht politisch Verfolgte fälschlicherweise als Asylanten anerkannt werden. Moralisch und rechtsethisch wiegt ein *false negative* schwerer als ein *false positive*, denn es ist schlimmer, wenn Unschuldige im Gefängnis sitzen, als wenn Schuldige auf freiem Fuß bleiben. Vor diesem Hin-

---

15 Oulios, Blackbox Abschiebung (s. Anm. 14), I.

16 Oulios, Blackbox Abschiebung (s. Anm. 14).

17 Carens, Ethics of Immigration (s. Anm. 3); Oulios, Blackbox Abschiebung (s. Anm. 14).

tergrund erscheinen Listen sicherer Länder heikel oder unstatthaft, da sie das Anrecht auf Einzelfallprüfung aushöhlen. Ein Problem, das sich hier auftut, liegt in der Frage, ob Asylanträge aus EU-Ländern überhaupt individuell geprüft werden müssen, da ein Land, in dem politische Verfolgung nicht ausgeschlossen ist, kein Mitglied dieser Wertegemeinschaft namens EU sein kann. Müssen Asylanträge von rumänischen oder ungarischen Sinti und Roma aber nicht vielleicht doch geprüft werden, weil die Diskriminierungen, denen diese Gruppen ausgesetzt sind, in ihrer Summenwirkung einer politischen Verfolgung nahe- oder gleichkommen könnten? Und wer möchte bestreiten, dass wir im Schatten der Shoa auch den Sinti und Roma moralische Wachsamkeit schuldig sind?

Manche Gesinnungsethiker meinen, strategisches Verhalten der Flüchtlinge und Migranten gegenüber Behörden sei *prima facie* berechtigt. Da Flüchtlinge und Migranten mit den Regulierungspraktiken der Aufnahmeländer nur konfrontiert werden, seien ihnen zweckrationale Strategien gestattet, um zum Erfolg zu gelangen: Verschleierung der Identität durch Vernichtung der Ausweispapiere, Mehrfach-Identitäten, Umgehung von Registrierung, *non-compliance*, temporäres oder dauerhaftes Untertauchen, Scheinehen, Vortäuschen von Krankheiten bei drohender Abschiebung usw. sind für viele Gesinnungsethiker und für die Unterstützerszene legitime Widerstandshandlungen gegen ein repressives Flüchtlingsregime. Mitwirkungspflichten im Verfahren bestehen in dieser Sicht nicht, denn schließlich seien Angeklagte vor Gericht auch nicht zur Mitwirkung verpflichtet, sondern müssten ihrer Schuld erst überführt werden. Kollaboration könnte für viele Vertreter der *Refugees-Welcome*-Szene den falschen Eindruck erwecken, das Flüchtlingsregime sei insgesamt legitim.

Bei endgültiger Ablehnung des Asylgesuchs sollen humanitäre Gründe für eine weitere Duldung geprüft werden. Das *Refoulement*-Verbot vermittelt dabei zwischen Recht und Humanität. Auf der einen Seite ist es ein Prinzip der Genfer Flüchtlingskonvention. Auf der anderen Seite ist es interpretationsoffen. Was „drohende Verstöße gegen die Menschenrechte" sind, ist abhängig vom System der Menschenrechte, das interpretatorisch zugrunde gelegt wird, und von einer risikotheoretischen Bestimmung des Drohenden. Gegen Sätze wie: „Bedenke, was ihr/ihm in ihrem/seinem Lande womöglich drohen könnte" lässt sich kaum argumentieren, denn wer wollte sich anmaßen, über das (wie immer geringfügige) Risiko anderer zu befinden, den Schergen der Autokraten ausgeliefert, inhaftiert, gefoltert oder hingerichtet zu werden. Das *Refoulement*-Verbot müssen wir, wenn wir Carens weiterhin folgen wollen, ebenfalls im Schatten der Shoa interpretieren.[18]

---

18 Carens, Ethics of Immigration (s. Anm. 3).

Das Ende des rechtlichen Asylverfahrens ist für viele der Beginn der Mitmenschlichkeit. Fast immer, wenn Abschiebungen drohen, bilden sich Initiativen aus moralisch motivierten Personen, die humanitäre Gründe geltend machen. Dies geschieht auch dann, wenn eine Abschiebung in EU-Länder wie Malta droht, wo die Unterbringungslage deutlich schlechter ist als in Deutschland. Die humanitäre Duldungspflicht solle, so die Argumentation der Initiativen, auch dann gelten, wenn die ursprünglichen Fluchtgründe fortgefallen sind. Auch ein bevorstehender Winter kann ein Grund sein, Abschiebungen auszusetzen. Unangekündigte Abschiebungen gelten als besonders perfide. Kranke Personen sollen nicht abgeschoben werden dürfen. Die letzte Schutzlinie der Krankheiten auch von Frauen und Kindern bringt die an Rückführungen beteiligten Ärztinnen in eine schwierige medizinethische Situation. Angesichts der Rechtsfolgen erscheint es angemessen, dass nur Amtsärzte über diese Fälle urteilen sollten, selbst wenn dies zur Ausweitung amtsärztlicher Tätigkeiten führen würde.

Die schiere zeitliche Dauer des Asylverfahrens und der Duldung bei Ablehnung kann als ein Grund für weitere Duldung bzw. für eine unbefristete Aufenthaltserlaubnis gedeutet werden. Bildet sich ein Antragsstau, verfestigt sich der Aufenthalt. Damit bringt man Behörden und Justiz in Bedrängnis, die wissen, dass rechtsstaatliche Lösungen Zeit brauchen *und* dass der Rechtsstaat endliche Kapazitäten hat. Der Sinn des Asylrechts spricht für Einzelfallprüfung, für Rechtsweggarantien, für humanitäre Duldung – und die Zeit der Prüfung und der Duldung spricht für ihr Fortwähren, bis man sagen kann, nun müsse die rechtliche Unsicherheit, in der Menschen zu leben genötigt seien, ein Ende haben. Kettenduldungen gelten dann nicht etwa als Ausdruck von Großzügigkeit, sondern erlegen den Betroffenen das Schicksal auf, unter dem Damoklesschwert der drohenden Abschiebung leben zu müssen. Aus der Großzügigkeit der Duldung wird unversehens eine Art von seelischer Grausamkeit, derer wir uns schuldig machen. Unsere Skrupel, Abschiebungen zu vollziehen, mutieren zur Gemeinheit, den Betroffenen keinen unbefristeten Aufenthalt zu gewähren.

Der Umstand, dass die Gründe, aufgrund derer politisches Asyl zu gewähren ist, im Laufe der Zeit auch fortfallen können, ist für Carens kein Grund, Asylanten zur Rückkehr bewegen zu dürfen: „Within a few years at most, what happens in their country of origin should become irrelevant to the question of whether refugees have a right to remain in the place where they have started a new life. [...] No one should force them to leave."[19] Wir dürfen also nicht *kontrafaktisch* unterstellen, dass politisch Verfolgte nach dem Ende der Verfolgung den starken Wunsch

---

19 Carens, Ethics of Immigration (s. Anm. 3), 205.

verspüren, in ihr Herkunftsland zurückzukehren.[20] Dies bedeutet praktisch die Pflicht, das konditionierte Asylrecht in ein unkonditioniertes Aufenthaltsrecht umzuwandeln, sofern etwas Zeit vergangen ist („höchstens wenige Jahre"). Wenn sich ein Antragsstau bildet und die Rechtsweggarantien ausgeweitet werden, kann jede Asylbewerberin zuversichtlich sein, dass genügend Zeit verstreichen wird.

Dies alles sind expansionistische Tendenzen, die bereits dem konditionierten Recht auf politisches Asyl innewohnen. Insofern ist die rechtsstaatliche Institutionalisierung dieses Grundrechts keine Kleinigkeit. Für eine bestimmte Moral, die ich unter Rekurs auf Max Weber als Gesinnungsethik bezeichnet und charakterisiert habe, ist das Asylrecht bei politischer Verfolgung allerdings nur ein erster Schritt auf dem Weg hin zu Rechten für Flüchtlinge.

3 Flucht und Migration

Der Oberbegriff für Flucht und Migration sei im Folgenden „Wanderung", unterschieden nach Ab- und Zuwanderung. Flüchtlinge seien definiert als *Schutzsuchende*, denen aufgrund von Verfolgung ein Verbleiben in ihren Heimat- und Herkunftsländern unzumutbar ist. Paradigmatische Fluchtgründe sind politische Verfolgung, Krieg und Bürgerkrieg. Epidemien, große Naturkatastrophen und akute Hungersnöte kommen ebenfalls in Betracht. Wer flieht, hat keine sinnvolle Alternative mehr. Zur Flucht ist man gezwungen, weil man von etwas oder von jemandem zur Flucht gezwungen wird.

Politische Verfolgung im Sinne des Art. 16a GG ist eine spezifische Art der Verfolgung, die von staatlichen Organen ausgeht. Es handelt sich um eine Teilmenge von Fluchtgründen. Der Begriff der Flucht kann, wie alle Begriffe, umfangslogisch (*extensional*) variiert werden. Der Begriff des Flüchtlings ist seiner Bedeutung nach (*intensional*) intrinsisch normativ: Man versteht seine Bedeutung nicht, ohne zu wissen, dass sein korrekter Gebrauch moralische Personen in die Pflicht nimmt. Allen Rechten korrespondieren die jeweiligen Pflichten, Personen, die ihre Rechte in Anspruch nehmen, nicht an etwas hindern zu dürfen oder ihnen im Falle materieller Teilhaberechte bestimmte Güter zu verschaffen. Wenn eine Person A als ein Flüchtling anzuerkennen ist, dann haben moralische Personen B, C, D usw. gegenüber A bestimmte Verpflichtungen. Wir können summarisch von „Pflichten der Beherbergung" sprechen, die Sicherheit der Person, Unterkunft, Verpflegung und medizinische Betreuung gemäß festzulegender Standards umfassen. Das Recht

---

20 So aber Ott, Zuwanderung und Moral (s. Anm. 12).

auf Asyl hat somit teilhaberechtliche Aspekte. Die Pflichten der Beherbergung lösen aber nur Probleme der „äußeren Not", sie lindern keine Probleme der „inneren Not", zum Beispiel der psychischen Traumata, der bohrenden Erinnerungen und der seelischen Verwundungen.[21] Die Linderung innerer Nöte an psychotherapeutische Dienste zu delegieren, ist möglich, aber finanziell aufwändig; für diese Linderung könnte auch eine diakonische Beherbergungskultur zuständig sein.

Wer sich legal im Staatsgebiet Deutschlands aufhält, befindet sich im Schutzbereich aller Menschenrechte des Grundgesetzes. Daher dürfen aufgrund des Rechtes auf Freiheit der Person die Unterkünfte für Asylsuchende nicht haftähnlich ausgestaltet sein, da das Stellen eines Asylantrags keine rechtswidrige Handlung ist. Das Problem dabei ist, dass die Erstaufnahmeeinrichtungen immer eine Ähnlichkeit zu kasernierten Wohnanlagen behalten werden, über die man sich dann moralisch echauffieren kann. Die Verpflegung muss auf religiöse Speisevorschriften Rücksicht nehmen. Weil die Familie unter dem besonderen Schutz der staatlichen Ordnung steht, bestehen Rechte auf Familiennachzug. Der Staat muss auch den Schutz des verbliebenen Eigentums von Flüchtlingen und Migranten gewährleisten. Es fragt sich daher, ob die Konfiskation von Geld und Schmuck, die in Dänemark praktiziert wird, zulässig ist. Die Aufgaben der Beherbergung sind Staatsaufgaben, aber jede Bürgerin hat das Recht, zusätzliche moralische Leistungen zu erbringen, wie etwa für Flüchtlinge zu spenden, ihnen unentgeltlich Sprachunterricht zu erteilen oder sie in der privaten Wohnung aufzunehmen. Der privaten Hilfsbereitschaft sind wenig Grenzen gesetzt, aber die institutionelle Verantwortung für Flüchtlinge liegt beim Staat, der als Gewährleistungsstaat zu verstehen ist. Die Kosten der Beherbergung im weiteren Sinne sind aus Steuermitteln aufzubringen. Hierzu können Budgets umgeschichtet, Staatsschulden aufgenommen und/oder Steuern erhöht werden. Hier fragt sich freilich, ob die Standards der Versorgung analog zu den Niveaus der Transfers sein müssen, auf die Mitbürgerinnen einen sozialrechtlichen Anspruch haben. Die Kosten, die für die Erfüllung aller Beherbergungspflichten anfallen, sind Opportunitätskosten, die für andere Zwecke nicht mehr zur Verfügung stehen. Im Schatten der Shoa wirkt es freilich moralisch fast schon obszön, von Kosten zu sprechen. Die langfristigen volkswirtschaftlichen Auswirkungen der Zuwanderung hängen entscheidend von Annahmen über die Integration in den Arbeitsmarkt ab.[22] Paul Collier zufolge sind

---

21 K. Daoud, Das sexuelle Elend der arabischen Welt, Frankfurter Allgemeine Zeitung, 18.2.2016, 9.

22 Hierzu aus ökonomischer Sicht P. Collier, Exodus. Immigration and Multiculturalism in the 21st Century, London 2013.

die ökonomischen Konsequenzen einer mäßigen Zuwanderung positiv, die einer kontinuierlich hohen Zuwanderung jedoch negativ.[23]

Viele Personen, die Staatsgrenzen überschreiten, sind ersichtlich keine Flüchtlinge, sondern zum Beispiel Touristen oder Gastwissenschaftler. Auch wer aus steuerlichen Gründen seinen Wohnsitz in einen anderen Staat verlegt, ist kein Flüchtling. „Steuerflucht" ist keine wirkliche Flucht. Binnenmigration innerhalb der EU etwa zum Zwecke der Arbeitssuche ist ebenfalls keine Flucht. Touristen, Gastarbeiter und Migranten sind begrifflich von Flüchtlingen zu unterscheiden. Migrantinnen möchten ihre Lebensaussichten und die ihrer Angehörigen auf dem Wege der Einwanderung verbessern. Historische Beispiele für Migration gibt es viele.[24] Migrationsgründe sind in der Regel wohlüberlegt, nachvollziehbar und verständlich. Sie sind, von Ausnahmen abgesehen,[25] moralisch nicht verwerflich und können von Bürgern, die, wie wir, im Wohlstand leben, nicht verübelt werden. Migranten träumen vom besseren Leben, von Aufstieg, Karrieren und Erfolg.[26] Ein Migrationsgrund kann auch im Vorhaben liegen, durch Auslandsüberweisungen die wirtschaftliche Lage des Familienverbandes zu verbessern oder sich als erster Emigrant der Familie um den Nachzug weiterer Familienmitglieder zu bemühen. Migranten treffen eine existentiell bedeutsame Entscheidung, die ihren weiteren Lebensweg und den ihrer möglichen Nachkommen prägen wird, die aber im Prinzip auch hätte anders ausfallen können. Wie leicht oder schwer die Entscheidung zur Migration bei Abwägung aller Gründe fällt, ist kulturell unterschiedlich und hängt von den jeweiligen Bindungen und Loyalitäten ab. Sofern Migranten eine Bleibeperspektive wollen und wir Flüchtlingen, Carens folgend, nach wenigen Jahren eine Bleibeperspektive bieten, ist es eine rationale Strategie, Asylanträge zu stellen, Fluchtgründe in Narrativen vorzutragen, die Beherbergung in Anspruch zu nehmen und den legalen Aufenthalt in die Länge zu ziehen.

Zu Migrantinnen dürfen wir uns nach gängigen Intuitionen und im Rahmen eines demokratischen Republikanismus *legitimerweise* anders verhalten als zu Flüchtlingen; wir dürfen es auch von *unseren* wohlerwogenen Interessen abhängig

---

23 Collier, Exodus (s. Anm. 22), 65.

24 Auch Deutschland war im 19. Jahrhundert ein Auswanderungsland, da die Lebensaussichten in der „Neuen Welt" als günstiger eingeschätzt wurden. Nach der gescheiterten Revolution von 1848 gingen viele Demokraten auf die Schiffe nach Westen. Auch heute noch wandern Bundesbürger aus und niemand käme auf den Gedanken, sie als Flüchtlinge zu bezeichnen.

25 Etwa die Intention, im Zielland einer kriminellen Tätigkeit nachzugehen, eine terroristische Zelle zu gründen usw.

26 Umfassend hierzu Collier, Exodus (s. Anm. 22), mit einer Analyse der zentralen Wirkungskräfte und Motivationen.

machen, welchen Gruppen wir aus welchen Gründen die Einwanderung (nicht) erlauben wollen. Ein Menschenrecht auf Einwanderung in ein bestimmtes Land besteht völkerrechtlich *de lege lata* nicht. Wir können durchaus für Zuwanderung sein, wenn uns dies aus Gründen des Arbeitsmarktes oder des demographischen Wandels sinnvoll erscheint. Wir könnten aber auch überlegen, ob es nicht für die Herkunftsländer weitaus besser wäre, wenn junge, ehrgeizige und schlaue Menschen dort verblieben, anstatt bei uns niedere Arbeiten zu verrichten, da Migranten die attraktiven Karrierewege in der ersten Generation auch dann verschlossen bleiben, wenn wir sie intensiv fördern und beruflich bilden.[27] Wir sind aufgefordert, die ökonomischen, politischen und kulturellen Auswirkungen von Migration auf die Herkunftsländer zu analysieren.

Die Unterscheidung zwischen Flucht und Migration ist nicht so zu verstehen, als gebe es zwei Mengen mit eindeutiger Zuordnung. Vielmehr spannt die Unterscheidung ein Kontinuum zwischen zwei Polen auf. Letztlich muss im demokratischen Republikanismus nach bestimmten Kriterien entschieden werden, wer wann und wo als Flüchtling und wer als Migrant eingestuft wird. Kriterien haben die Aufgabe, Unterschiede festzulegen, also im logischen Sinne zu *diskriminieren*. Diese logische Diskriminierung ist nicht mit einer moralischen Diskriminierung gleichzusetzen. Der Begriff der Diskriminierung ist zweideutig. Jede Einstufung, die einen normativen Status festlegt, diskriminiert. Dies gilt für den Status einer Studentin, einer Schwerbehinderten, einer Inhaftierten, einer Ärztin, einer Asylantin usw. In diesem Sinne kann es weder eine diskriminierungsfreie Gesellschaft noch gar eine diskriminierungsfreie Sprache geben.

Eine Person kann sowohl Flüchtling als auch Migrant zugleich sein. So lautet die Frage, ob eine Person, die aus ihrem Herkunftsland A fliehen musste und sich in Land B in Sicherheit, aber in prekären Lebensumständen befindet, ein A-Flüchtling bleibt, wenn sie sich aus B in ein anderes Land C begibt, das bessere Lebensaussichten bietet, oder ob sie in diesem Fall von B nach C migrierte? Es wäre prinzipiell möglich, dass eine Kurdin vor politischer Verfolgung aus der Türkei fliehen muss (also Anspruch auf Asyl hat), während ein Syrer, der aus Syrien flüchten musste, aus der Türkei oder dem Libanon nach Europa auswandern möchte (also keinen Anspruch auf Asyl hat). Welchen Status hat ein palästinensischer Staatsbürger, der aus Syrien geflohen ist und anschließend in der Türkei im Flüchtlingslager lebte, wenn er Lesbos erreicht hat? Angesichts der Facetten individueller Schicksale

---

27 Persönlich halte ich den *brain drain* in den Westen nicht nur für ein ökonomisches oder technologisches, sondern für eines der größten politischen Probleme der Länder des globalen Südens. Viele Personen, die das Zeug dazu hätten, Staatssekretär oder Minister eines demokratischen Staates zu werden, schlagen sich im Norden als Reinigungskräfte und in der Gastronomie durch.

streuen moralische Intuitionen. Während die einen den Flüchtlingsstatus durchgängig erhalten wissen wollen, wollen andere den Status zwischen Flucht und Migration veränderlich halten. Das ist das Problem der „sicheren Drittstaaten". Wer aus diesen Ländern einreisen möchte, ist nicht (mehr) „auf der Flucht". Ob die Perspektivlosigkeit des Lagerlebens ein Fluchtgrund ist, wäre zu diskutieren.

Die Beispiele zeigen, dass die Unterscheidung zwischen Flucht und Migration analytische Arbeit leistet und beibehalten werden sollte. Die Beispiele zeigen auch die gegenläufigen Optionen, Fluchtgründe weit oder eng zu definieren. Es geht also um die Extension (Umfang) des Flüchtlingsbegriffs. Nun ist es bei vielen Begriffen so, dass die Zunahme der Extension auf Kosten der Intension geht. Im Falle des Begriffs des Flüchtlings könnte es eher so sein, dass die Extension stark ausgeweitet und die normative Intension beibehalten wird. Könnte uns der Schatten der Shoa zu dieser Bestimmung des Flüchtlingsbegriffs hinsichtlich Extension und Intension verpflichten? Dieser Frage möchte ich in den folgenden zwei Abschnitten nachgehen.

4 Das sich erweiternde System der Rechte

Eine Mehrheit der Ethiker vertritt den normativen Individualismus.[28] Der letzte Referenzpunkt moralischer Urteile und Regeln sind demnach die Rechte und/oder das Wohlergehen einzelner Personen. Belange von Kollektiven als solchen (Völker, Staaten usw.) sind demgegenüber nachrangig oder unbeachtlich. Nicht nur politisch Verfolgte können geltend machen, sie seien auf der Flucht. Auch die anderen Flüchtlinge können sich auf den normativen Status des Flüchtlingsbegriffs berufen: Er verpflichtet zur Hilfe und es wäre Willkür, den einen zu helfen und den anderen nicht.

Wohlhabende Staaten haben damit eine moralische Pflicht, nicht nur politisch Verfolgten Asyl zu gewähren, sondern Flüchtlinge aufzunehmen. Dieser Grundsatz ist noch unspezifisch hinsichtlich des verwendeten Plurals „Flüchtlinge". Zwischen dem unbestimmten Plural und dessen *möglicher* Bestimmung durch den All-Quantor („alle") klafft ein moralisches Problem: Ist ein Gemeinwesen verpflichtet, so viele Flüchtlinge zu beherbergen, wie es nach Maßgabe politischer und ökonomischer Erwägungen „verkraften" zu können glaubt, oder vielmehr dazu, aufgrund der Rechte von Flüchtlingen (möglichst) alle Flüchtlinge zu beherbergen und die Leistungen bis an Grenzen des für seine Bürgerinnen Zumutbaren

---

28 D. von der Pfordten, Rechtsethik, München 2001.

zu steigern? Gemäß jener Lösung handelt ein Staat bereits dann meritorisch,[29] d.h. verdienstlich, ehrenwert und löblich, wenn er (zusätzlich zur Menge der politisch Verfolgten) größere Kontingente von Flüchtlingen aufnimmt. Gemäß dieser Lösung ist die Praktik der Kontingentierung moralisch immer defizitär und menschenrechtswidrig. Was als Hilfspflicht meritorisch wäre, ist im Rahmen eines Systems der Menschenrechte ein Unrecht gegenüber all denen, denen ihr Recht dann vorenthalten wird, wenn sie keinen Platz in den Kontingenten gefunden haben.

Der normative Individualismus ist zumeist eine *right based morality*: Flüchtlinge sind demnach keine Bittsteller, sondern haben Rechte auf Schutz in der Not. Die Institution der Menschenrechte zählt gemäß ethischer *opinio communis* zu den größten moralischen Errungenschaften der Moderne. Der Umfang des Systems der Rechte ist offen; die Logik moralischer Diskurse läuft aber fast immer auf dessen Expansion hinaus.[30] Rechte sind generell, wie Ronald Dworkin sagt, politische Trümpfe, die Individuen in Händen halten,[31] und, wie Simon Caney formuliert, „demands", d.h. Ansprüche, die, wenn sie anerkannt werden, von irgendwem zu erfüllen sind.[32] Nach unserer universalistischen Moral sind alle Menschen gleich an Rechten, unabhängig davon, wie viele Menschen ihre Rechte in Anspruch nehmen. Man kann dies als die *Irrelativitäts*-Prämisse bezeichnen. Ungeachtet einiger Kritiker des permanenten *right claiming*[33] generiert der rezente Diskurs um Menschenrechte, der in der Ethik und in der Gerechtigkeitstheorie seit Jahrzehnten geführt wird, mehr und mehr präsumtive Rechte, darunter viele materielle Teilhaberechte.[34] Hierzu zählen in unsystematischer Auflistung: das Recht auf Ernährungssicherheit (oder -souveränität), das Recht auf Trinkwasser und gesundheitlich unbedenkliche sanitäre Einrichtungen, das Recht auf angemessene Wohnverhältnisse, das Recht auf Energiedienstleistungen, das Recht auf

---

29 Im Sinne Kants, siehe hierzu Th.E. Hill, Kant on Imperfect Duty and Supererogation, Kant-Studien 62 (1971), 55–76.

30 R. Münch, Globale Dynamik, lokale Lebenswelten. Der schwierige Weg in die Weltgesellschaft, Frankfurt a.M. 1998, 99.

31 R. Dworkin, Bürgerrechte ernstgenommen, Frankfurt a.M. 1984, 14.

32 S. Caney, Responding to Global Injustice. On the Right of Resistance, Social Philosophy and Policy 32,1 (2015), 51–73.

33 Vgl. H. Steiner, An Essay on Rights, Oxford 1994.

34 Hierzu siehe statt vieler vor allem H. Shue, Basic Rights. Subsistence, Affluence, and U.S. Foreign Policy, Princeton 1996; Th. Pogge, The International Significance of Human Rights, The Journal of Ethics 4,1–2 (2000), 45–69; D. Ingram, Between Political Liberalism and Postnational Cosmopolitanism. Towards an Alternative Theory of Human Rights, Political Theory 31,3 (2003), 359–391; C. Beitz, The Idea of Human Rights, Oxford 2009.

Arbeit und Land, das Recht auf Schutz vor Verfolgung und Schutz in existentiellen Notlagen, das Recht auf Bildung, das Recht auf Zugang zu gesundheitlichen Dienstleistungen, das Recht auf Asyl in allen Fällen von Flucht und das Recht auf Freizügigkeit auf der ganzen Erdkugel.

Diese Teilhaberechte werden zumeist als Menschenrechte verstanden und nicht als Bürgerrechte, die partikular und relativ zum Wohlstand und zur sittlichen Kultur bestimmter Gemeinwesen sind. Je umfassender das System der Rechte ist, umso leichter fällt es natürlich, weitere Rechte aus ihm abzuleiten. Die Elemente dieser Liste können auch herangezogen werden, um Fluchtgründe über die politische Verfolgung hinaus auszuweiten. Es kommt also in diesem Diskurs über Rechte zu Formen der *Expansion von Rechtsansprüchen*. Und je mehr Rechte es gibt, umso mehr Verstöße gegen Menschenrechte wird es weltweit geben und umso mehr Fluchtgründe lassen sich vorbringen. Das System der Rechte und die präsumtiven Fluchtgründe sind also intrinsisch aufeinander bezogen.

Rechte gelten gemeinhin als unabhängig von der Anzahl der Rechtsträgerinnen. Hilfspflichten sind begrenzt, Menschenrechte sind es nicht. In einer *right based morality* ist der All-Quantor unausweichlich: *„Alle Flüchtlinge haben ein moralisches Anrecht darauf, Schutz zu finden."* Damit ist der Übergang von einer Moral der Hilfsbereitschaft zu einer Moral der Erfüllung von Rechtsansprüchen unwiderruflich vollzogen. Dieser menschenrechtliche Individualismus lässt keine Kontingentierungslösungen für Flüchtlinge zu. Zu jedem beliebig hohen Kontingent an Flüchtlingen („zig-tausend") lässt sich immer der „Zigtausendunderste" Flüchtling hinzudenken, der die gleichen Rechte hat wie sämtliche Flüchtlinge vor ihm und nach ihm. Man kann nie definitiv sagen, ab wann die Menge zu hoch ist, da Territorialstaaten keine Rettungsboote oder Sportarenen sind. Länder sind niemals bis auf den letzten Platz besetzt. Wer diesen Übergang zur Moral der Rechte vollzieht, kann sich nicht mehr mit der Einsicht beruhigen, dass alle irdischen Kapazitäten endlich sind. Die Kapazitätsgrenzen sind auch in Deutschland noch längst nicht erreicht und sie ließen sich bei Ausschöpfung aller Rechtsgrundlagen weiter ausdehnen: Liegenschaften können beschlagnahmt und Steuern erhöht werden. Irgendwo muss und wird sich für die „Zigtausendunderste" noch ein Platz finden lassen. Wie rechtfertigt sich die relativ dünne Besiedlung einiger deutscher Bundesländer in einer Welt, in der Abermillionen auf der Flucht sind? Für Carens kann es Überforderungen wohlhabender Aufnahmeländer jedenfalls praktisch nicht geben: „When is this limit reached? When are we justified in turning away genuine refugees? This turns out to be a troubling question [...]. My own answer is ‚almost never'."[35] Man sieht an diesem Zitat, dass auch für Ethiker simple Antworten auf beunruhigende Fragen zulässig sind.

Wenn man obigen Grundsatz der Aufnahme von Flüchtlingen akzeptiert, stellt sich die Frage, ob diese Verpflichtung relativ zum Verhalten anderer Staaten ist oder nicht. Wenn viele gutwillige Gemeinwesen den Grundsätzen des Flüchtlingsschutzes beipflichten, können sie untereinander überlegen (und verhandeln), wie sie Flüchtlinge unter sich („fair") aufteilen, da Beherbergung mit Aufwand und Kosten verbunden ist. Das wäre die im Jahre 2015 avisierte „EU-weite Lösung", die sich nicht realisieren ließ. Dabei ist es freilich möglich, dass alle beteiligten Staaten ihre Belastungen niedrig halten wollen oder sich der Kooperation verweigern (so, „non-compliance"). Gründe hierfür finden sich immer. Dies führt dann dazu, dass besonders moralische Länder überproportional hohe Lasten tragen müssen, sofern am Grundsatz selbst keine Abstriche gemacht werden dürfen. Nun argumentieren Ethikerinnen wie Anja Karnein anhand eines lebensweltlichen Rettungsbeispiels, dass der moralische Absentismus anderer ein Grund für erhöhte eigene Anstrengungen sein sollte.[36] Denn müssen moralische Personen nicht zusätzliche Anstrengungen unternehmen, um ertrinkende Kinder zu retten, wenn andere Badegäste nur „gaffen"? In einer triadischen Struktur, in der sowohl A als auch B verpflichtet sind, C zu helfen, verändert sich für Karnein die Verpflichtungsrelation von A zu C nicht, wenn sich B aus seiner Verantwortung stiehlt.[37] A darf dann über B empört sein, muss aber den Pflichtteil von B mit übernehmen. Dies gilt für Karnein offenkundig nicht nur für individuelle *face-to-face*-Situationen (wie im

---

35 Carens, Ethics of Immigration (s. Anm. 3), 218f.

36 A. Karnein, Putting Fairness in Its Place. Why There Is a Duty to Take up the Slack, JPh 111,11 (2014), 593–607. Wenn sich, um dieses Problem auf die reale Situation umzumünzen, EU-Länder, die kein Individualrecht auf politisches Asyl in ihren Verfassungen haben, nur zur Aufnahme kleinster Kontingente von Flüchtlingen bereitfinden und sich unter Berufung auf nationale Souveränität jeder EU-Lösung verweigern, so müssen immer weniger EU-Staaten die Gewährung der Schutzrechte und die Erfüllung der Beherbergungspflichten sicherstellen. Dies war Ende 2015 und Anfang 2016 in der EU auf eine Weise zu beobachten, die das Vertrauen in die Solidarität der EU-Staaten enttäuschte und schmälerte. Die EU scheint gut zu funktionieren, wenn Ressourcen zur Verteilung anstehen (wie etwa Agrarsubventionen), nicht aber, wenn es Belastungen zu verteilen gilt (Klimaziele, Hilfskredite für Mitgliedsländer, Flüchtlinge).

37 Meines Erachtens liegt der Grundfehler von Karnein darin, dass sie von individuellen Verpflichtungen ausgeht. Der Rettungssituation angemessener wäre es, von einer kollektiven Verpflichtung aller Badegäste auszugehen: „Wir müssen die Kinder retten!" Nicht jeder Einzelne soll ins Wasser springen, sondern es soll sich *stante pede* ein effektives Rettungskollektiv bilden. Individualpflichten sind derivativ gegenüber dieser kollektiven Verpflichtung, die sich an ein situatives „Wir" richtet.

Falle ertrinkender Kinder), sondern für Hilfspflichten generell.[38] Insofern könnten wir Deutsche uns im Schatten der Shoa verpflichtet fühlen, Flüchtlinge aufzunehmen, obschon sich andere Länder dieser Aufnahme verweigern. Hätte nicht irgendein Staat verfolgte Juden auch dann aufnehmen müssen, wenn alle anderen Länder ihre Grenzen geschlossen hielten? Intuitiv bejahen wir diese Frage. Gilt das Argument von Karnein aber auch für die politische Ethik angesichts der gegenwärtigen Herausforderungen der Globalisierung, die sich nur kooperativ, aber nicht durch moralisch motivierte Alleingänge bewältigen lassen? Es erscheint auch seltsam, wenn das nicht verhinderbare *non-compliance* vieler souveräner Staaten die Belastungen der wohlgesinnten Staaten ansteigen ließe, in deren Konsequenz wiederum ein Domino-Effekt von *non-compliance* wahrscheinlich wäre.

Des Weiteren fragt sich, ob Flüchtlinge und Migranten aus eigener Kraft die Grenzen aufnahmewilliger Staaten erreichen müssen oder ob diese eine Verantwortung für die Sicherheit der Fluchtwege haben, d.h. eine Verpflichtung, es (unbegrenzt vielen) Menschen zu ermöglichen, möglichst sicher das Territorium zu erreichen, in dem sie dann endgültig in Sicherheit sind. Kann es moralischen Personen gleichgültig sein, was Flüchtlingen auf den Reiserouten Schlimmes widerfahren kann? Wer dafür eintritt, Fähren zwischen der türkischen Küste und den griechischen Inseln einzusetzen, müsste auch für sichere Schiffverbindungen von Westafrika auf die kanarischen Inseln eintreten. Da viele Westafrikaner in der Wüste ums Leben kommen, wären (mit Zustimmung der jeweiligen Staaten) auch Landkorridore durch Mali und Niger einzurichten – oder sichere Routen zwischen den libanesischen Flüchtlingslagern und der EU. Und Fähren von Tripolis nach Palermo und von der ägyptischen Küste auf die griechischen Inseln. Theoretisch sind große Kapazitäten vorhanden; so könnte man Kreuzfahrtschiffe umfunktionieren. Auch Luftbrücken sind vorstellbar. Aber warum dann nicht auch Luftbrücken von Afghanistan oder Pakistan nach Deutschland? Was manchen schon reichlich absurd anmutet, ist für andere ein Gebot der Humanität.

Das Recht auf Asyl für politisch Verfolgte steht also nur am Beginn einer Debatte um Fluchtursachen und Fluchtgründe. Wenn das Recht auf Asyl bei politischer Verfolgung anerkannt wird, so konstituierten alle übrigen echten Fluchtgründe ein nämliches Recht. Andernfalls würden wir manche Flüchtlinge willkürlich diskriminieren. Wir könnten jemanden, der für einige Tage in Polizeiarrest genommen wurde, weil er sich an einer regierungskritischen Demonstration beteiligt hat, anderen Personen gegenüber begünstigen, die von Hunger und Not bedroht

---

38 Carens äußert sich an diesem Punkt des „obliged to take up the slack" (Ethics of Immigration [s. Anm. 3], 221) ausweichend.

sind. Artikel 16a(1) GG begünstigt eine Teilmenge von Flüchtlingen und diese Be-
günstigung könnte moralisch diskriminieren, wäre also ungerecht. Das Recht auf
Asyl wirkt im Diskurs über Fluchtgründe wie ein Brückenkopf des „Rechts der Anderen", von dem aus sich expansiv neues Terrain gewinnen lässt.

5 Ausweitung der Fluchtgründe

Gesinnungsethiker neigen dazu, für die *Ausweitung von Fluchtgründen* einzu-
treten.[39] Carens definiert den Flüchtlingsbegriff folgendermaßen: „A refugee
is someone whose situation generates a strong claim to admission to a state in
which she is not a citizen."[40] Die anspruchsgenerierenden Situationstypen sind
unabhängig von Verfolgung und höchst vielfältig; begründete Furcht vor Verfolgung (im Sinne der Genfer Flüchtlingskonvention) ist nicht mehr erforderlich.
Carens fordert „a more flexible and expansive reading of the Convention's require-
ments".[41] Der Expansionismus wird dadurch fortgesetzt. Der Begriff des Flüchtlings wird gleichbedeutend mit „*Menschen in Situation (existentiell) dringlicher Not*".
Die begriffliche Verschiebung von Verfolgung zu situativer Notlage leitet eine
Ausweitung der Schutzpflichten ein. Unter den Begriff einer Notlage fallen über
die klassischen Fluchtgründe hinaus möglicherweise auch (1) die Stigmatisierung
und Strafverfolgung von sexuellen Orientierungen, (2) extreme oder absolute
Armut, (3) patriarchale Nötigung und Gewalt, (4) politische Unruhen, hohe Kri-
minalität, Terrorismus, Korruption, drohende Sezessionen im Herkunftsland, (5)
Hunger und mangelnde Ernährungssicherheit, (6) Klimawandel und (7) existen-
tielle Perspektivlosigkeit. Damit ist die Liste der Situationstypen nicht erschöpft.
Ähnlich wie bei den Menschenrechten ist eine weitere Ausweitung möglich.

Die Not auf Erden ist unermesslich. Je länger die Liste der Notlagen und der
entsprechenden Fluchtgründe wird, umso mehr verschieben sich die weiterhin
auftretenden Grenzfälle von Flucht in die ökonomischen, rechtlichen und politischen Details der Staatenwelt: Ist es zum Beispiel ein Fluchtgrund, wenn die
Rechtsordnung des Herkunftslandes drakonisch ist und etwa Auspeitschungen
und die Todesstrafe vorsieht (Saudi-Arabien)? Was, wenn sich nach einer Sezession
rasch herausstellt, dass der neue Staat zu einem anomischen *failed state* wird, in
dem Gräueltaten an der Zivilbevölkerung endemisch sind (Süd-Sudan)? Was ist

---

39 Ott, Zuwanderung und Moral (s. Anm. 12).
40 Carens, Ethics of Immigration (s. Anm. 3), 196.
41 Carens, Ethics of Immigration (s. Anm. 3), 200.

mit gewalttätigem Tribalismus, der nie endgültig zur Ruhe zu kommen scheint (Burundi, Kongo)? Was ist mit Ländern, in denen persistente politische Konflikte sich immer wieder aufs Neue gewaltsam entladen (Palästina)? Was ist mit diktatorisch induzierter Hungersnot, die sich durch El Niño ausweitet (Zimbabwe)? Was ist mit einem Leben in den Slums tropischer Metropolen (Nigeria, Ägypten und viele andere)? Wenn man den Begriff der Notlagen weit genug fasst, lebt wohl weitaus mehr als die Hälfte der Menschheit in mindestens einer dieser Notlagen. Die Personengruppe der Flüchtlinge erweitert sich extrem, wenn Hunger, absolute Armut und unwirtliche Lebensbedingungen als Fluchtgrund anzuerkennen sein sollten.[42]

Wenn man bei allen präsumtiven Fluchtgründen ins Detail geht, so sieht man eine endlose Liste diffiziler Probleme. Unbestritten ist, dass Genitalverstümmelung das Menschenrecht auf körperliche Unversehrtheit massiv verletzt. Was aber ist, wenn ein Staat diese Praktik gesetzlich verbietet, aber Frauen geltend machen, dass Klitorisbeschneidungen in entlegenen Landesteilen weiterhin ausgeübt und strafrechtlich nicht verfolgt werden? Was, wenn Inderinnen geltend machen, dass Frauen trotz staatlicher Gesetze in manchen Gegenden ernsthaft befürchten müssen, als Witwen von ihren Angehörigen verbrannt zu werden? Zweifellos läuft die strafrechtliche Verfolgung von Homosexualität den Menschenrechten zuwider. Aber wie will man rechtsstaatlich feststellen, ob eine Person, die aus einem entsprechenden Land stammt und behauptet, homosexuell veranlagt zu sein, dies auch tatsächlich ist? Diese Behauptung ist leicht aufzustellen und schwer zu widerlegen.[43] Und was ist, wenn (ähnlich wie im Deutschland der späten 1960er Jahre) das Strafrecht zwar noch einen entsprechenden Paragraphen enthält, der aber längst nicht mehr angewendet wird? Und was, wenn Homosexualität zwar kulturell verächtlich gemacht wird, aber nicht staatlicherseits verfolgt wird?[44]

Ähnlich sieht es beim Problem der Klimaflüchtlinge aus. Auch hier ist unstrittig, dass der beginnende Klimawandel in vielen Gebieten dieser Welt die Lebensbe-

---

42   In Ostafrika zwischen Äthiopien und Zimbabwe zeichnet sich Anfang 2016 eine schwere Nahrungskrise ab.

43   Feststellungsmethoden wie etwa die Phallometrie („sexual arousal testing") verstoßen meines Erachtens gegen die Würde der Person.

44   Zu den Detailproblemen von sexueller Orientierung als Asylgrund aus rechtlicher Sicht siehe J. Weßels, Sexual Orientation in Refugee Status Determination (Refugee Study Centre, Working Paper Series 74), Oxford 2011. Ein Problem für viele: „A prevailing homophobic atmosphere and discrimination may also amount to persecution under certain circumstances" (ebd.). Aber wie bestimmt man solche Atmosphären und Umstände in einzelnen Ländern wie etwa Marokko? Wie ist es zu bewerten, wenn Homosexualität toleriert wird, wenn die Betroffenen sich „dezent" verhalten?

dingungen verschlechtern wird. Die Definition eines „Klimaflüchtlings" bereitet erhebliche Schwierigkeiten, da sich, von flachen pazifischen Inselstaaten abgesehen, klimatisch bedingte Umweltveränderungen, sonstige Landnutzungsänderungen, Risikoeinschätzungen und Grenzen der Anpassung im Einzelfall kaum auseinanderhalten lassen. Gregory White sieht hier ein „continuum of volition", das sich zwischen „voluntary" und „fully forced" aufspannt. „Most is somewhere in between".[45] Der Begriff eines Klimaflüchtlings hängt daher keineswegs von klimatisch bedingten Umweltveränderungen allein ab, sondern von der Frage, ab wann solche Veränderungen als Fluchtgründe anerkannt werden. Hierzu werden in der Literatur neue moralische Begriffe wie etwa „compelled migrant", „survival migrant", „pressured environmental migrants" gebildet.[46] Hans-Joachim Schellnhuber schlägt folgende Kriterien vor: (1) tiefgreifende klimatische Veränderungen vor Ort, (2) Verursachung durch Dritte.[47] Bei der Anerkennung von Migranten als Klimaflüchtlinge wird viel von der Glaubwürdigkeit von Narrativen und der Verteilung der Darlegungslasten abhängen. Einige Autoren sprechen all denen, deren (gesamtes) Land in Zukunft unbewohnbar wird, ein Recht auf Immigration in andere Länder sowie einen Anspruch auf souveräne Herrschaft über ein bestimmtes Territorium zu.[48] Welche Staaten und/oder Bevölkerungsgruppen auf ihre Ansprüche zugunsten welcher Klimaflüchtlinge verzichten müssen, ist ungeklärt. Die Aufnahme von Migranten und die Bereitstellung von Territorien sollte als eine mögliche Form der Kompensation gesehen werden, die allerdings politisch extrem konfliktträchtig sein dürfte. Haben die ursprünglichen Bewohnerinnen das Recht, auf ihrem angestammten Territorium als dann ausländische Minderheit verbleiben zu dürfen, und, wenn ja, stehen ihnen die Rechte ethnischer und kultureller Minderheiten zu (etwa Unterricht in der Muttersprache)? Die zwangsweise Umsiedlung zugunsten von wie auch immer definierten Klimaflüchtlingen würfe das moralische und auch ethische Problem auf, durch die Beseitigung von Unrecht neues Unrecht zu schaffen.

Die Extension des Begriffs der Flucht nimmt im rezenten Moraldiskurs also zu, die normative Intension, die wir mit dem Begriff des Flüchtlings verbinden, bleibt dabei unverändert. Die Anzahl der Narrative, in denen die erweiterte Menge der Fluchtgründe auftaucht, ist unendlich und die einzelnen Narrative entziehen

---

45 G. White, Climate Change and Migration, Oxford 2011, 27.

46 White, Climate Change (s. Anm. 45); N. Marshall, Toward Special Mobility Rights for Climate Migrants, Environmental Ethics 37,3 (2015), 259–276.

47 H.-J. Schellnhuber, Selbstverbrennung. Die fatale Dreiecksbeziehung zwischen Klima, Mensch und Kohlenstoff, München 2015, 677.

48 C. Nine, Global Justice and Territory, Oxford 2012.

sich mehr und mehr der Überprüfbarkeit. Über staatliche Unterdrückung lässt sich einiges in Erfahrung bringen; Ernährungssituationen, Umweltveränderungen, kulturelle Stigmatisierungen, informelle Praktiken, die sich teils in entlegenen Gebieten abspielen, lassen sich mit vertretbarem Aufwand nicht mehr so genau ermitteln, wie es für eine rechtsstaatliche Beurteilung nötig ist. Wenn nun der Staat diese Narrative im Einzelfall widerlegen müsste, weil ihm das *onus probandi* zugeschoben wird, muss er letztlich kapitulieren und allen Narrativen, in denen Fluchtgründe auftauchen, Glauben schenken. Aber diese Kapitulation wird ja von denen avisiert, die alle Versuche bekämpfen, staatlicherseits die Kontrolle zu behalten oder zurück zu gewinnen.[49] Die Ausweitung von Fluchtgründen und der mit ihr verknüpften Anerkennungspraxis impliziert pragmatisch halboffene Grenzen und ein Bleiberecht für alle, denen es gelungen ist, die Außengrenze zu passieren. Und das ist ja das Ziel der humanitären Gesinnungsethik. Aufgrund der Logik des moralisch-humanitären Diskurses gerät der demokratische Republikanismus in die Defensive. Manche sehen ihn schon auf verlorenem Posten stehend. Oulios meint zu beobachten, dass der Staat sich gegen die zunehmende eigene Ohnmacht aufbäumt.[50]

6 Die Forderung nach „open borders"

Von vielen Intellektuellen werden *kosmopolitische* Gründe der Art vorgebracht, es sei schlechterdings kontingent, an welcher Raumzeitstelle ein Mensch geboren werde und aufwachse. Diese Stellen böten ohne eigenes Zutun oder Verdienst höchst unterschiedliche Lebensaussichten. Eine der Aufgaben von Moral und Gerechtigkeit sei es, solche Kontingenzen zu korrigieren. Es könnte sein, dass hier eines der tiefsten Probleme der Ethik überhaupt thematisiert wird. Das Gebot der Korrektur von kontingenten Lebensumständen und -aussichten spielt bei Rawls eine große Rolle bei der Begründung des Differenzprinzips.[51] Versuche, die Kontingenzen von Herkunft, Erziehung, Talenten, Glück und Geschick, verdienten und unverdienten (Miss-)Erfolgen, förderlichen und hemmenden Umständen auszugleichen, stoßen allerdings auch für Rawls bald an Grenzen. Die naturräumliche Ausstattung unterschiedlicher Erdstriche ist ebenfalls höchst ungleich: Im Norden gibt es mehr Wasser und bessere Böden, dafür ist die tropische Vegeta-

---

49 Vgl. Oulios, Blackbox Abschiebung (s. Anm. 14), X.
50 Oulios, Blackbox Abschiebung (s. Anm. 14), X.
51 Rawls, Theory of Justice (s. Anm. 6).

tion üppiger und vielfältiger; es gibt rohstoffreiche und rohstoffarme Staaten, aber Rohstoffreichtum kann auch ein Nachteil für die wirtschaftliche Entwicklung von Staaten sein.[52] Egalitaristische Ethiktheorien zeichnen sich dadurch aus, dass sie solche Kontingenzen ausgleichen wollen, die sie für moralisch willkürlich halten.[53] Umverteilen und Umsiedeln sind Mittel hierzu. Der Ausgleich kontingenter Ungleichheiten ist auch ein Motiv für Carens, der sich mit den „ordinary inequalities of the modern world" nicht abfinden möchte.[54] Was bei Rawls das Differenzprinzip im Innern eines gerechten Gemeinwesens leisten soll, sollen *mutatis mutandis* die *open borders* im globalen Kontext leisten.

Natalität ist ebenfalls kontingent; als Individuen sind wir allesamt Zufallswesen. Es ist kein persönlicher Verdienst, als Bürger eines reichen und freien Staates geboren worden zu sein. Aber ist es eine Art Privileg, das – wie alle Privilegien – auf den Prüfstand der Gerechtigkeit gehört? Man müsse, so Carens, diese Bürgerschaft mit dem einstmaligen Geblütsadel analogisieren.[55] Als EU-Bürger wäre man demnach ähnlich privilegiert wie im Feudalismus Adlige privilegiert waren. Ich glaube, dass der Ausdruck „Privileg" mehrdeutig ist. Man kann ihn einmal als Vorrecht im engen und strengen Sinne verstehen wie etwa das Privileg, dass nur Adlige Offizier werden oder nur Männer wählen dürfen. Oder man kann Privileg in einem weiten und vagen Sinn so verstehen, dass jemand privilegiert ist, wenn er/sie eines Gutes oder einer Stellung teilhaftig geworden ist, das oder die viele begehren, aber nicht alle haben (können). Wenn im Prinzip alle die erwünschte Stellung eines Professors erreichen können, ist diese Stelle im strengen Sinne kein Privileg, im weiten und vagen Sinne sind Professoren jedoch immer noch „privilegiert". Nun ist es so, dass uns die Staatsbürgerschaft durch Geburt zufällt, aber kein Privileg im strengen Sinne sein dürfte. Carens analysiert den mehrdeutigen Begriff des Privilegs in seinen Facetten und Nuancen nicht weiter, sondern appelliert an das schlechte Gewissen derer, die sich bereits dadurch privilegiert fühlen, dass sie durch Geburt Mitglieder bürgerlicher Gesellschaften des Nordens sind. Alsdann wendet er den Ausdruck des „birthright privilege" auf die Immigrationsfrage an: „Limiting entry to rich democratic states is a crucial mechanism for pro-

---

52 Zu der ökonomischen Problematik des „curse of the resource rich" siehe P. Collier, The Plundered Planet. How to Reconcile Prosperity with Nature, Oxford 2010.

53 An diesem Punkt müsste genauer analysiert werden, wie die Begriffe der Kontingenz und der moralischen Willkür aufeinander bezogen werden. Darauf kann ich hier nicht eingehen.

54 Carens, Ethics of Immigration (s. Anm. 3), 210. Siehe auch ders., An Interpretation and Defense of the Socialist Principle of Distribution, Social Philosophy and Policy 20,1 (2003), 145–177.

55 Carens, Ethics of Immigration (s. Anm. 3), 226.

tecting a birthright privilege".[56] Wenn man die Menschenrechte ernst nehme, so müsse man solche Privilegien bekämpfen.

Anschließend erfolgt Carens' eigentliches Plädoyer für offene Grenzen. Die Forderung nach *open borders* betrifft für Carens nur Staaten, die sich zu demokratischen Prinzipien und zu der Institution der Menschenrechte bekennen. China und Russland dürften demzufolge ihre Außengrenzen schützen, Australien und Kanada dürften dies nicht, Deutschland dürfte es im Schatten der Shoa erst recht nicht. Carens' „case for open borders" fordert die dauerhafte Einstellung aller staatlichen Kontrollen gegenüber Zuwanderung.[57] Nur durch *open borders* könne man das Paradox auflösen, dass es zwar ein Menschenrecht auf „freien Zug", d.h. auf Emigration gibt, diesem aber bislang kein Recht auf Immigration korrespondiert. Wer aber nicht daran gehindert werden darf, sein Land zu verlassen, der/die müsse schließlich irgendwo einen Platz auf Erden finden. Unter dieser Bedingung seien *open borders* eine freiheitliche Lösung. Die Ausweitungen der Fluchtgründe erscheinen jetzt als Zwischenschritte auf dem Weg hin zu der klaren und einfachen Lösung: *open borders*. Alle Unterscheidungen werden hinfällig, die Glaubwürdigkeit von Narrativen spielt keine Rolle mehr, kein Diskriminierungsgespenst geht mehr um und die Privilegien werden, wie es scheint, abgebaut. Carens bestreitet nicht, dass damit ein Anreiz für Zuwanderung gesetzt wird: „If the borders were open, millions more would move."[58] Der unbestimmte Plural lässt die Zahl offen. Diese Migration der Millionen ist für Carens als Beitrag zur größeren globalen Gleichheit wünschenswert: „The control that democratic states exercise over immigration plays a crucial role in maintaining unjust global inequalities and in limiting human freedom unjustly."[59]

Carens interessiert sich nicht für die Details der ökonomischen, sozialen und kulturellen Folgen seines Vorschlags; sein „case for open borders" ist, wie er sagt, „a matter of principle",[60] wobei er Prinzipien und Ideale gleichsetzt.[61] Diese Berufung auf ideale Prinzipien verlangt eine kritische Prüfung der eigentlichen Argu-

---

56 Carens, Ethics of Immigration (s. Anm. 3), 226.
57 Es ist fair, darauf hinzuweisen, dass der Vorschlag auch aus marktliberalen Kreisen formuliert wurde, die das Wachstum ankurbeln wollten. Im Wall Street Journal wurde am 3. Juli 1984 sogar eine Ergänzung der US-Verfassung gefordert: „We propose a five-word constitutional amendment: There shall be open borders" (zitiert nach P. Cafaro, How Many Is Too Many? The Progressive Argument for Reducing Immigration into the United States, Chicago 2015, 81).
58 Carens, Ethics of Immigration (s. Anm. 3), 228.
59 Carens, Ethics of Immigration (s. Anm. 3), 230.
60 Carens, Ethics of Immigration (s. Anm. 3), 229.
61 Carens, Ethics of Immigration (s. Anm. 3), 201.229.234.255.

mente, die die Forderung nach *open borders* begründen sollen. Ich sehe im Wesentlichen deren zwei: (1) die Ausweitung eines Rechts auf Bewegungsfreiheit und (2) die Ausweitung des Rechts auf Freizügigkeit.

Ad (1): „The right to go where you want is an important human freedom in itself."[62] Gibt es ein Recht zu gehen, wohin man gehen will? Die Bewegungsfreiheit ist in der allgemeinen Handlungsfreiheit enthalten. Diese wiederum ist nicht nur durch die Rechte anderer, sondern durch die Schrankenwirkungen der gesamten Rechtsordnung recht erheblich eingeschränkt. In Nationalparks herrscht Wegegebot, vor der Ernte sind die Weinberge für Spaziergänger gesperrt, die Gleisanlagen dürfen nicht betreten werden und die Bewegungsfreiheit übertrumpft nicht das Hausrecht. Vielfach gilt gemäß einfachem Recht: „Betreten für Unbefugte verboten". Staatsgrenzen sind also nur eine von vielen Begrenzungen der Bewegungsfreiheit. Carens konzediert, dass die Bewegungsfreiheit eingeschränkt werden kann und darf, aber er fordert (in der modischen Begründungslastverschiebung) eine „moral justification".[63] Aber sind wir immer moralische Gründe schuldig, wenn wir festlegen, dass nur Mitglieder das Vereinsgelände betreten dürfen und nur ins Schwimmbad eingelassen wird, wer Eintritt zahlt? Carens meint, Grenzkontrollen erforderten eine moralische Begründung, die zeigen könne, warum sie im Interesse aller Betroffenen seien. Diese Bedingung, die sich vielleicht für moralische Unterlassungsgebote erfüllen lässt, kann bei Staatsgrenzen praktisch nie erfüllt werden, da es immer Personen geben wird, in deren Interesse es nicht ist, außen vor bleiben zu müssen.[64] Carens fordert mittels *onus probandi* also etwas Unmögliches. Im Hintergrund stehen egalitäre Vorstellungen von globaler Chancengleichheit, die durch Grenzkontrollen eingeschränkt werden. Aber das ist ein anderes Argument als das einer radikal ausgeweiteten Bewegungsfreiheit. Die Expansion des Rechts auf Bewegungsfreiheit ergibt also kein Argument zugunsten der *open borders*.

Ad (2): Carens' zweites Argument betrifft ein präsumtives Recht auf globale Freizügigkeit (das von ihm sogenannte „Cantilever"-Argument[65]). Dies wäre ein neues Element im System der Rechte. Carens wehrt sich gegen die Möglichkeit,

---

62 Carens, Ethics of Immigration (s. Anm. 3), 227.

63 Carens, Ethics of Immigration (s. Anm. 3), 227.

64 Carens supponiert hier offenbar ein „all-affected"-Prinzip, wie es auch die Diskursethik vertritt. Alle von der Normgeltung Betroffenen sollen ja an Diskursen über die fragliche Norm beteiligt werden. Carens überträgt dieses Prinzip auf Grenzkontrollen. An dieser Stelle müsste auf die Begriffe des Interesses und der Betroffenheit reflektiert werden, um die Zulässigkeit dieser Übertragung zu klären.

65 Carens, Ethics of Immigration (s. Anm. 3), 237.

dieses Recht nur als ein Bürgerrecht auf Freizügigkeit in einem bestimmten Staatsgebiet zu begreifen. Für das Grundgesetz ist das Recht auf Freizügigkeit gemäß Art. 11 GG faktisch eindeutig ein Recht deutscher Staatsbürgerinnen. Aus Sicht einer Verfassungspatriotin kann man für eine großzügige Anwendung dieses Deutschenrechts für ausländische Mitbürgerinnen eintreten, aber auch dann liegt kein ersichtlicher Grund vor, dieses Bürgerrecht im Sinne der *open borders* auszuweiten. Die korrekte Ausweitung dieses Bürgerrechts zum Menschenrecht besagt nur: Alle Menschen haben ein Recht, sich als Bürgerinnen frei in ihrem jeweiligen Land zu bewegen. Daraus folgt jedoch nicht: „Alle Menschen haben das Recht auf Freizügigkeit in allen Staatsgebieten." Dies wäre eine logisch unzulässige Verdopplung und Verschiebung des All-Quantors.[66]

Carens beruft sich auf Art. 13 der Menschenrechtskonvention von 1948. Diese Berufung geht jedoch deshalb fehl, weil Art. 13 nur ein Bürgerrecht formuliert: „Jeder Mensch hat das Recht auf Freizügigkeit und freie Wahl seines Wohnsitzes innerhalb eines Staates."[67] Damit ist nicht jeder beliebige Staat gemeint, sondern nur der jeweilig betroffene Staat. Artikel 13 Abs. 2 formuliert das Recht jedes Menschen, in sein Land zurückkehren zu dürfen, also ein klares Bürgerrecht. Es gibt jedoch kein Menschenrecht darauf, in jedes Land zurückkehren zu dürfen, in dem man sich einmal aufgehalten hat. In der Lesart von Carens würde Art. 11 GG den Menschenrechten widersprechen, was meines Wissens noch niemand behauptet hat. Das Cantilever-Argument beruht auf der Verwechslung von Menschen- und Bürgerrechten. Diese Verwechslung geschieht im Diskurs über Rechte wohl deshalb so häufig, weil jedes Bürgerrecht auch einen menschenrechtlichen Aspekt hat. Beispiel: Es gibt Menschenrechte auf politische Freiheiten, eine Regierung frei zu wählen, aber nur Deutsche haben das Recht, den Bundestag zu wählen oder sich zu Abgeordneten wählen zu lassen. Ein starkes Argument für den „case for open borders" hätte man dann, wenn man zeigen könnte, dass die Unterscheidung zwischen Menschen- und Bürgerrechten mit dem normativen Individualis-

---

66 An diesem Punkt wäre das Verhältnis des ethischen Universalismus bzw. der Universalisierbarkeit moralischer Forderungen mit dem Gebrauch des All-Quantors in Normsätzen genauer, d. h. mit Hilfe der deontischen Logik zu analysieren.

67 Im Original lautet Art. 13: „Everyone has the right of freedom of movement and residence within the borders of each state." Der Wortlaut lässt tatsächlich die Lesart zu, jede und jeder habe das Recht sich in jedem Staat niederzulassen. So ist Art. 13 aber nicht gemeint. Der geschichtliche Kontext der Gründungsphase der UN spricht gegen die Deutung von Carens, denn der Art. 13 richtet sich explizit gegen staatliche Umsiedlungen von Teilen der eigenen Bevölkerung im eigenen Land, also zum Beispiel gegen das Verbringen von Minderheiten in Reservate. So sieht es auch Cafaro, How Many Is Too Many? (s. Anm. 57), 208: „The right of movement of residence is clearly limited to a citizen's home country."

mus unvereinbar wäre. Dies aber hat Carens nicht gezeigt. Begründungstheoretisch gesehen sind beide Argument in ihrer vorliegenden Form also nicht haltbar.

Gleichwohl können wir uns hypothetisch mögliche Konsequenzen von *open borders* vor Augen führen. Zunächst dürften sich nur wenige Staaten an diesem Moralexperiment freiwillig beteiligen. Viele EU-Länder praktizieren das Gegenteil von *open borders*. Für einen Staatenbund wie die EU wären *open borders* einiger Länder das Ende jeglichen tieferen Zusammenhalts. Alle Errungenschaften des EU-Prozesses einschließlich der Euro-Zone, der Osterweiterung und des Schengen-Raumes würden hierdurch aufs Spiel gesetzt. Europäische Union ist *rebus sic stantibus* mit *open borders* inkompatibel; wer die *open borders* fordert, ist daher kein „guter Europäer" (Nietzsche). Die Mehrheit für den Austritt Großbritanniens aus der EU ergab sich nicht zuletzt aufgrund des Ziels einer Begrenzung von Immigration auch aus EU-Ländern.

Angesichts etwaiger *open borders* dürfte sich außerdem das bewahrheiten, was Walzer befürchtet: Wer die Grenzen öffnet, also die „Festung Europa" schleift, schafft viele kleine befestigte Burgen im Innern.[68] Es würden sich *gated communities* und selbsternannte Bürgerwehren bilden, wie dies Anfang 2016 in vielen Städten bereits geschieht. Bei *open borders* stehen weite Teile der Rechts- und Sozialordnung zur Disposition. Wie sollte man mit der fast unvermeidlichen Bildung von Ghettos, mit Verslumung und mit halblegalen *squatter*-Siedlungen umgehen? Welche Geschäftsmodelle sollen wir dulden, welche Steuern sollen wir bei wem wofür erheben, wer hat Zugang zu welchen Sozialleistungen,[69] mit welchen Sanktionen dürfen wir bei welchen Delikttypen drohen? Einschränkungen der Freizügigkeit im Innern etwa zu Zwecken der gleichmäßigeren Verteilung wären mit dem Prinzip von *open borders* unvereinbar. Es wäre intuitiv absurd, die Grenzen zu öffnen und im Innern eine Residenzpflicht einzuführen.

Verantwortungsethiker fragen, welche Verpflichtungen Staaten im Falle von offenen Grenzen gegenüber den Zuwanderern haben. Die alten Unterscheidungen würden nämlich auf den zweiten Blick keineswegs obsolet: Haben Staaten, deren

---

68 Walzer, Spheres of Justice (s. Anm. 9).

69 E. Eichenhofer, Wohlfahrtsstaat und Migration, IMIS Beiträge 47 (2015), 99–115. Der historische und politische Zusammenhang zwischen Wohlfahrtsstaat und Nationalstaat löst sich, so Eichenhofer, zunehmend auf, denn der deutsche Wohlfahrtsstaat habe sich faktisch gegenüber Nichtbürgern geöffnet, insbesondere gegenüber EU-Bürgerinnen. Eichenhofers Aussicht auf eine „Welt transnationaler Wohlfahrtsstaatlichkeit" (ebd., 100) bleibt aus verantwortungsethischer Sicht utopisch-nebulös. Auch für ihn markiert Migration aber die Grenzen des traditionellen Wohlfahrtsstaates. Das Problem der Zuwanderung in den Wohlfahrtsstaat ist also keine Erfindung von Fremdenfeinden.

Grenzen für alle offen sind, weiterhin Beherbergungspflichten gegenüber echten Flüchtlingen? Auch bei *open borders* könnten die echten Flüchtlinge Versorgungsansprüche an den Staat stellen, während die Migranten selbst sehen müssten, wie sie sich durchschlagen, da die *open borders* für sie ein reines Freiheitsrecht auf Einwanderung wären. Damit würde das alte Spiel der Anerkennung echter Fluchtgründe unter verschärften Bedingungen von neuem beginnen: Wir müssten alle Zuwanderer ins Land lassen, um dann administrativ die Teilmenge der Flüchtlinge zu identifizieren und sie materiell zu versorgen. Dies würde bedeuten, die im Innern gestellten Asylanträge weiterhin wie bisher üblich prüfen zu müssen. Dann würden die Asylanträge auch bei *open borders* weiter (exponentiell) ansteigen. Soll vielleicht gar auch bei *open borders* die im Abschnitt 5 dargestellte Ausweitung der Fluchtgründe Bestand haben, sodass eine große Teilmenge der Einwandernden teilhaberechtliche Ansprüche auf Beherbergung haben sollen? Also letztlich: *open borders* in Verbindung mit Hartz-IV für alle?

Es fragt sich, wie unter den Bedingungen von *open borders* ökonomische Integration und politische Inklusion noch konzipiert werden können. Wenn wir glauben, dass Integration und Inklusion von ein bis zwei Millionen Zuwanderern eine Herausforderung ist, die uns über Jahre und Jahrzehnte hinweg viel abfordern wird, und wenn wir innerhalb von drei Jahren mit kumulierten Kosten der Zuwanderung von ca. 50–55 Milliarden Euro zu rechnen haben,[70] dann steht es in den Sternen, was bei *open borders* eigentlich darüber hinaus noch geschehen soll. Und das für Carens als ungerecht verurteilte Privileg der Staatsbürgerschaft bestünde weiterhin fort. Offene Grenzen implizieren keine Einbürgerung. Aber die Logik von Carens' Argument beruhigt sich wohl erst bei Einbürgerungen großen Stils und den vollen politischen Teilnahmerechten für alle, die die offenen Grenzen passieren.

Es ist zudem ein gedanklicher Fehler, wenn man meint, Rechte, die aus moralischen Gründen gewährt werden, würden nur mit moralisch lauteren Gründen in Anspruch genommen. Man unterstellt den Anderen die eigene Motivationsstruktur. So können aus moralischen Gründen Transferleistungen eingeführt werden, die rein strategisch abgeschöpft werden. In diesem Sinne werden, sofern Menschenkenntnis, Lebenserfahrung und das, was Aristoteles Klugheit in den veränderlichen irdischen Angelegenheiten nennt,[71] in Anschlag gebracht werden

---

70 So das Institut der Deutschen Wirtschaft (Frankfurter Allgemeine Zeitung, 2.2.2016, 15). Die errechneten Zahlen sind abhängig von der Anzahl der aufgenommenen Personen und der Quote der bis dahin Beschäftigten.

71 W. Kersting, Der einsichtige Staatsmann und der kluge Bürger. Praktische Vernünftigkeit bei Platon und Aristoteles, in: ders. (Hg.), Klugheit, Weilerswist 2005, 15–41.

dürfen, höchst unterschiedliche Menschen mit unterschiedlichen Zielen und Motiven angelockt. Für Carens besteht die Mehrheit der Flüchtlinge und Migranten aus „ordinary, peaceful people, seeking only the opportunity to build decent, secure lives for themselves and their families."[72] Dies ist selbst dann, wenn es für die Mehrzahl derer, die die *open borders* passieren würden, zuträfe, eine vereinfachende („only") Idyllisierung, die den Sozialisations- und Habitualisierungsprozessen der Herkunftsländer nicht angemessen Rechnung trägt. Die Zugewanderten werden, wenn man die kulturphilosophischen Diskurse über „(radikale) Alterität" auch nur im mindesten ernst nimmt, mehrheitlich Menschen sein, die ihre Überzeugungen und ihre Religion, ihre Ehrvorstellungen, Loyalitäten und Fehden, ihre Geschäftsmodelle und Tricks, ihre seelischen Verwundungen und Traumata, ihre Phantasien und Träume, ihr Imaginäres und ihr Begehren mitbringen werden.[73] Sie bringen, wie Collier verdeutlicht, ihre Verhaltensstandards in das andersartige „social model" der Aufnahmeländer mit.[74]

Einige Gruppen gehen ja explizit in diese Richtung. Aktivistengruppen wie „No Borders" folgen der Linie einer „anti-capitalist No Border politics".[75] In ihren von Marx, Foucault und Agamben geprägten Jargon wird deutlich, worum es ihnen eigentlich geht. Migration ist für sie eine Form des globalen Klassenkampfes. Die Rechte, die es zu bewahren und zu erkämpfen gilt, sind nicht, wie noch bei Carens, ausgeweitete bürgerliche Grundrechte. Vielmehr sind „rights to move/stay" Komponenten eines Systems von „common rights", die aus der kollektiven Praxis des „commoning" (d.h. der Bewirtschaftung von Gemeingütern) hervorgehen und nur „rights of the commoners" sind. Es gibt sogar Autoren, die im (pseudo-) linken Jargon den Übergang zum Faustrecht fordern: „Das Recht auf Migration, das Recht auf Bewegungsfreiheit entsteht noch vor seiner politischen Institutionalisierung durch die Praxis derjenigen, die es sich nehmen."[76] Ethisch ist es absurd zu behaupten, ein Recht auf x ergäbe sich aus dem x-Tun. Es ist allerdings im Interesse einer kritisch-reflexiven Theorie der Menschenrechte bemerkenswert, wie die Ausweitung der Menschenrechte dann, wenn sie begründungstheoretisch

---

72 Carens, Ethics of Immigration (s. Anm. 3), 225.

73 Daoud, Das sexuelle Elend (s. Anm. 21). Hierzu auch Collier, Exodus (s. Anm. 21), 33–36, der auf die Bedeutung von unterschiedlichen „social models" in Herkunfts- und Aufnahmeländern aufmerksam macht.

74 Collier, Exodus (s. Anm. 22), 32–35.

75 B. Anderson/N. Sharma/C. Wright, Editorial. Why No Borders? Refuge 26,2 (2009), 5–18: 7. „A radical No Border politics acknowledges that it is part of revolutionary change" (ebd., 12).

76 Oulios, Grenzen der Menschlichkeit (s. Anm. 14), 79; ähnlich auch ders., Blackbox Abschiebung (s. Anm. 14), V.

an Grenzen stößt, in agonale Konzepte umschlägt, denen zufolge Rechte von partikularen Gemeinschaften („commoners") für deren Mitglieder erkämpft werden oder die neuen Rechte auf Zuwanderung einfach durch massenhaftes Verhalten erzeugt werden können. Der Normativismus von Carens schließt sich dann politisch mit den Ansätzen zusammen, die Karl Marx und Carl Schmitt in linksradikaler und post-demokratischer Manier zusammendenken.[77] Slavoj Žižeks diverse essayistische Aufrufe zum Klassenkampf gehen in eine ähnliche Richtung.[78]

7 Schlussbetrachtung

Zusammenfassend gesagt, erscheinen die Konsequenzen der *open borders* für einen demokratischen Republikanismus unannehmbar. Wir sehen (hoffentlich) diesen *slippery slope*, den wir eingangs im Schatten der Shoa betreten haben, nun etwas deutlicher vor unseren Augen. Weder die universalistischen Prinzipien etwa der Diskursethik noch der Verfassungspatriotismus und das Erbe des Antifaschismus zwingen uns, diesen expansionistischen Weg bis an seine Endpunkte zu gehen. So bleibt im Rahmen des demokratischen Republikanismus die Aufgabe, Halt auf dem *slippery slope* zu finden im Wissen darum, dass jedwede Positionierung unter gesinnungsethischen Dauerdruck gestellt werden wird. So gesehen erscheint die Politik der Kanzlerin nicht grundsätzlich verfehlt, in allmählicher Korrektur der gesinnungsethischen Euphorie des Sommers 2015 politische Mittel und Wege zu suchen, die jedoch in die heiklen Probleme einer strategischen Partnerschaft mit der Türkei führten.

Was aber, wenn die Gigantomachie des Streits um massenhafte Zuwanderung am Ende auf die scharf konturierten Alternativen hinauslaufen würde, entweder die Grenzen weiter offen zu halten (Faktizität von *open borders*) oder sie effektiv zu sichern („Festung Europa 2.0")? Die meisten werden dieser Alternative so lange wie möglich ausweichen wollen, da die „Festung"-Strategie ihren eigenen *slippery slope* mit beklemmenden Aussichten bereithält. Der demokratische Republikanismus versucht insofern, zwischen Skylla und Charybdis eine (schmale) Fahrrinne zu finden.

Mein Essay über „Zuwanderung und Moral" endet aporetisch bzw. dilemmatisch.[79] Die Gesinnungsethik, die zu den *open borders* und über sie hinaus führt,

---

77 Hierzu höchst instruktiv O. Marchart, Die politische Differenz. Zum Denken des Politischen bei Nancy, Lefort, Badiou, Laclau und Agamben, Berlin 2010.

78 Ott, Zuwanderung und Moral (s. Anm. 12), 47–51.

79 Ott, Zuwanderung und Moral (s. Anm. 12).

lässt sich politisch nicht durchhalten, sofern einem am Bestand der bürgerlichen Gesellschaft und der Integration der EU gelegen ist, während die Verantwortungsethik, die zur effektiven Sicherung der EU-Außengrenzen führt, zu völkerrechtlich[80] und moralisch kaum erträglichen Konsequenzen führt.[81] *Beide* Extremlösungen sind mit unserem rechtlichen, moralischen, politischen, kurzum: unserem sittlichen Selbstverständnis unvereinbar. Beides sind Kapitulationen.

Gerade wenn man die Doppelperspektive aus nationalstaatlicher und EU-Bürgersicht anlegt, die Habermas allen guten Europäerinnen abfordert,[82] so müssen wir Deutschen unsere moralisch motivierte Willkommenskultur und unseren „Schatten der Shoa" auch aus der Perspektive der anderen EU-Mitgliedsländer sehen lernen, selbst wenn uns deren nationalistische Gründe nicht behagen. Auch Anhängerinnen der „Willkommenskultur" sollten einsehen, dass diese ein europäischer Sonderweg geworden ist, für den es zwar Lob von Seiten der UNHCR[83] und der internationalen Medien gibt, aber massive Kritik von Regierungen vieler EU-Staaten. Während es sich aus deutscher Sicht so darstellt, dass die übrigen EU-Staaten uns Deutsche mit der Lösung eines humanitären Problems allein gelassen haben, stellt es sich aus anderer Perspektive so dar, dass die Deutschen die übrigen EU-Staaten auf eine Politik verpflichten wollten, die sie nicht billigen. Der EU-Integration hat die deutsche Willkommenskultur faktisch nicht gedient. Sie stärkt ungewollt die Kräfte, die zurück zu einem „Europa der Vaterländer" wollen. Sofern Verfassungspatrioten auch auf das Staatsziel einer immer tieferen Einigung Europas gemäß Art. 23(1) GG verpflichtet sind, müssen sie abwägen dürfen zwischen der Erneuerung des Zusammenhaltes der EU-Staaten und den menschenrechtlichen Ansprüchen auf Asyl, Schutz in der Not und Zuwanderung. Da der europäische Einigungsprozess ebenso wie das Asylrecht moralische und politische Reaktion auf die Katastrophe des Faschismus ist, hilft die Rückbesinnung auf den

---

80 Die EU ist beispielsweise nicht frei zu entscheiden, die Seenotrettungen im Mittelmeer einzustellen.

81 Hierzu zählt auch die Option, Art. 16a(1) GG in eine Staatszielbestimmung „Flüchtlingsschutz" umzuwandeln, um dem Expansionismus die Grundlage zu entziehen. Staatszielbestimmungen verpflichten alle drei staatliche Gewalten, auf hohem Niveau ein bestimmtes Politikfeld zu bearbeiten. Die Verfassung des Grundgesetzes kennt in diesem Sinne das Staatsziel Umweltschutz gemäß Art. 20a GG. Allerdings ist das Eingedenken der Shoa an diesem Punkt besonders dringlich.

82 J. Habermas, Zur Verfassung Europas. Ein Essay, Frankfurt a.M. 2011.

83 F. Grandi, Beim Thema Registrierung und Verteilung hat Europa völlig versagt, Frankfurter Allgemeine Zeitung, 19.2.2016, 2: „Deutschland ist heute der Grundpfeiler in der Verteidigung dieser bedrohten Grundsätze [des Flüchtlingsschutzes]". Für Filippo Grandi ist die Politik der Kanzlerin „couragiert", aber „unglücklicherweise ist sie mit ihrer Haltung ein wenig isoliert".

Schatten der Shoa, der uns bis hierher begleitet hat, bei dieser heiklen Abwägung zwischen heterogenen Zielen und Ansprüchen nicht mehr weiter. Während der demokratische Republikanismus nicht nationalistisch verengt werden muss, sondern (auch und gerade nach dem „Brexit") die europäische Perspektive einschließt, wird der normative Individualismus, wenn er konsequent ist, sagen müssen, dass auch die EU keinen eigenen politischen Wert hat, sondern dass nur Rechte und Wohlergehen von Individuen zählen. Der Zusammenhalt der EU ist dann von weitaus weniger moralischer Bedeutung als die existentiellen Notlagen von Individuen weltweit. Dies führt zuletzt auf folgende Frage: Kann eine in ihrem Theoriekern universalistische Ethik wie die Diskursethik in der Sphäre der politischen Philosophie einen demokratischen Republikanismus vertreten, der auch Partikularitäten einen eigenständigen Wert beimisst?

Zusammenfassung

Vor dem Hintergrund steigender Flucht- und Migrationsbewegungen werden „expansionistische" Ansätze in Moral und Ethik untersucht, die für die Ausweitung von anerkennungswürdigen Fluchtgründen und der ihnen entsprechenden Rechten und Pflichten eintreten. Der Expansionismus wird als abschüssiger Hang (*slippery slope*) rekonstruiert, an dessen Ende die Forderung nach offenen Grenzen steht. Mit dem demokratischen Republikanismus wird eine Alternative zum ethischen Expansionismus skizziert.

The article analyzes current approaches within the ethics of migration that argue in favor of a widening scope of reasons which constitute the normative status of a refugee entailing specific rights and obligations. This ethical expansionism is conceived as being a slippery slope. The case for open borders is regarded as its final objective. Democratic republicanism is presented as being an alternative to ethical expansionism.

II. Reden anlässlich der Verleihung des Karl-Barth-Preises

MARKUS DRÖGE

Karl-Barth-Preis für Michael Welker

Laudatio, gehalten bei der festlichen Preisverleihung am 9. Juli 2016 in Basel

Sehr geehrter Herr Kirchenpräsident Schad, lieber Michael Welker, liebe Ulrike Welker, meine sehr verehrten Damen und Herren!

1 Karl-Barth-Preis – erstmals in Basel vergeben

Vor 30 Jahren wurde erstmals der Karl-Barth-Preis verliehen, anlässlich des 100. Geburtstages von Karl Barth im Jahre 1986. Theologinnen und Theologen aus Forschung, Lehre und kirchenleitenden Ämtern, Juristen aus Politik und Rechtsprechung, ein Publizist, ein Literat, ein Unternehmer und ein ehemaliger Bundespräsident sind seither Preisträger gewesen. Allen war eines gemeinsam: Sie haben ihre Verantwortung in Kirche und Gesellschaft wahrgenommen im Geist der Barmer Theologischen Erklärung, die im Jahr 1934 maßgeblich und wesentlich von Karl Barth formuliert worden ist.

Zum ersten Mal wird dieser Preis heute in Basel verliehen, dem Geburtsort Karl Barths, den er allerdings bereits in seinem dritten Lebensjahr verließ, weil sein Vater, bis dahin Dozent an der Predigerschule in Basel, als Privatdozent an die Universität Bern wechselte.[1] Seit 1889 hatte Karl Barth dann 36 Jahre lang die „besondere Luft von Basel", wie er sagte, „nur besuchsweise geatmet",[2] bis er im Jahr 1935, weil Leben und Wirken in Bonn durch die Nationalsozialisten unmöglich gemacht wurden, unweit seines Geburtshauses wieder Wohnung nahm.[3] Hier in seiner Heimatstadt Basel sollte er bis zu seinem Tod im Jahr 1968 seine Wirkungsstätte finden.

Hier in Basel verleihen wir heute den Karl-Barth-Preis im Rahmen des 12. Internationalen Bonhoeffer-Kongresses an eine Persönlichkeit, die in der skizzierten Traditionslinie des Karl-Barth-Preises Wort und Geist der Barmer Erklärung in

---

1   E. Busch, Karl Barths Lebenslauf. Nach seinen Briefen und autobiographischen Texten, Berlin 1979, 20.

2   Vgl. Busch, Karl Barths Lebenslauf (s. Anm. 1), 238.

3   Busch, Karl Barths Lebenslauf (s. Anm. 1), 238.

ihrem Forschen und Lehren und im gelebten christlichen Zeugnis in herausragender Weise lebendig gemacht hat und macht – an meinen theologischen Lehrer Michael Welker.

Für mich ist es eine große Freude und eine noch größere Ehre, gebeten worden zu sein, die Laudatio zu halten. Denn Michael Welker war es, der mich bereits in meiner Studienzeit in Tübingen Anfang der 1980er Jahre geprägt hat. Schon im Pfarramt tätig, hat er mich gelockt, mich neu der theologischen Arbeit mit einer Dissertation zu widmen, und seither regt er mich stetig durch seine theologischen Impulse an, ganz im Sinne Karl Barths, der in seiner „Einführung in die evangelische Theologie" vor dem „bedenklichen Phänomen" gewarnt hat, „wenn man etwa leitende Kirchenmänner (mit oder ohne Bischofskreuz) [...] wohlgemut und wohl auch ein bisschen wegwerfend versichern hört, Theologie sei nun eben nicht ihre Sache [...]. So wird es nicht gehen", schreibt Barth.[4] Dankbar dafür, in dieser Weise durch Michael Welker gewarnt und immer neu theologisch inspiriert zu sein, habe ich gerne die Aufgabe übernommen, die Laudatio zu halten.

2 Die Originalität des Ansatzes von Michael Welker in der Spur Karl Barths

Michael Welker, meine sehr verehrten Damen und Herren, wird heute für sein theologisches Gesamtwerk geehrt, weil, so die Jury, „die Originalität seines Ansatzes in der Spur Karl Barths [...] in höchstem Maße auszeichnungswürdig" ist.[5]

Die Originalität seines Ansatzes in der Spur Karl Barths war bereits im Wintersemester 1982/83 in Tübingen erkennbar, erlebbar und einsichtig, als Michael Welker, damals noch Privatdozent, eine Vorlesung über die „Kirchliche Dogmatik" (KD) hielt.[6] Gleich zu Beginn, am 25. Oktober 1982, machte Michael Welker der großen Hörerschar im Tübinger Kupferbau klar, dass es ihm nicht um die Biographie Karl Barths gehe, weder um den jungen Barth noch den „roten Pfarrer". Es gehe nicht um das historische, sondern das systematische Bezugssystem, um die Frage, wie Barth seine Theologie betreibe, was seine Methode sei, wie er das bibelgerechte Denken, die konsequente Exegese entwickle. Die Faszination der Barth'schen Methode bestehe, so der junge Wissenschaftler Michael Welker vor vollem Hause, in ihrer Spannbreite, darin, dass er zugleich mit abstrakten Denkformen und plas-

---

4   K. Barth, Einführung in die evangelische Theologie, Zürich 1962, 48f.
5   So nachzulesen in der Begründung der Jury.
6   Im Folgenden beziehe ich mich auf meine eigenen Aufzeichnungen der Vorlesung im Wintersemester 1982/83.

tischen Imaginationen arbeiten und mehrdimensionale Darstellungen von einem Ereignis geben könne.

In der Darstellung der Prolegomena der „Kirchlichen Dogmatik" hob Michael Welker besonders den grundlegenden trinitarischen Ansatz, die Einbettung der Offenbarung in die Gemeinschaft Israels und der Kirche und die Beschreibung des Wirkens des Heiligen Geistes hervor. Diese Grundentscheidungen der Theologie Barths würden die Möglichkeit eröffnen, sich mit einem enggeführten Personalismus und einer Ich-Du-Metaphysik auseinanderzusetzen, die dem Offenbarungsgeschehen Gottes nicht angemessen seien, denn – so der 35-jährige Theologe in der Auseinandersetzung mit der Darstellung der Wirklichkeit Gottes in KD I,2: Die Rede von dem „einen Sein" sei heute überholt, weil zu undifferenziert.

Betont kritisch wurde die Vorlesung ab KD III. Barth orientiere sich in der Schöpfungslehre noch viel zu stark an Oben-Unten-Vorstellungen, entwickle keine profilierte Kosmologie, die Kosmologie werde vielmehr in die Anthropologie absorbiert, und Barth unterscheide nicht streng genug zwischen dem Geist der Schöpfung und dem Geist der Erlösung. Dass in der Schöpfungsethik bei der Beschreibung der Sozialität des Menschen das Verhältnis von Mann und Frau breiten Raum einnehme, Staat, Gesellschaft und Recht aber nur sehr vage in der Beschreibung der „Nahen und der Fernen" vorkommen würden, führte Michael Welker kritisch darauf zurück, dass Barth trotz seines vielversprechenden Ansatzes eben doch noch zu sehr in einer Ich-Du-Polarität denke. Und bi-polar könne ein komplexes Gesellschaftssystem nun einmal kaum beschrieben werden. Überall aber, wo die Bi-Polarität in der KD aufgehoben wird, da stieg die Vorlesung engagiert ein. So bei der Darstellung der Lehre von der Erhöhung Christi. Am 1. Februar 1983 trägt Michael Welker mit hoher Zustimmung, ja Begeisterung vor, wie hier Christologie, Pneumatologie und Ekklesiologie in Beziehung gesetzt werden: Der Mensch hat durch den Heiligen Geist teil an der Erhöhung Christi. Diese Erhöhung des Menschen führt zur Lehre vom Heiligen Geist, die Karl Barth hier zum ersten Mal entwickele, ohne gleich in die Christologie zurückzufallen, aber eben doch in enger Verbindung mit der Lehre vom erhöhten Christus. Christliches Leben müsse pneumatologisch verstanden werden und umgekehrt: Christus selbst sei nicht ohne die Seinen, ohne die Gemeinde, zu erfassen, an und in der der Heilige Geist wirkt. Michael Welker lobt diese dynamische, soteriologisch ausgerichtete Theologie Barths. Letztlich allerdings sei dieser christologisch-pneumatologische Ansatz in der Ekklesiologie der „Kirchlichen Dogmatik" nicht wirklich fruchtbar gemacht. Und so gehe Barths Lehre von der Kirche dann leider doch nicht über die Lehre des Einzelnen hinaus.

Mit einem Trostwort für die zahlreichen Hörerinnen und Hörer hat Michael Welker am 15. Februar 1983 die Vorlesung abgeschlossen: Er habe in der Vorlesung die Befangenheit vor der „Kirchlichen Dogmatik" nehmen wollen, die sowohl Maßstäbe setze als auch durch ihren schieren Umfang lähme. Wir, die Studierenden, sollten uns davon nicht abschrecken lassen, uns in die Lektüre hineinzuwagen, denn jeder Band der KD enthalte die Theologie Barths mindestens zu achtzig Prozent.

Diese frühe Vorlesung zeigt, wie Michael Welker in vertiefter, kritischer Auseinandersetzung mit Barth seinen eigenen Ansatz entwickelt hat: Es geht Michael Welker darum, dualistische Denkfiguren und einen abstrakten Theismus zu überwinden. In der Folge hat er eine systematische Theologie entwickelt, die es möglich macht, sich mit pluralistischen Denkweisen, mit differenzierten Gesellschaftsformen, mit vielerlei Öffentlichkeiten und den Anforderungen eines interkonfessionellen, interreligiösen, interkulturellen Dialoges in einem sich zunehmend globalisierenden Zeitalter auseinanderzusetzen und so in der Tradition der Barmer Theologischen Erklärung Verantwortung für Kirche und Gesellschaft wahrzunehmen. Dies will ich mit einigen knappen Beispielen verdeutlichen.

3 In der Tradition der Barmer Theologischen Erklärung

„Jesus Christus [...] ist das eine Wort Gottes, das wir zu hören, dem wir im Leben und im Sterben zu vertrauen und zu gehorchen haben."[7] Keine anderen Wahrheiten können und sollen wir als Gottes Offenbarung anerkennen. Wie kann die christliche Kirche diesen Anspruch der ersten These der Barmer Theologischen Erklärung aufrechterhalten, ohne sich durch einen exklusiven Wahrheitsanspruch dialogunfähig zu machen und sich von vornherein für das interreligiöse Gespräch zu disqualifizieren? Mit einer Barmen-Orthodoxie oder mit einem hierarchischen Wahrheitsverständnis kann heute keine Glaubwürdigkeit erreicht werden. Ohne eine klare Christuszentrierung aber wird die christliche Theologie beliebig, vage, verwechselbar. Die Theologie Michael Welkers ist orientiert an einer pneumatologischen Christologie, die das Geistwirken des Auferstandenen reflektiert und dadurch ein Geistverständnis entwickelt, das sich nicht im Vagen verliert, sondern christologisch orientiert Wahrheit in vielfältigen Zusammenhängen und Ratio-

---

7   These I der Barmer Theologischen Erklärung. Ich zitiere hier und im Folgenden die Barmer Theologische Erklärung aus: A. Burgsmüller/R. Weth (Hg.), Die Barmer Theologische Erklärung. Einführung und Dokumentation, Neukirchen-Vluyn ²1984.

nalitäten zu identifizieren in der Lage ist. Dadurch durchbricht sie fehlgeleitete Festlegungen und ermöglicht neue, in Dialogen gewonnene Erkenntnisse, ohne den Wahrheitsanspruch des christlichen Glaubens aufzugeben.

Michael Welkers Pneumatologie „Gottes Geist",[8] inzwischen in sechster Auflage erschienen und in fünf Sprachen übersetzt, hat hier Maßstäbe gesetzt. In konsequenter Exegese, die in großer Weite die Ergebnisse internationaler exegetischer Forschung aufnimmt und zu einer systematischen Auseinandersetzung mit dem aristotelischen Geistverständnis führt, wird hier eine christologisch verantwortete Pneumatologie entfaltet, die mit hoher Differenzsensibilität die Wirklichkeit des Auferstandenen entfaltet, dessen Wort wir zu hören und dessen Wahrheit wir in den aktuellen Auseinandersetzungen der Gegenwart aktiv zu bekennen haben.

Hatte Michael Welker in seiner Vorlesung über Karl Barths „Kirchliche Dogmatik" kritisiert, dass dort der christologisch-pneumatologische Ansatz nicht stringent für die Ekklesiologie fruchtbar gemacht worden sei, so bietet sein eigenes theologisches Werk nun genau diese Entfaltung in faszinierender Weise, und zwar deutlich erkennbar in der Traditionslinie der Barmer Theologischen Erklärung.

Ich hebe besonders die Barmer Kirchenthese III hervor. Sie beschreibt die Kirche als die Gemeinde von Schwestern und Brüdern, in der der auferstandene Christus in Wort und Sakrament durch den Heiligen Geist gegenwärtig handelt. Um zu beschreiben, wer dieser Auferstandene ist und wie er wirkt, sind Michael Welkers Untersuchungen über die Wirklichkeit der Auferstehung grundlegend. Mit konsequenter Exegese wird die Erscheinungswirklichkeit des Auferstandenen aus den biblischen Erzählungen entwickelt. Damit werden festgefahrene Positionierungen im Auferstehungsverständnis überwunden. Wie aber wirkt der Auferstandene in der Gemeinde? Das Wirken Jesu Christi im Sakrament des Abendmahls hat Michael Welker in seinem Buch „Was geht vor beim Abendmahl?",[9] das inzwischen bereits in fünfter Auflage und in sechs Übersetzungen erschienen ist, in verständlicher Sprache und in katechismusfähiger Klarheit beschrieben. Theologisch hochreflektiert und ökumenisch umsichtig verortet, werden hier die vielfältigen Bedeutungsfacetten des Abendmahles als Mahl der Kreuzesverkündigung und der Sündenvergebung und gleichzeitig als „Fest der Kirche aller Zeiten und Weltgegenden, Feier des Friedens und der neuen Schöpfung" und als die „freudige Verherrlichung des dreieinigen Gottes" beschrieben. Von der Formensprache der Abendmahlsfeier werden Bezüge hergestellt bis hinein in eine auf Frieden ausge-

---

8   M. Welker, Gottes Geist. Theologie des Heiligen Geistes, Neukirchen-Vluyn 1992, [6]2015.
9   M. Welker, Was geht vor beim Abendmahl? Stuttgart 1999, [5]2014.

richtete Kultur und bis hinein in die sozialen Herausforderungen und die Fragen der Gerechtigkeit und Teilhabe.

In seiner Christologie „Gottes Offenbarung"[10] aus dem Jahr 2012 hat Michael Welker diesen Christus, der als Auferstandener in der Kirche lebt und wirkt, anhand der Lehre des dreifachen Amtes klarer und stringenter als Karl Barth in seiner „Kirchlichen Dogmatik" beschrieben und die Bedeutung der jeweiligen Ämter in die konkreten Fragen aktueller Existenz eingetragen: Die königliche Gegenwart Christi mit den Seinen führt in die diakonische Existenz der Kirche, die priesterliche Gegenwart in die gottesdienstliche Gemeinschaft und die prophetische Gegenwart führt zur Gemeinschaft derer, die nach Wahrheit und Gerechtigkeit suchen.

Eine Kirche, die sich bewusst ist, dass sie diesem Christus zu dienen und im Sinne der IV. Barmer These eine geistliche Dienstgemeinschaft zu gestalten hat, findet in dieser Christologie Orientierung und Ermutigung, besonders deswegen, weil Michael Welker diese christologisch-pneumatologisch begründete Kirche auch soziologisch in der pluralistischen Gesellschaft zu verorten weiß, aufbauend auf seiner intensiven Auseinandersetzung mit Jürgen Habermas und Niklas Luhmann.[11]

4 Vor weitem Horizont

Wir verleihen heute hier in Basel Michael Welker den Karl-Barth-Preis für sein theologisches Gesamtwerk. Dieses darzustellen sprengt den Rahmen. Ich habe hier nur ein begrenztes Schlaglicht auf diejenigen Arbeiten Michael Welkers werfen können, die – dem Anliegen des Preises gemäß – in der Traditionslinie der Barmer Theologischen Erklärung liegen, wohl wissend, dass dies eine starke Beschränkung darstellt, und auch im Bewusstsein, innerhalb dieser thematischen Beschränkung sehr subjektiv und durchaus nur beispielhaft geblieben zu sein.

Bei aller notwendigen Beschränkung muss dennoch der doppelte Horizont benannt werden, in dem alle Forschungen Michael Welkers verortet sind: der Horizont der interdisziplinären, international vernetzten Wissenschaften und der Horizont kirchlicher Herausforderungen, der seiner Theologie durchaus einen „kirchlichen" Charakter im Sinne Karl Barths verleiht: Es geht auch um eine evangelische Dogmatik, die ihre Aufgabe wahrnimmt, die kirchliche Verkündigung

---

10 M. Welker, Gottes Offenbarung. Christologie, Neukirchen-Vluyn ³2016.

11 M. Welker, Kirche im Pluralismus, Gütersloh 1995.

und die Gestaltung des kirchlichen Lebens kritisch an systematisch-theologischen Erkenntnissen zu prüfen.

Für den erstgenannten Horizont steht als Institution das „fiit", das „Forschungszentrum Internationale und Interdisziplinäre Theologie" der Universität Heidelberg, das vor gut zehn Jahren auf Initiative von Michael Welker gegründet wurde.[12] In 14 Forschungsabteilungen, vernetzt mit 45 Hochschulen in aller Welt, finden hier Konsultationen und Diskussionsforen, Workshops und Oberseminare statt. Sechs Arbeitsplätze werden internationalen Forschern geboten. Der Austausch von Doktorandinnen und Doktoranden sowie Postdocs wird organisiert und ein Forschungspreis wird vergeben.

Verortet in diesem Institut ist auch das Wissenschafts-Praxis-Projekt „GlaubensWissen". Mit einem passgenauen Format gibt es im Pfarramt stehenden Theologinnen und Theologen die realistische und praktikable Möglichkeit, selbständig theologisch an zentralen Fragestellungen zu arbeiten. Ich habe in den vergangenen 14 Jahren immer wieder erlebt, wie praxisüberflutete Kolleginnen und Kollegen, die ich nach Heidelberg gelockt hatte, mit offenen Ohren und leuchtenden Augen die Tagungen miterlebt haben und mir die Rückmeldung gaben: So hätten sie in ihrem Berufsleben Theologie noch nicht erlebt: auf hohem Reflexionsniveau, mit Aufmerksamkeit für die brennenden Fragen des kirchlichen Lebens und mit kraftvollen theologischen Impulsen. So geht es eben doch, das bedenkliche Phänomen einer theologiefreien kirchlichen Praxis zu überwinden! – Ich nenne dies als ein Beispiel unter vielen für die Art und Weise, wie Michael Welker sich als ordinierter Theologe „seiner Kirche und ihrer gegenwärtigen Gestalt verpflichtet" weiß,[13] und ich lasse nicht unerwähnt, dass zu seiner Solidarität notwendig auch pointierte Kritik gehört, wenn er etwa vor der Banalisierung von theologischen Inhalten, wo sie allzu marktkonform gestylt werden, warnt oder den Weg der Diakonie theologisch-kritisch begleitet, besonders dann, wenn sie droht, nicht mehr als Wesensäußerung der Kirche erkennbar zu sein.[14]

5 Europa reformata

Wenn heute im Vorfeld des Reformationsjubiläumsjahres 2017 das theologische Gesamtwerk Michael Welkers gewürdigt wird, dann ist dies auch ein Hinweis

---

12 Vgl. die Broschüre des Forschungszentrums „2016/2017 – fiit" und www.fiit.uni-heidelberg.de.
13 So in der Begründung der Jury.
14 Ich nenne als aktuelles Beispiel: M. Welker, Kirche und Diakonie in säkularen Kontexten, ZEvKR 60,1 (2015), 27–40.

darauf, dass seine Theologie in der Lage ist, die Reformation als geistliche Erneuerung und bleibende Aufgabe für Theologie und Kirche neu zu profilieren.[15] Sie bietet in ihrer Konzentration auf den gekreuzigten und auferstandenen Christus bei gleichzeitiger Fähigkeit, Brücken zu bauen, um das Gespräch mit Denkweisen unterschiedlicher Rationalität interdisziplinär und international zu führen, einen kraftvollen Ansatz und vielfältige Erkenntnisse, um das Zeugnis des christlichen Glaubens stark zu machen, und das heißt: um destruktive Kräfte zu entlarven und die Kräfte der Barmherzigkeit und Liebe, der Suche nach Wahrheit und Gerechtigkeit zu erkennen und zu stärken. Sie hat die Kraft, die Grauschleier aufzureißen, die sich heute demotivierend über kirchliches und gesellschaftliches Engagement legen wollen, und manche Nebel zu vertreiben, die die Herzen und Gedanken zu verwirren drohen, sowohl in unserem Land als auch in Europa und weltweit.

Mit seinem Projekt „Europa reformata" hat Michael Welker im geschichtlichen Rückblick deutlich gemacht, was Europa heute braucht: In dem soeben erschienenen Buch, in dem 48 europäische Orte mit ihren Reformatorinnen und Reformatoren vorgestellt werden, wird die Reformation als ein Ereignis von europäischer Ausstrahlung, als ein Netzwerk des Aufbruchs erinnert.[16] Daraus höre ich die Botschaft: Europa braucht heute ein neues Netzwerk des Aufbruchs. Und die reformatorischen Kirchen haben das Ihre dazu beizutragen.

Ich gratuliere Michael Welker, ich gratuliere Dir, lieber Michael, sehr herzlich als neuem Träger des Karl-Barth-Preises und freue mich, dass dieser Preis dazu beitragen wird, die Wirkungskraft Deiner Theologie noch zu verstärken.

Ich danke für Ihre Aufmerksamkeit.

Zusammenfassung

Am 9. Juli 2016 wurde der Karl-Barth-Preis der Union Evangelischer Kirchen in der EKD (UEK) an Herrn Prof. Dr. Dr. Dres. h.c. Michael Welker (Heidelberg) verliehen. Die Laudatio auf seinen akademischen Lehrer hielt der Berliner Bischof Dr. Dr. h.c. Markus Dröge. Ausgehend von seiner persönlichen Mitschrift einer 1982/83 in Tübingen gehörten Vorlesung Welkers über Karl Barths „Kirchliche Dogmatik" charakterisiert Dröge exemplarisch, wie Welker in kritischem Anschluss an Karl Barth

---

15 Vgl. M. Welker, Die Reformation als geistliche Erneuerung und bleibende Aufgabe in Theologien und Kirchen, EvTh 73,3 (2013), 166–177.

16 M. Welker/M. Beintker/A. de Lange (Hg.), Europa reformata. Reformationsstädte Europas und ihre Reformatoren, Leipzig 2016.

seine eigene Theologie entwickelte – in der Tradition der Barmer Theologischen Erklärung und in interdisziplinären und internationalen Bezügen.

On July 9, 2016, the Karl-Barth-Preis 2016 of the Union Evangelischer Kirchen in der EKD (UEK) was awarded to Prof. Dr. Dr. Dres. h.c. Michael Welker (Heidelberg). The protestant bishop of Berlin, Dr. Dr. h.c. Markus Dröge, held the laudatio on his academic teacher. Starting from Welker's lessons on Barth's "Church Dogmatics" he attended in 1982/83 in Tübingen, Dröge characterizes from some exemplary points of view, how Welker developed his own theological thought in critical connection to Barth – in the tradition of the Barmen Theological Declaration (1934) and in contemporary, both interdisciplinary and international, relations.

MICHAEL WELKER

Zur Verleihung des Karl-Barth-Preises

Es erfüllt mich mit großer Freude und tiefer Dankbarkeit, dass die Union Evangelischer Kirchen mir in diesem Jahr den Karl-Barth-Preis verleiht. Mit Ihrer Anwesenheit bei der heutigen Feier im Rahmen des 12. Internationalen Bonhoeffer-Kongresses verstärken Sie alle diese Freude.

Sehr herzlich danke ich Herrn Kirchenpräsidenten Christian Schad und Herrn Bischof Markus Dröge für ihre ehrenden Worte. Dass heute hier die leitenden Geistlichen aus Berlin und der Pfalz sprechen, das bewegt mich ganz besonders, da ich in Berlin und in der Pfalz aufgewachsen bin. Berlin hat mich mit seiner bedrückenden Aura der Nachkriegszeit sehr geprägt. Diese Aura war wohl auch dafür maßgeblich, dass ich, obwohl nicht in einem besonders frommen Umfeld aufgewachsen, schon mit vier Jahren Pfarrer werden wollte. Stark geprägt hat mich auch der Berliner Staats- und Domchor, nicht zuletzt wegen der drei bis vier Fahrten pro Woche aus dem Westen der Stadt in den sogenannten Ostsektor zum Alexanderplatz – zu den Chor-Proben dort und zum Bischofsgottesdienst in der Marienkirche. Nicht weniger einflussreich war dann das Französische Gymnasium mit seinem weltläufigen Geist und dem Leben in zwei Sprachen und zwei Kulturen.

Nachdem mein Vater eine Praxis in der Pfalz erworben hatte, zogen wir kurz vor dem Bau der Berliner Mauer nach Grünstadt an der Weinstraße. Der Wechsel vom großstädtischen Berlin in die Pfälzer Kleinstadt war für mich ein Kulturschock. Doch die kirchliche Jugendarbeit hat mir geholfen, ihn zu verarbeiten. Ich betätigte mich in der Gemeindejugend und vor allem in der Christlichen Pfadfinderschaft bald schon als Gruppenführer. Auch habe ich bereits als Schüler größere Zeltlager und Fahrten organisiert. 1966 ging ich zum Studium nach Heidelberg, um Jugendpfarrer zu werden. Doch schon im zweiten Semester kam der Wunsch in mir auf, Hochschullehrer zu werden. Direkt nach meiner ersten Promotion, schon mit 25 oder 26 Jahren, berief mich die Pfälzische Landeskirche in ihre Prüfungskommission. 40 Jahre lang war ich dort als Prüfer tätig. In der Pfälzischen Landeskirche wurde ich auch ordiniert.

Frau Kollegin Christiane Tietz, Herrn Bischof Hans-Jürgen Abromeit und Herrn Dr. Peter Zocher bin ich sehr dankbar für die Nominierung für den Preis.

Frau Tietz schlug vor, ihn im Rahmen des Internationalen Bonhoeffer-Kongresses 2016 zu verleihen. Das bereitet mir heute die Freude, mit zahlreichen befreundeten Kollegen und Kolleginnen aus aller Welt zusammenzutreffen, mit denen ich über viele Jahre hinweg persönlich und in vielen Fällen über Forschungsprojekte verbunden war.

Da Karl Barth und Dietrich Bonhoeffer durch ihre Schriften mein theologisches Denken nach Paulus, Augustin, Luther und Calvin am stärksten geprägt haben, freut mich die Verbindung von Barth-Preis und Bonhoeffer-Kongress ganz besonders. Natürlich haben auch viele der heute Anwesenden durch Gesprächskontakte und durch unsere Kooperation meinen theologischen Weg erheblich beeinflusst, wofür ich sehr dankbar bin. Von den *Abwesenden* möchte ich Jürgen Moltmann, John Polkinghorne, William Schweiker und John Witte mit besonderem Dank erwähnen.

1 Karl Barths Werk in meiner theologischen Lehre

Die Laudatoren haben mir den Karl-Barth-Preis für „mein theologisches Gesamtwerk" verliehen. Das schließt sicher meine akademische Lehre ein, in der Karl Barth tatsächlich die größte Rolle gespielt hat. Ich habe zwar diverse Beiträge zu Barth publiziert, sehe mich aber nicht eigentlich als Barth-Forscher an. Dennoch habe ich in den ersten Jahren meiner Lehre in Tübingen und Münster Vorlesungen über die Dialektische Theologie sowie in Tübingen und in Heidelberg mehrere Vorlesungen über die „Kirchliche Dogmatik" angeboten, dazu zehn Seminare über Teile seines Werkes: über sein Buch zum Römerbrief, über Aufsätze zur Dialektischen Theologie, das Anselmbuch, seine Trinitätslehre, die Lehre von der Schrift, die Erwählungslehre, Auszüge aus der Schöpfungslehre, Teile der Christologie, die Sündenlehre, auch ein Blockseminar mit Gästen aus Tschechien zur frühen Göttinger Eschatologie.

Von über 60 Dissertationen, die ich betreut habe und jetzt auslaufend betreue, waren 14 auf das Werk von Karl Barth konzentriert. Da ich komplexe Denker gern mit historisch-genetischen Studien erschlossen sehe, habe ich mehrere Arbeiten zum frühen Barth angeregt. – Ein chinesischer Doktorand hat über Barth und Goethe gearbeitet und uns neue Aufschlüsse über sein Denken in der Safenwiler Zeit verschafft;[1] zwei deutsche Doktorandinnen arbeiteten über Barth und Pau-

---

1   Th. Xutong Qu, Barth und Goethe. Die Goethe-Rezeption Karl Barths 1906-1921, Neukirchen-Vluyn 2014.

lus[2] sowie Barth und den Heidelberger Katechismus;[3] eine kroatische Doktorandin schrieb über den frühen Barth und sein Verhältnis zum römischen Katholizismus;[4] drei koreanische Doktoranden promovierten über den frühen Barth und Schleiermacher,[5] Barth und Isaak August Dorner[6] sowie über Barths frühe Ethik und Bonhoeffers Ethik.[7]

Die Hälfte der Dissertationen über Barth galt seinem reifen Werk. Ein Niederländer schrieb über Menschlichkeit als Zeitlichkeit bei Barth,[8] ein Japaner über sein Verständnis von Tod und Leben,[9] drei weitere Koreaner untersuchten die biblischen Begründungen seiner Bundestheologie,[10] seine Pneumatologie[11] und seine Sündenlehre,[12] zwei deutsche Doktoranden legten Dissertationen vor zu Barths Lehre vom Jüngsten Gericht[13] und eine umfassende Untersuchung zur Entwicklung seiner Ethik – vom ersten Römerbriefkommentar bis hin zur Versöhnungslehre.[14] Fast alle Arbeiten erschienen in Buchform, die zuletzt erwähnte Dissertation auch in englischer Übersetzung.[15]

2 N.-D. Mützlitz, Gottes Wort als Wirklichkeit. Die Paulus-Rezeption des jungen Karl Barth (1906–1927), Neukirchen-Vluyn 2013.

3 H. Reichel, Theologie als Bekenntnis. Karl Barths kontextuelle Lektüre des Heidelberger Katechismus, Göttingen 2015.

4 L. Matosevic, Lieber katholisch als neuprotestantisch. Karl Barths Rezeption der katholischen Theologie 1921–1930, Neukirchen-Vluyn 2005.

5 S.H. Oh, Karl Barth und Friedrich Schleiermacher 1909–1930, Neukirchen-Vluyn 2005.

6 S.E. Lee, Karl Barth und Isaak August Dorner. Eine Untersuchung zu Barths Rezeption der Theologie Dorners, Frankfurt a.M. 2014.

7 J.H. Lee, Die Realität des christlichen Ethos. Untersuchung zur theologischen Ethik bei Karl Barth und Dietrich Bonhoeffer, Diss., Universität Heidelberg, 2011.

8 D. Noordveld, Der Mensch in seiner Zeit. Karl Barth und die Menschlichkeit als Zeitlichkeit, Neukirchen-Vluyn 2014.

9 Y. Fukushima, Aus dem Tode das Leben. Eine Untersuchung zu Karl Barths Todes- und Lebensverständnis, Zürich 2009.

10 J.J. Kim, Die Universalität der Versöhnung im Gottesbund. Zur biblischen Begründung der Bundestheologie in der Kirchlichen Dogmatik Karl Barths, Münster 1992.

11 J.H. Shin, Der Heilige Geist in Karl Barths Kirchlicher Dogmatik. Zur Entdeckung des „Pluralismus des Geistes", Diss., Universität Heidelberg, 1997.

12 J.S. Kim, Karl Barths Lehre von der Sünde in seinem dogmatischen Früh- und Spätwerk, Diss., Universität Heidelberg, 2009.

13 G. Etzelmüller, „... zu richten die Lebendigen und die Toten". Zur Rede vom Jüngsten Gericht im Anschluß an Karl Barth, Neukirchen-Vluyn 2001.

14 A. Maßmann, Bürgerrecht im Himmel und auf Erden. Karl Barths Ethik, Leipzig 2011.

15 A. Massmann, Citizenship in Heaven and on Earth. Karl Barth's Ethics, Minneapolis 2015.

In zwei weiteren Dissertationen – zum Thema Gebet[16] und zum Thema Gläubigentaufe und Säuglingstaufe[17] – sowie in zwei Habilitationsschriften – über Neue Schöpfung[18] und über Sterben, Tod und Endlichkeit in der Anthropologie[19] – gab es substanzielle Kapitel zu Barths Theologie.

2 Karl Barths Denken in meiner theologischen Forschung

Obwohl ich mich über Jahre hinweg intensiv mit Barths Schriften befasst habe, würde ich mich, wie gesagt, nicht als Barth-Forscher bezeichnen. Sein Denken hat mir Impulse gegeben, manchmal war es mir ein Korrektiv, manchmal sah ich mich genötigt, Distanz dazu aufzubauen.

Umfassend erforscht habe ich seine Beschäftigung mit Hegel,[20] die formgebenden Impulse Feuerbachs[21] und dessen Interpretation durch Hans Ehrenberg für Barths Schöpfungsanthropologie und auch Barths differenziertes Verhältnis zur Ökumene.[22] Den Strukturdifferenzen zwischen seinem Denken und dem der Prozessphilosophie[23] sowie seinem Denken und dem Denken Bonhoeffers[24] bin ich nachgegangen. Vor allem aber haben mich inhaltlich-theologische Fragen interessiert: Wie sieht Barth im Vergleich mit Luther die Realpräsenz Jesu Christi;[25] ist seine differenzierte Sündenlehre auch in komplexen sozialen und kulturellen

---

16 E. Harasta, Lob und Bitte. Eine systematisch-theologische Untersuchung über das Gebet, Neukirchen-Vluyn 2005, 183–232.

17 W.D. Kerner, Gläubigentaufe und Säuglingstaufe. Studien zur Taufe und gegenseitigen Taufanerkennung in der neueren evangelischen Theologie, Norderstedt 2004, 88–116.

18 G. Thomas, Neue Schöpfung. Systematisch-theologische Untersuchungen zur Hoffnung auf das „Leben in der zukünftigen Welt", Neukirchen-Vluyn 2009, 124–212.

19 H. Springhart, Der verwundbare Mensch. Sterben, Tod und Endlichkeit im Horizont einer realistischen Anthropologie, Tübingen 2016.

20 M. Welker, Barth und Hegel. Zur Erkenntnis eines methodischen Verfahrens bei Barth, EvTh 43,4 (1983), 307–328; auch in: ders., Theologische Profile. Schleiermacher – Barth – Bonhoeffer – Moltmann, Frankfurt a.M. 2009, 121–155.

21 M. Welker, Barth und Feuerbach, in: ders., Theologische Profile (s. Anm. 20), 157–181.

22 M. Welker, Karl Barth. Vom Kämpfer gegen die römische Häresie zum Vordenker für die Ökumene, in: Ch. Möller u.a. (Hg.), Wegbereiter der Ökumene im 20. Jahrhundert, Göttingen 2005, 156–177; auch in: Welker, Theologische Profile (s. Anm. 20), 209–234.

23 M. Welker, Dogmatische Theologie und postmoderne Metaphysik. Karl Barths Theologie, Prozeßtheologie und die Religionstheorie Whiteheads, NZSTh 28,2 (1986), 311–326; auch in: ders., Theologische Profile (s. Anm. 20), 183–207.

24 M. Welker, Karl Barths und Dietrich Bonhoeffers Beiträge zur zukünftigen Ekklesiologie, ZDTh 22 (2006), 120–137.

Kontexten relevant?[26] In jüngster Zeit haben mich besonders seine Überlegungen zur Pneumatologie beschäftigt, das Verhältnis von Geist und Freiheit[27] sowie von Heiligem Geist und Schöpfung.[28]

Dabei ist mir wieder einmal Barths Ingeniosität eindrücklich geworden. Es sind mir aber auch empfindliche Grenzen des theologischen Denkens im Allgemeinen und des Denkens Barths im Besonderen deutlich geworden, die wir überwinden müssen. Zunächst zu seiner Ingeniosität. Immer wieder wurde Karl Barth eine *christomonistische* Theologie vorgeworfen, die dem Heiligen Geist nur unzureichend Aufmerksamkeit schenke. Doch in der Kirchlichen Dogmatik allein kommt das Wort *Geist* mit seinen Ableitungen mehr als 5.800 Mal vor. Mindestens die Hälfte dieser Belege bezieht sich auf den Heiligen Geist. Schon in den Prolegomena zur Dogmatik legt Barth sein Denken konsequent trinitätstheologisch an, wenn immer er von Gott und Gottes Wirken spricht.

Der schöpferische Gott wirkt nicht ohne den göttlichen Geist. Der göttliche Geist aber steht in differenzierter Einheit mit dem göttlichen Wort, das, in Jesus Christus geoffenbart, immer auch durch den Eintritt in die irdisch-geschichtliche Welt geprägt ist. Mit diesem Denkansatz kann sich Barth ganz gelassen und kritisch mit den Einseitigkeiten und Engführungen aller naturalistischen und mentalistischen und sonstigen rein metaphysischen theologischen und philosophischen Ansätze auseinandersetzen.

Der Princetoner Systematische Theologe und ehemalige Empfänger des Barth-Preises Bruce McCormack hat Barths Dialektische Theologie *kritisch-realistische* Theologie genannt.[29] Meines Erachtens trifft diese Charakterisierung, die ich bereits früher für meine Pneumatologie in Anspruch genommen habe,[30] auch auf Barths „Kirchliche Dogmatik" zu. Kritischer *Realismus* – das heißt, dass Erkenntnisse nicht gesucht und Wahrheitsansprüche nicht erhoben werden losgelöst von empirisch, historisch und rational gestützter Erfahrung. *Kritischer* Realismus, das heißt, dass alle Monopolansprüche, die von Empirismen, Historismen und Rationalismen erhoben werden, beständig kritisch zu überprüfen sind.

---

25 M. Welker, Barth, Luther und die dramatische Realpräsenz Christi im Abendmahl, EvTh 74,6 (2014), 438–447.

26 M. Welker, Ist Barths Sündenlehre in gesellschaftlichen und kulturellen Kontexten relevant?, ZDTh 27 (2011), 60–76.

27 M. Welker, Heiliger Geist und menschliche Freiheit, ZDTh 30 (2014), 89–100.

28 M. Welker, Holy Spirit and Creation, Princeton (im Druck).

29 B. McCormack, Karl Barth's Critically Realistic Dialectical Theology. Its Genesis and Development 1909–1936, Oxford 1995.

30 M. Welker, Gottes Geist. Theologie des Heiligen Geistes, Neukirchen-Vluyn 1992, ⁶2015, 49ff.

Es ist bemerkenswert, dass gerade die konsequent trinitätstheologische Orientierung sowie eine biblisch-theologisch gebildete „Unterscheidung der Geister" diesen kritischen Realismus in der Theologie verlangen und fördern. Karl Barth ist darin vorbildgebend. Man muss aber nicht Barthianer sein, um seinem methodischen Vorbild zu folgen. In zahlreichen mehrjährigen internationalen und interdisziplinären Forschungsprojekten im Dialog der Theologie mit den Naturwissenschaften, mit den Rechtswissenschaften und der Ökonomie bot uns dieser kritisch-realistische Ansatz gute Zugänge zu den anderen Wissensgebieten und eine fruchtbare gemeinsame Orientierungsgrundlage.[31]

Bei aller Brillanz Barths in weiten Regionen seiner Theologie stoßen wir allerdings auf prekäre Grenzen. Sie lassen sich auf die Formel bringen: Gefangenschaft der theologischen und geistlichen Inhalte und Denkformen in den Grenzen einer *bipolaren* Relationalität.[32] Noch immer werden die Wörter *Relation* und *Relationalität* in der Theologie, aber auch in der allgemeinen populären und wissenschaftlichen Kultur wie Heilsbegriffe verwendet. Schon in meiner Zeit als Doktorand konnte man von führenden Vertretern der Zunft die wissenschaftlich-moralische Aufforderung vernehmen, wir sollten gefälligst *in Relationen denken*. Diese Aufforderung war ähnlich intelligent wie die Empfehlung, wir sollten, wenn wir atmen, doch bitte Luft atmen. Denn auch die trivialsten und banalsten Denkoperationen können gar nicht anders, als sich in Relationen zu bewegen. („Ich sehe eine Kuh." „Der Ball ist rot.")

Im weiten Feld der Relationen und Relationsgefüge sind nun die bipolaren Relationen die auffälligsten und die, die sich am besten handhaben lassen. Ich und du, Gott und Mensch, Denken und Gedachtes, Subjekt und Objekt – eine ganze Welt bipolarer Relationen sortiert unser Erfahren und Denken. Leider setzt sich auch beim großen Barth trotz des trinitätstheologischen und pneumatologischen Ansatzes immer wieder das bipolare Denken durch. Im Schlagschatten der großen Denktraditionen von Aristoteles über Descartes bis hin zum Personalismus gestaltet Barth zum Beispiel seine Anthropologie in der Bipolarität von Seele und Leib. Der Geist wird zwar zum Organisationsprinzip dieser anthropologischen

---

31 Vgl. J. Polkinghorne/M. Welker, Faith in the Living God. A Dialogue, London 2001, 133–148; J. Polkinghorne, Science and Theology. An Introduction, London 1998, passim; ders., Science and Religion in Quest of Truth, New Haven, Conn. 2011, 2–15; M. Welker, The Theology and Science Dialogue. What Can Theology Contribute? Expanded Version of the Taylor Lectures, Yale Divinity School 2009, Neukirchen-Vluyn 2012, 67–79.

32 In seiner Laudatio zeigt Markus Dröge, dass ich bereits in einer Tübinger Vorlesung zur kirchlichen Dogmatik Barths im Jahr 1982/83 sein Denken in vor allem bi-polaren Strukturen kritisiert habe.

Bipolarität erklärt, zum „Grund der Seele und des Leibes" (KD III/2, 414). „Durch Gottes Geist ist der Mensch ... Seele seines Leibes" (III/2, 391). Dass der Mensch selbst „Geist hat, bedeutet aber: dass er als Seele seines Leibes von Gott begründet, konstituiert und erhalten wird" (III/2, 414; vgl. 426). Das, so Barth, sei die „anthropologische Grunderkenntnis".

Ein unklares Schwanken zwischen Differenz und Einheit von göttlichem und menschlichem Geist und eine letztlich nur bipolare Anthropologie belasten die kritisch-realistische Theologie Barths. Auf dieser Basis wendet er sich zwar eindeutig gegen naturalistische, spiritualistische und mentalistische Reduktionismen, doch die großartigen Differenzierungsleistungen und Phänomenerschließungen, die eine multidimensionale Anthropologie wie die des Paulus bietet, kommen nicht in den Blick: Fleisch - Leib - Herz - Psyche/Seele - Gewissen - Vernunft - Geist, und dazu noch die wichtige klare Unterscheidung des menschlichen und des göttlichen Geistes! Wichtige Binnendifferenzierungen innerhalb dieser multidimensionalen Anthropologie - wie die von *sarx* und *soma* oder *nous* und *pneuma* -, die komplexen Orientierungspotentiale von *kardia* und *syneidesis*, aber auch die der gesamten Bibel zu entnehmende soteriologische Armut der Seele werden leider nicht hinreichend ausgeleuchtet.[33]

Auch die Befreiungspotenziale des Heiligen Geistes werden nur unzureichend erfasst, weil die Multipolarität des Geistwirkens nicht klar vor Augen kommt. Die biblische Rede von der *Ausgießung des Geistes*, die sich ausdrücklich auf eine multipolare Konstellation, die Stiftung eines Relationen-Gefüges, richtet, wird beständig überformt und überblendet. Die Ausgießung des göttlichen Geistes in das menschliche Herz mit seinen emotionalen, kognitiven und voluntativen Energien, die Ausgießung des göttlichen Geistes und die Konstitution des Leibes Christi mit seinen differenzierten Gliedern und Gaben werden von Barth wohl thematisiert, kommen aber nicht prinzipiell und strukturbildend in Ansatz. Hier müssen wir theologisch, pneumatologisch, schöpfungstheologisch und anthropologisch neue Wege gehen.[34]

---

33 Diese ausgezeichnete anthropologische Orientierungsgrundlage erschloss sich mir in einem mehrjährigen internationalen und interdisziplinären Dialog zwischen Theologie, Philosophie und Naturwissenschaften über das Verständnis der menschlichen Person und Personalität. Vgl. M. Welker, Die Anthropologie des Paulus als interdisziplinäre Kontakttheorie, JHAW 2009, 98–108; ders. (Hg.), The Depth of the Human Person. A Multidisciplinary Approach, Grand Rapids, Mich. 2014; ders., Theology and Science Dialogue (s. Anm. 31), 37–50.

34 Markus Dröge zeigt, dass ich bereits in den Tübinger Jahren von Barths Ansätzen in dieser Richtung begeistert war. Er macht auch deutlich, dass eine Weiterentwicklung von Calvins Beitrag

Auf diesen Wegen können wir auch eine interessante Entwicklung im Denken von Bonhoeffer würdigen. In seiner genialen Dissertation „Sanctorum Communio" denkt der junge Bonhoeffer anthropologische und ekklesiologische Sachverhalte in einer phänomenadäquaten Komplexität wie kaum ein anderer Zeitgenosse. Er operiert mit einer Differenzierung von Geist und Heiligem Geist, die erkennbar von Hegel und mehreren seiner liberalen Lehrer inspiriert worden ist. Schon in der Habilitationsschrift bricht dann die Rede von Geist und Heiligem Geist weitgehend ab. Von ein paar Aufzeichnungen zu Finkenwalder Kursen 1935/36 abgesehen,[35] sucht man in Bonhoeffers Werk vergeblich nach expliziten Aufschlüssen zu den Themen Geist und Heiliger Geist. Was die „Ethik" und „Widerstand und Ergebung" betrifft, so wird man fast von einem *Geist-Schweigen* bei Bonhoeffer sprechen müssen. Doch dann kommt am Ende seines Briefwechsels mit Eberhard Bethge der Gedanke der *Polyphonie des Lebens* und der großen Bedeutung der Polyphonie für den Glauben zur Sprache.[36] Leider wird der Bezug zur Lehre vom Heiligen Geist nicht mehr hergestellt.

Ich denke, dass Dietrich Bonhoeffer in seiner brillanten theologischen Sensibilität nach der Arbeit an der Dissertation erkannt oder doch empfunden hat, dass die Geistfiguren, mit denen er dort arbeitete, strukturell unverträglich sind mit dem Geistdenken der biblischen Überlieferungen. Der Geist des großen Aristoteles wie auch der Geist Hegels ist beherrscht von der Figur der reflexiven Selbstbezüglichkeit. Sie dominiert auch die bipolaren Anthropologien. Der Heilige Geist hingegen ist nicht selbstbezüglich. Er „gibt nicht von sich selbst Zeugnis" und seine Personalität wird nicht über die Selbstbezüglichkeit garantiert. Wir werden lernen müssen, dass der trinitarische Monotheismus nicht zu monokausalen und bipolaren Denkfiguren nötigt, sondern dass das göttliche Wirken vom ersten schöpferischen Sprechen an polyphon lebensschaffend ist. Der göttliche Geist wirkt zwar nicht im Sinne einer pantheistischen *Allesbelebung*, er wirkt aber wesentlich multipolar und gerade so in schöpferischer und neuschöpferischer Weise lebendig machend, befreiend und beglückend.

---

zur Geist-Christologie in meiner eigenen Christologie die Möglichkeit bot, Pneumatologie und Christologie im Rahmen einer kritisch-realistischen Theologie zu verbinden.

35 D. Bonhoeffer, Vortrag über Vergegenwärtigung neutestamentlicher Texte. Hauteroda, 23.8.1935, in: DBW 14, München 1996, 403–419; ders., Sichtbare Kirche im NT, ebd., 426–447; Aufzeichnungen Bonhoeffers zu: Heiliger Geist, ebd., 466–478.

36 D. Bonhoeffer, Briefe vom 29. und 30.5.1944, in: DBW 8, München 2011, 453–456; ders., Briefe vom 20. und 21.5.1944, ebd., 439–445; siehe dazu M. Welker, Bonhoeffers theologisches Vermächtnis in Widerstand und Ergebung, in: ders., Theologische Profile (s. Anm. 20), 103–119.

Diese Erkenntnisgrundlage anzunehmen erfordert gewaltige und wohl auch schwierige Prozesse des Umdenkens. Gelingen sie, werden sie die Sprachfähigkeit der Theologie im Dialog mit den Naturwissenschaften und Kulturwissenschaften erheblich verbessern. Ich kann dazu Mut machen, dieses Umdenken anzugehen, denn unsere Erfahrungen in internationalen und interdisziplinären Forschungsprojekten der letzten Jahre waren in dieser Hinsicht sehr ermutigend. Für den heutigen Anlass war es mir eine Freude, dass ich Ihnen meinen großen Respekt für Barths Theologie, mein dankbares Lernen von ihr, aber auch meine begründete Hoffnung auf ihre konstruktive Weiterentwicklung vor Augen stellen konnte.

Zusammenfassung

Die Dankesrede erläutert zunächst, warum die Ehrung durch die leitenden Geistlichen aus Berlin und aus der Pfalz für mich besonders bewegend ist. Sie betont dann die hohe Bedeutung der Theologie Karl Barths in meiner Lehre (neben vielen Vorlesungen und Seminaren betreute ich 14 Dissertationen über sein Werk) und skizziert schließlich die Herausforderungen durch sein Denken für meine eigene theologische Forschung.

The acceptance speech explains, why the presence of the church leaders from Berlin and the Palatinate were particularly moving to me. It then emphasizes the high relevance of Karl Barth's theology for my academic teaching (apart from seminars and lectures on his work I supervised 14 doctoral dissertations on Barth). Finally, it sketches the challenges of Barth's thought for the development of my own theological research.

Autoren dieses Heftes

LANDESBISCHOF PROF. DR. HEINRICH BEDFORD-STROHM
Landeskirchenamt der Evangelisch-Lutherischen Kirche in Bayern, Katharina-von-Bora-Straße 7-13, 80333 München

PROF. DR. ULRICH DEHN
Universität Hamburg, Fachbereich Evangelische Theologie, Sedanstraße 19, 20146 Hamburg

LANDESBISCHOF DR. MARKUS DRÖGE
Evangelische Kirche Berlin-Brandenburg-schlesische Oberlausitz, Georgenkirch-straße 69, 10249 Berlin

PROF. DR. UTA HEIL
Universität Wien, Evangelisch-Theologische Fakultät, Institut für Kirchenge-schichte, Christliche Archäologie und Kirchliche Kunst, Schenkenstraße 8-10, A-1010 Wien, Österreich

PROF. DR. KONRAD OTT
Christian-Albrechts-Universität zu Kiel, Philosophisches Seminar, Leibnizstraße 6, 24118 Kiel

PROF. DR. JOSEF PILVOUSEK
Am Holzberg 12, 99094 Erfurt

PROF. DR. DR. MICHAEL WELKER
Universität Heidelberg, Forschungszentrum Internationale und Interdisziplinäre Theologie (FIIT), Hauptstraße 240, 69117 Heidelberg

PROF. DR. MARKUS ZEHNDER
Ansgar Teologiske Høgskole, Fredrik Fransonsvei 4, NO-4635 Kristiansand, Nor-wegen

Unser nächstes Heft widmet sich dem Thema „Buße": HANNES BEZZEL (Jena), Prophetische Bußpredigt im Alten Testament – PATRICK FRANKE (Bamberg), tawba und Buße. Islam und Christentums im Vergleich – MARTIN GRESCHAT (Gießen/Münster), Zwischen Verdrängung und Aufarbeitung. Vom Umgang mit Schuld und Buße in der evangelischen Kirche nach dem Zusammenbruch totalitärer deutscher Regime – DIETRICH KORSCH (Marburg/Kassel), Buße als Herausforderung. Von der Theologievergessenheit einer evangelischen Lebensform – MARTIN LEINER (Jena), Beichte, Buße und Versöhnung? Ethische Perspektiven – NILS NEUMANN (Bern/Kassel), Wege der Umkehr. Eine Typologie der Metanoia im Neuen Testament – MARTIN OHST (Wuppertal), „Dass das ganze Leben der Glaubenden Buße sei". Die Entwicklung von Martin Luthers Bußverständnis – PETER ZIMMERLING (Leipzig), Beichte und Buße in der gottesdienstlichen Praxis. Möglichkeiten einer Wiederentdeckung

Rezensiert wird in der BThZ nur auf Beschluss und Anforderung des Herausgeberkreises. Es wird deshalb gebeten, keine unverlangten Rezensionsexemplare zuzusenden, da diese nicht zurückgesandt werden können.